Werner Eberwein

IMPULSE VON INNEN

Biodynamik -
Körperpsychotherapie zur Heilung und Selbstfindung

TRANS **FORM**   Verlag 1990

CIP - Titelaufnahme der Deutschen Bibliothek

Eberwein, Werner:

Impulse von Innen: Biodynamik – Körperpsychotherapie zur
Heilung und Selbstfindung / Werner Eberwein. – Orig.-Ausg.,
1. Aufl. – Oldenburg: Transform-Verl., 1990
ISBN 3-926 692-14-6

1. Auflage 1990. Originalausgabe
Copyright © by Transform Verlag, Werner Lange, Postfach 4709, 2900 Oldenburg
Printed in Germany. Alle Rechte vorbehalten.
Druck: Fuldaer Verlagsanstalt Fulda
Lektorat: Ingrid Meins
Grafik, Satz & Layout: Druckwerkstatt Ottensen, Hamburg 50
Umschlaggestaltung: Barbara Eckholdt
ISBN 3-926692-14-6

Inhalt

Anstelle einer Einleitung ...

In diesem Buch geht es um den Menschen als Ganzheit von Körper und Psyche. Es ist eine Einführung in die Grundgedanken der biodynamischen Körpertherapie. Der Schwerpunkt des Buches liegt auf der *Haltung* des biodynamischen Therapeuten dem Klienten gegenüber, die - viel mehr als spezifische Theorien und Techniken - den Kern der biodynamischen Methode ausmacht.

Ich möchte zu Beginn ein paar Worte zu meiner eigenen Entwicklung zum Körperpsychotherapeuten sagen, um dem Leser einen Einblick zu geben, vor welchem Hintergrund dieses Buch geschrieben ist und was Körpertherapie für mich persönlich bedeutet.

Die Körpertherapie und ich

Auf meinem Weg zur Körpertherapie habe ich einige Haken geschlagen. Mit zwölf Jahren wollte ich noch Astronom werden, mit fünfzehn dann Chemiker. In meinem Zimmer, in dem eine alte Kommode mit einer Menge Chemikalien stand, ließ ich es täglich stinken und knallen. Es machte mir Freude, wie genau es (meistens) vorhersagbar war, welche wundersamen Dinge in den Reagenzgläsern passierten. Mit sechzehn Jahren habe ich mich, beeinflußt durch die Ausläufer der '68-er Bewegung, in der Stadtbücherei einmal quer durch das psychologische Regal gelesen. Freud und Reich faszinierten mich damals schon, und ich habe von ihnen verschlungen, was ich nur finden konnte.

Als ich begann, Psychologie zu studieren, hatte ich keine Vorstellung davon, was Psychologen in der Praxis eigentlich tun. Aus den Fenstern des Psychologischen Instituts der FU Berlin hingen überall rote Fahnen heraus, und im Grundstudium wurde „Das Kapital" von Marx gelesen; das gefiel mir. Es spielte für die Wahl des Studienfaches wohl auch der unterschwellige Wunsch, mit mir selbst besser klarzukommen, eine Rolle (das hätte ich damals aber, glaube ich, nie zugegeben).

Zu Beginn meiner Studienzeit lehnte ich Psychotherapie als „bürgerliche Wissenschaft" rundheraus ab. Ich war überzeugt, es müsse zuerst „das Ganze" geändert werden, bevor sich der einzelne um sich selbst kümmern könne. Ich meinte, es könne kein persönliches Glück in einer Gesellschaft geben, die auf Ausbeutung und Unterdrückung beruht, und Therapie sei lediglich eine Freizeitbeschäftigung für Leute, die es sich leisten können.

Als ich während meiner politischen Sandkastenspiele zu verstehen versuchte, wie andere Gesellschaftssysteme funktionieren und welche Utopien von großen politischen Vordenkern entworfen worden waren, mußte ich allmählich erkennen, daß ein konkretes Modell einer Gesellschaftsordnung, die mir als Ziel und Orientierung hätte dienen können, weit und breit nicht in Sichtweite war. Die von den damaligen politischen Strömungen propagierten Vorstellungen erschienen mir entweder als ziemlich irreale Wunschfiktionen, oder ich fand sie überhaupt nicht erstrebenswert, oder sie waren längst historisch gescheitert. Ich lief Gefahr, mein persönliches Glück für eine ferne - und dazu ziemlich unklare - Sozialutopie zu opfern.

Es keimte in mir zudem der Verdacht, daß selbst eine real bessere Gesellschaft (sagen wir: eine Assoziation freier Individuen, die als Eigentümer ihrer Lebensumwelt in Harmonie mit der Natur leben) möglicherweise noch nicht gleich automatisch das persönliche Glück des einzelnen mit sich bringt.

Die Beziehungen und Debatten in politischen Gruppen und alternativen Projekten, in denen wir uns als Vorkämpfer einer neuen Gesellschaftsordnung verstanden, stimmten mich auch nicht gerade optimistisch. Ich erlebte tragikomische Intrigenspiele und brutale Gefechte in und zwischen politischen Gruppen und alternativen Projekten. Ich war einige Male der „Chef" und auch das „schwarze Schaf" in verschiedenen Bürgerinitiativen und Projekten. Ich erhielt im kleinen eine Vorstellung davon, wie Bürokratisierung, Personenkult, Hierarchie, Vernichtung von unliebsamen Gegnern, Bespitzelung und Geheimdiplomatie entstehen können, und lernte den konservativen Charakter von Menschenmassen kennen, die ich vorher noch optimistisch als Träger fortschrittlicher politischer Umwälzungen idealisiert hatte.

Es reifte in mir der Gedanke, daß ich, wenn ich „das Ganze" verändern wollte, ja schon mal bei mir selbst anfangen könnte. Ich begann, mehr für mich zu sorgen, und dadurch erhielt meine politische Orientierung erstmals Boden. Selbst frei zu sein und um mich herum soziale Freiräume zu begründen wurde von einer Frage des gedanklichen Standpunktes zu einer alltäglichen, lebenspraktischen Aufgabe. Ich fand mich allerdings oft in erheblichen Schwierigkeiten, wenn die Bedürfnisse der anderen, die „Freiheit des Andersdenkenden" in Konflikt mit dem kam, was ich gerade wollte. Die allmähliche Hinwendung zur Psychotherapie hat mich teilweise entpolitisiert, aber der humanistische Impuls und die Sehnsucht nach einer lebensbejahenden Gemeinschaft, die Suche nach Wegen zum *persönlichen* Glück als Ausweitung *sozialer* Freiräume und als Begründung kreativer Experimentierfelder, ist als ein wichtiger Aspekt in meine therapeutische Arbeit eingegangen.

Nach dem Studium arbeitete ich einige Jahre lang als Honorarkraft beim Jugendamt in gestörten Familien und in meiner Freizeit in einer Bürgerinitiative gegen Mißstände in psychiatrischen Kliniken. Ich war an der Gründung einer

Kontakt- und Beratungsstelle und einer therapeutischen Wohngemeinschaft für Psychiatrie-Betroffene beteiligt und arbeitete etwa zwei Jahre darin. Ich hatte rege berufliche und persönliche Kontakte zu Zugehörigen von sogenannten Randgruppen, zu Aussteigern, Fixern, Prostituierten, Dealern, Behinderten, Säufern, Zuhältern, Schlägern, Dieben und Verrückten, von denen ich viel über andere Arten zu denken und zu leben gelernt habe.

In dieser Zeit kam ein biodynamischer Körpertherapeut aus London nach Berlin und begann, Wochenendgruppen anzubieten (was damals noch etwas ziemlich Neues war). Ich hatte die sexualpolitischen Schriften des frühen Reich gelesen und interessierte mich auch in gewissem Maße für den Therapeuten Reich, allerdings verbunden mit der starken Skepsis, daß vielleicht auch die reichianische Therapie doch bloß eine besonders raffinierte Form von Anpassung an die Normalität sei und daß sich „Körpertherapie" als ein großer Schwindel herausstellen könnte. Trotzdem war ich neugierig und bat den Therapeuten, mir ein paar Probesitzungen zu geben. Was dort geschah, veränderte meine ganze persönliche und berufliche Orientierung.

Ich erlebte zu meiner Überraschung, daß ich mich nach den Sitzungen eindeutig freier, leichter und glücklicher fühlte als vorher, obwohl sich die Welt augenscheinlich nicht verändert hatte. Ich konnte nicht mehr leugnen, daß meine Wahrnehmung der Welt und meine subjektive Befindlichkeit *auch* durch Faktoren bestimmt waren, die nicht „draußen" in der gesellschaftlichen Wirklichkeit, sondern in mir selbst lagen. Und wie könnte ich Teil einer besseren Welt werden, wenn ich die Repressionen und die Erstarrung der überkommenen Verhältnisse in meinem Körper und meinem Unbewußten mit mir herumtrug?

Ich begann einen jahrelangen therapeutischen Prozeß und schließlich eine körpertherapeutische Ausbildung. Ich entdeckte mehr und mehr vom Reichtum und der Tiefe der inneren Welten. Therapie wurde für mich zu einem Raum, um Erfahrungen mit persönlicher Befreiung zu machen. In der Therapie konnte ich mit einem Leben gegen eingefleischte Gewohnheiten und beengende Konventionen nicht nur im Kopf, sondern im wirklichen Erleben experimentieren. Ich konnte meine „Verrücktheiten", die tieferen emotionalen Schichten meiner Seele, die ich vorher nur als weggeschoben und unwillkommen gekannt hatte, erkunden, ausleben und ausbreiten. Befreiung war nicht mehr nur ein fernes utopisches Ziel, sondern etwas in all seinen Ambivalenzen real Erlebbares. Es entstand ein Tiefenkontakt zu mir selbst und zu anderen auf einer Ebene, auf der ich bis dato völlig einsam gewesen war. Unter anderem lernte ich wieder zu weinen, was ich zwanzig Jahre lang unterdrückt hatte, so daß ich mich endlich wieder entladen und reinigen konnte, wenn mir etwas weh tat. Dafür allein hätten sich all die Anstrengungen in der Therapie schon gelohnt.

Ich bin nicht dadurch Therapeut geworden, daß ich etwas Fix und Fertiges in mich aufgenommen, vorgegebene Methoden trainiert oder trockene Theorien studiert habe. Mein Arbeitsstil und meine Grundüberzeugungen sind etwas sehr Persönliches. Sie gründen sich vor allem darauf, wie ich meine eigenen Lebenskrisen verarbeite, und auf mein fortgesetztes Bemühen, bei der Bewältigung meiner täglichen Lebensaufgaben immer wieder meinen authentischen Weg zu finden. Die „Lehrzeit" eines Therapeuten ist nie zu Ende. Er ist nie fertig, sondern immer im Wachstum, und ich glaube, daß ein Therapeut, der meint, „angekommen" zu sein, schon beginnt zu verknöchern.

Die Fähigkeit, Therapeut zu sein, habe ich mir „durch meine Person hindurch" angeeignet. Alles, was ich in meiner Ausbildung, in meinem beruflichen oder privaten Leben erlebe, alles, womit ich mich intensiv auseinandersetze, geht in meine therapeutische Orientierung ein. Therapeutische Methoden sind keine äußerlichen Instrumente, keine sachlichen Techniken, die ich von mir selbst unabhängig anwenden könnte. *Ich arbeite mit dem, was ich als Person bin!*

Zum Körpertherapeuten bin ich am „Göttinger Zentrum für Integrative Biodynamik" ausgebildet worden. Dazu kommen Erfahrungen mit einer ganzen Reihe anderer therapeutischen Richtungen, die ich am eigenen Leib erlebt und teilweise auch erlernt habe (Bioenergetik, Gestalttherapie, Grofsche Holotrope Atemarbeit, Rebirthing, Focusing, Biosynthese, Hakomi, Gesprächstherapie, Hypnose, Verhaltenstherapie, diverse Massagemethoden und Meditationsformen und andere).

Meine Therapieausbildung war nicht immer ein reines Vergnügen. Ich war ein heftiger Kritiker von Form und Inhalt der Ausbildung und manchmal wohl eine harte Herausforderung für meine Trainer. Aber am Ende habe ich sehr viel daraus gewonnen und eine ziemlich solide Grundlage für meine heutige Arbeit als Körpertherapeut erhalten.

Früher dachte ich, bezahlte Arbeit könne in dieser Gesellschaft nicht anders sein als entfremdet, also eine Verausgabung von Nervenkraft für Geld. Heute habe ich als Körpertherapeut eine Tätigkeit gefunden, die mir entspricht und mich befriedigt. Ich fühle mich als ganze Person gefordert und wirklich ausgefüllt. Ich schöpfe sehr viel aus der Dichte der Beziehung mit meinen Klienten, aus der Intensität der „Seelenspiegelung", aus der Lebendigkeit und den kreativen Möglichkeiten der therapeutischen Arbeit.

Worum es in diesem Buch geht

In diesem Buch möchte ich die unaufdringliche „Magie" des biodynamischen Therapeuten nachvollziehbar machen.

Mein Grundgedanke ist, daß die Biodynamik mehr ein *Stil* ist als eine Methode, mehr eine *Haltung* als eine Technik, mehr eine *Atmosphäre* als eine Strategie, mehr eine *Einstellung zum Menschen* als eine geschlossene psychologische Theorie. Ich habe weniger die speziellen Theorien und Konzepte der Biodynamik (wie etwa den vegetativen Zyklus, die Theorie der Gewebe- und Eingeweidepanzerung oder die Psychoperistaltik) im einzelnen beschrieben und auch nicht so sehr die strukturierteren Formen biodynamischer Arbeit (wie etwa Geburtsarbeit, Primärimpuls-Training, Biodrama oder Stethoskopmassage). Vielmehr habe ich den typischen Stil der biodynamischen „*Session*", den autodynamischen, der Spontaneität des Klienten folgenden therapeutischen *Prozeß* in den Mittelpunkt gestellt.

Im ersten Kapitel gehe ich auf die *Quellen* der humanistischen Körpertherapie ein und versuche, den biodynamischen Stil in das Gefüge der humanistischen Therapieformen einzuordnen. Am Ende fasse ich die wichtigsten *Methoden und Strömungen* der Biodynamik zusammen.

Im zweiten Kapitel beschreibe ich mit vielen Verweisen auf Zen und den Taoismus die *therapeutische Haltung* als Spannungsfeld zwischen meditativem Gewähren, aktivem Strukturieren und konfrontativem Herausfordern.

Im dritten Kapitel beschreibe ich die Ziele und die wichtigsten Hindernisse des therapeutischen *Veränderungsprozesses* und gehe der Frage nach, wie Therapeut und Klient im Therapieprozeß zusammenarbeiten.

Es folgt im vierten Kapitel ein *Fallbeispiel* zur Illustration und Verdeutlichung mit einer kommentierten Darstellung von sechs körpertherapeutischen Sitzungen aus einer langfristigen Einzeltherapie.

Das fünfte Kapitel enthält einige eher philosophische Überlegungen zum *Menschenbild* und zum erkenntnistheoretischen *Standort* der Körpertherapie.

Ich habe auf der Basis von Prozessen geschrieben, durch die ich mich selbst hindurchgearbeitet habe. Es sind keine ausgedachten Überlegungen, ich habe das alles selbst erlebt.

Beim Schreiben war ich oft mit der Begrenztheit von Begriffen und von Sprache konfrontiert. Was in einem körpertherapeutischen Prozeß geschieht, läßt sich nur begrenzt verallgemeinern und mit Worten beschreiben. Die Seele, die Körperenergetik und die Dynamik von Beziehungen kann nicht nüchtern vermessen und in eindeutige Kästchen gepackt werden. Wenn wir alles mit Worten ausdrücken könnten, was wir tun, bräuchten wir keine Körperarbeit.

Beim Schreiben ist mir jedoch klar geworden, daß vieles formulierbar ist, von dem ich zunächst dachte, daß man es nicht in Worte fassen kann oder sollte. Das vorliegende Buch ist *meine* Version dessen, was Biodynamik ist. Es gehört zu der undogmatischen Grundeinstellung unserer „Schule", daß es kein Standard-Lehrbuch zu geben braucht, dem alle Biodynamiker vollständig zustimmen müßten. Wenn ich in dem Buch öfter von „wir" oder „dem Therapeuten" spreche, dann geht es mir hauptsächlich darum, Gedanken, die ich meinen Lehrern und Kollegen verdanke oder von denen ich denke, daß sie von den meisten Biodynamikern geteilt werden, nicht einfach als meine ureigensten Produkte auszugeben. Es ist ein offenes Wir, dem sich jeder zuordnen kann oder auch nicht, ganz wie er möchte.

Wenn ich allgemein von „Biodynamik" spreche, dann meine ich damit entsprechend dem eingebürgerten Sprachgebrauch die Gesamtheit der Strömungen, die sich in den letzten zwanzig Jahren vor allem aus Gerda Boyesens therapeutischer und lehrender Arbeit hervorentwickelt haben, wobei sie durch Elemente aus anderen therapeutischen, philosphischen und meditativen Richtungen und durch die Entwicklung eigener, neuer Gedanken und Arbeitsformen bereichert wurden.

Mein besonderer Dank gilt:

Ken Speyer, dem Leiter meiner Ausbildung, der mir gezeigt hat, daß man in der Therapie sehr weit gehen kann und daß man nie alles versteht;

Rob Bennett, der viele Jahre lang mein Therapeut war, vor allem für seine endlose Geduld;

David Boadella, für seine Klarheit und wohltuende Distanz;

Ebba Boyesen für ihre bodenständige Esoterik und für die tolle Erfahrung des „kosmischen" Psycho-Orgasmus;

Gerda Boyesen für die Entwicklung eines nicht-provokativen Stils der Körpertherapie, für die Entdeckung der Psychoperistaltik und für den freundlichen Empfang zu einem Interview in München;

den *Mit-Teilnehmern* und *Assistenten* meiner Ausbildungsgruppe für viel liebevolles Feedback und einige Anschnauzer;

Wolf Büntig für viele kleine, aber wirkungsvolle Hilfsmittel;

den *Freunden und Kollegen,* die das Manuskript für dieses Buch gelesen haben, für ihre kritischen Randbemerkungen, besonders

Marlies Sieben für ihr differenziertes Interesse und hilfreiche Gegenpole;

und *meinen Klienten,* weil sie immer wieder den Mut haben, sich einzulassen.

Berlin, August 1990   Werner Eberwein

Kapitel 1

Biodynamik: Quellen und Bestandteile

Woher die Körpertherapie kommt

In den letzten fünfzehn Jahren ist eine unübersehbare Vielfalt von Therapieformen entstanden. Ständig entstehen neue Schulen und Richtungen. Ständig tauchen neue Namen auf. Wer die „Psycho"-Seite einer Stadtzeitung aufschlägt oder in der psychologischen Abteilung einer großen Buchhandlung stöbert, wird schier erschlagen von Namen und Begriffen, die ihm zunächst alle ziemlich wenig sagen. Selbst für Insider ist es schwer, den Überblick zu behalten. Inzwischen sind schon eine ganze Reihe von „Therapie-Führern" als Wegweiser zur Orientierung im „Therapie-Dschungel", herausgegeben worden.

Viele der neuen Therapieformen sind überwiegend oder teilweise körperorientiert. In den letzten Jahren hat sich bei einigen dieser Schulen die Vorsilbe „Bio-" eingebürgert, um hervorzuheben, daß es sich um körperorientierte Methoden handelt, wie in „Biodynamik", „Bioenergetik", oder „Biosynthese".

Die körperorientierten Psychotherapien sind kein einheitliches, systematisches Lehrgebäude, sondern ein Netzwerk von lose verknüpften Schulen, Ausbildungszusammenhängen, Personen und Instituten, die mehr oder weniger miteinander verwandt sind.

Jeder Schulenbegründer hat seine eigenen Erfahrungen und Neuschöpfungen in das unübersichtliche Gebilde „Körpertherapie" eingebracht. Die körpertherapeutischen Erfahrungen und Erlebnisse sind der Entwicklung einer spezifischen Theorie weit vorausgeeilt. Die körpertherapeutische Arbeit ist heute noch immer weitgehend experimentell. Für vieles, was wir tun, gibt es keine ausreichenden theoretischen Begründungen und Beschreibungen. Wir sind dabei, die Abgründe des Unbewußten auszuloten und tasten uns in immer neue, unbekannte Räume vor. Die innere Welt ist voller wundersamer und wunderbarer Sphären, voller gespeicherter vergangener Ereignisse und plötzlich aufblühender neuer Erfahrungen. Oft fehlen uns Begriffe, um zu beschreiben, was eigentlich geschieht, und Konzepte, um zwischen „richtig" und „falsch" zu unterscheiden.

So vielfältig wie die Erscheinungsformen sind auch die Ursprünge der körperorientierten Psychotherapie. Wir können jedoch zwei große Wurzeln unterscheiden, aus denen die Körpertherapie hervorgewachsen ist.

Der eine Ursprung ist die psychotherapeutische *Behandlung von Neurosen* durch die Entschlüsselung ihrer unbewußten Dynamik. Die aufdeckende Neurosenbehandlung wurde von Freud begründet und von Reich unter dem Namen *charakteranalytische Vegetotherapie* als *Psychoanalyse mit dem Körper* weiterentwickelt. Freuds und Reichs Pionierarbeit legte den Grundstein für alle körperorientierten Therapieformen, vor allem für die Bioenergetik und die Biodynamik. Auch die Gestalttherapie ist von ihnen stark beeinflußt.

Die andere, weit ältere Quelle der Körpertherapien ist die Suche nach *„Seinsfühlung"* (K.Dürckheim), die vor allem in den „zeitlosen", vor-technologischen Kulturen gewachsen ist. Im indischen Yoga, im japanischen Zen, im chinesischen Tai-Chi, im indianischen Schamanismus und in vielen anderen körperorientierten Traditionen der Meditation und Selbstentwicklung versucht man, durch körperlich-geistige Rituale, die über viele Generationen vom Meister zum Schüler weitergegeben wurden, die Entfremdung zwischen Geist und Körper sowie zwischen dem Ich und dem Unbewußten zu überwinden, also im Grunde genau die Spaltung, die Freud als Kern der Neurosen gefunden hatte.

Eine grundlegende Botschaft dieser uralten Überlieferungen ist die Lehre von der Einheit des Lebens, von Geist und Wirklichkeit, von innerer und äußerer Natur. Alle überlieferten Meditations-Traditionen streben auf die eine oder andere Weise die Überwindung psychischen Leidens an. Sie suchen einen Weg aus dem subjektiven Elend heraus durch das Reich jenseits des bloßen Verstandes zu den Quellen des Glückes und zur inneren, geistigen Befreiung und Zufriedenheit, heraus aus leidvollen Verstrickungen in alten Mustern zur Freiheit des „wahren Selbst". Die Suche nach dem inneren Urgrund bringt einige der mystischen Übungswege ganz in die Nähe dessen, was man in der Humanistischen Psychologie unter „Heilung durch Wachstum" versteht.

Meditation will allerdings Kranken und Gesunden gleichermaßen nutzen. Man geht in der meditativen Selbst-Erfahrung nicht davon aus, daß eine „kranke" Minderheit der Bevölkerung wieder in die „gesunde" Mehrheit integriert werden müsse (wie in der klassischen Psychotherapie im Westen), sondern davon, daß das massenhafte Bewußtsein selbst krank und im Leiden verhaftet sei und daß nur eine lebenslange, unermüdliche Disziplin einigen wenigen, besonders Befähigten den Weg zur subjektiven Befreiung („Erleuchtung") eröffne.

Auch die Begründer der humanistischen Therapien stellten das klassische psychiatrische Verständnis in Frage, daß die Psychopathologie ein Zustand der Abweichung vom Normalen sei. Freud machte sich unter seinen etablierten

Neurologen-Kollegen ja auch mit der Behauptung unbeliebt, daß die neurotische Entwicklung im Grunde die normale sei. Der Ödipuskonflikt, die Abwehr der primären Triebenergie und die Spaltung des Selbst in Ich, Es und Über-Ich seien, so Freud, Entwicklungsprozesse, die jeder durchläuft. Aber eben diese Prozesse seien auch verantwortlich für die Entstehung der Neurosen. Auch Reich schrieb - vor allem unter dem Eindruck des allgemeinen sexuellen Elends und des überall auflodernden Faschismus - viel über die „pathologische Normalität", die er als „emotionale Pest", als eine psychische Massenseuche bezeichnete. Und Fritz Perls pflegte auf seine kauzige Art zu betonen, daß die Gestalttherapie „viel zu interessant" sei, „um Neurotikern vorbehalten zu bleiben".

Viele Konzepte der Körpertherapie sind aus dem psychoanalytischen Begriffsgebäude abgeleitet, auch wenn sie teilweise in einer etwas anderen Bedeutung benutzt werden (Ich, Es, Übertragung, Abwehr, Neurose, Widerstand, Charakter). Freud ist einer unserer Urgroßväter. Die Biodynamik kann als eine Weiterentwicklung der Psychoanalyse betrachtet werden, als eine aufdeckende Körperpsychotherapie, in der Unbewußtes bewußt gemacht wird, als *Psychoanalyse mit dem Körper*. Die psychoanalytischen Konzepte haben die Körpertherapie tief durchdrungen, wenn sich auch seit dem Ausschluß Reichs aus der Internationalen Psychoanalytischen Vereinigung im Jahr 1933 die beiden Richtungen getrennt entwickelt haben und die psychoanalytischen Hüter der Orthodoxie oft ohne wirkliche Kenntnis unserer Arbeit mehrheitlich eher naserümpfend und mit warnendem Zeigefinger auf Körpertherapeuten herabschauen.

Die Psychoanalyse mit all ihren Varianten und Abspaltungen hat sicherlich von allen Therapieschulen die mit Abstand differenziertesten und ausgefeiltesten theoretischen Systeme über die psychische Entwicklung des Menschen, über die Dynamik der Neurosen und die Determinanten der therapeutischen Beziehung entwickelt. Analytiker haben für alles und jedes einen Begriff. Die analytische Literatur füllt ganze Bibliotheken. Daher machen Körpertherapeuten gern offene oder versteckte Anleihen an der psychoanalytischen Theorie. Beispielsweise sind die neueren psychoanalytischen Untersuchungen über die Frühstörungen, die Narzißmus-Debatte und die lange vergessene Arbeit von Otto Rank über das Trauma der Geburt von Körpertherapeuten mit großem Interesse aufgenommen worden. Wir finden in psychoanalytischen Schriften manchmal sehr brauchbare Begriffe für das, was wir in unserer Arbeit Tag für Tag wiederbelebt sehen.

Ebenso wie die Psychoanalytiker gehen auch wir Körpertherapeuten davon aus, daß wir unsere Klienten nur aus ihrer Lebensgeschichte heraus wirklich

Abb. 1: Sigmund Freud im Kreis seiner Schüler 1911

verstehen können, und wir sind uns der entscheidenden Wichtigkeit der Beziehungen zu den Eltern in den ersten Lebensjahren bewußt.

Melanie Klein hatte für die psychoanalytische Arbeit mit Kindern die klassische Freudsche Technik auf eine Weise modifizieren müssen, die sie ganz in die Nähe bestimmter körpertherapeutischer Arbeitsformen brachte. Da sie natürlich kleine Kinder nicht auffordern konnte, sich auf die Couch zu legen und frei zu assoziieren, begann sie, mit den Kindern zu spielen, und nahm dazu allerlei Utensilien wie Farben, Wasser, Bindfäden, Papier, Puppen zu Hilfe. Sie deutete sodann die spielerischen Inszenierungen der Kinder ähnlich wie Freud die Träume seiner Patienten gedeutet hatte. Sie erweckte mit den Kindern frühe traumatische Situationen und Bewußtseinszustände in einem spielerischen Szenarium wieder zum Leben. Ihre (auch) nonverbale Methode eröffnete einen fruchtbaren Zugang zu der psychischen Entwicklung in den ersten Lebensmonaten, also in der Zeit *vor* der Entstehung der Sprache. M.Klein ging

Abb. 2: Wilhelm Reich

weiter in die Vergangenheit der Frühentwicklung als Freud. Für sie ist die frühe *Mutterbeziehung* (in der Zeit von ca. einem halben bis eineinhalb Jahren) das Feld, in dem alle Neurosen entstehen. (Klein 1983) Freud dagegen hatte bekanntlich den Ödipuskonflikt ins Zentrum seiner Neurosenlehre gerückt, und dieser ist ja eine relativ späte Entwicklungsform (er tritt ca. im 4. und 5. Lebensjahr in den Vordergrund).

Leider hat die Psychoanalyse die Chance versäumt, die Kleinsche Spieltechnik auch auf Erwachsene anzuwenden. Diese Idee wurde erst in den siebziger Jahren in der Wachstums-Gruppen-Bewegung in Kalifornien entwickelt. Seitdem benutzen wir in den humanistischen Psychotherapien gelegentlich diverse Spielmaterialien zum Zwecke der dramatischen oder symbolischen Inszenierung auch in der Arbeit mit erwachsenen Klienten.

Das Setting der traditionellen Psychoanalyse ist ziemlich beschränkt. Die Begrifflichkeit der Psychoanalyse ist zwar sehr körperorientiert (ich denke etwa an die Konzepte der „oralen", der „analen" und der „genitalen" Dynamik). In ihrer *Technik* schotten sich die Analytiker jedoch weitgehend gegen Körperlichkeit ab. Die Bewegungsmöglichkeiten sind bewußt stark einge-schränkt. Der Analytiker sitzt und sein Patient liegt. Es gibt keinen Körperkontakt, selbst der Kontakt mit den Augen ist ausgeschlossen. Das Setting ist statisch, in der bewußten Absicht, dem Phantasieleben des Patienten Raum zu geben, um die Energie aus dem Motorischen ins Verbale zu lenken und um die Entwick-lung der Übertragung nicht zu stören. Alles spielt sich auf der Ebene von Phantasie und Sprache ab, jede andere Form der Interaktion ist ausgeschlos-sen. Es geht mehr um Verstehen und Deuten als um Erleben und praktisches Transformieren. (Freud selbst schrieb, daß ihm die Idee zu dem klassischen Couch-Setting gekommen sei, weil er es nicht ertrug, viele Stunden am Tag von seinen Patienten „angestarrt zu werden". (Masson 1986)

Tilman Moser hat die technische Selbstbeschränkung seiner traditionellen Psychoanalytiker-Kollegen wiederholt sehr polemisch aufs Korn genommen. Die Beschränkung der Analytiker auf rein verbale Arbeit, so Moser, komme, zumindest auf der Ebene der Frühstörungen, dem Versuch gleich, mit einem Säugling Kontakt aufzunehmen, indem man mit ihm lediglich telefoniert. In der klassischen analytischen Situation könne mit dem Kleinstkind im Patienten kein Kontakt hergestellt werden. Sie wiederhole vielmehr das Erlebnis des Patienten, in frühestem Alter keine befriedigende Form von Zuwendung erhalten zu haben. Sie setze ein altes Trauma fort und dehne so das Leiden ins Endlose aus.

Nonverbale therapeutische Arbeitstechniken, wie wir sie in der Körper-therapie anwenden, führen naturgemäß sehr leicht in den präverbalen Bereich der frühkindlichen Entwicklung. Die körpertherapeutische Arbeit ist inzwischen bis zum Geburtserlebnis und in die Zeit im Mutterleib vorgedrungen und hat eine Vielfalt von Erfahrungen mit frühesten embryonalen und perinatalen Prozessen ermöglicht, die erst ansatzweise beschrieben sind und noch auf eine theoretische Aufarbeitung warten.

Die Psychoanalyse hat eine höchst entwickelte und differenzierte Theorie, aber eine Technik, die sich auf die verbale Deutung von Phantasien beschränkt. Die Körpertherapie hat eine Vielfalt von hocheffektiven Techniken, aber ihre Theorie steckt noch in den Kinderschuhen. Glücklicherweise gibt es seit einiger Zeit ein zunehmendes Interesse von neugierigen Analytikern an den spannenden und lebendigen Prozessen in den körperorientierten Therapien. (Von Analytiker-Kongressen hört man, daß immer mehr analytische Kollegen hinter der vorgehaltenen Hand zugeben, daß sie auch schon mal an einem körpertherapeutischen Workshop teilgenommen haben.) Diese Entwicklung wird von Analytikern wie Moser, die körperorientierte Techniken offensiv in ihre Arbeit integrieren, vorangetrieben. (Moser 1989) Ebenso wächst das Interesse von Körpertherapeuten an Kooperation mit ihren etablierten psychoanalytischen Kollegen. Nicht selten sind Körpertherapeuten bei erfahrenen Analytikern in Supervision oder in Therapie.

Der frühe und mittlere Reich war ja im Grunde ein körperorientierter Psychoanalytiker geblieben. Reich war in dieser Zeit auch insofern noch Freudianer, als er Freuds Fokussierung auf die Entwicklung des Sexualtriebes fortsetzte. Die Entwicklung und Hemmung der Sexualität stand lange Zeit im Mittelpunkt seiner therapeutischen Arbeit. Was Freud noch etwas verschämt „das Sexualziel" nannte, hieß bei Reich ganz unverblümt „der erfüllte Orgasmus". Der Mangel an freier orgastischer Befriedigung war für den frühen Reich die Hauptursache für die Entstehung der Neurosen. Die Befreiung des biologischen Orgasmusreflexes durch kathartische Körperarbeit war explizit das Zentrum und Ziel seiner Arbeit.

In den Körpertherapien hat sich jedoch inzwischen ein Begriff der ursprünglichen psychophysischen Antriebskraft durchgesetzt, der über den Sexualtrieb und auch über Freuds Triebpaar Sexualität und Aggression hinausgeht. Unser Begriff der Körperenergie ist eher C.G.Jungs Libidobegriff verwandt. Wir verstehen unter Körperenergie heute nicht mehr bloß die „Energie des Sexualtriebes" (Freud), sondern ganz allgemein die lustgetönte psychisch-körperliche Antriebs- und Lebenskraft, die all unserem Erleben und Handeln zugrunde liegt.

Reich entdeckte, daß die emotionalen Erlebnisse, über die seine Klienten sprachen, nicht nur Inhalt ihres Kopfes waren, sondern daß sie in einem engen

Zusammenhang mit körperlichen Prozessen und Sensationen standen, die er später als „energetische Strömungen und Stauungen" bezeichnete. Diese körperenergetischen Bewegungen stellte er in einen Zusammenhang mit primitiven biologischen Pulsationsbewegungen, wie sie bereits bei Amöben und anderen Einzellern beobachtet werden können, mit einem steten Wechsel von Kontraktion und Expansion, von Zusammenziehung und Ausdehnung. (Reich 1984) Reich fand heraus, daß die natürlichen, lustvollen Pulsationen des menschlichen Organismus durch rigide soziale Normen, Verbote und Anpassungszwänge gehemmt werden, was sich als chronische Verhärtung bestimmter Regionen des Körpers niederschlägt. Diese chronischen Einschränkungen der Lebendigkeit auf körperlicher, emotionaler und kognitiver Ebene nannte er die *Charakterpanzerung*.

Er stellte die Arbeit an diesen körperlich-psychischen Erstarrungen ins Zentrum seiner therapeutischen Arbeit. Seine Methode nannte er „Charakteranalyse" oder „charakteranalytische Vegetotherapie" (nach dem vegetativen Nervensystem, das die Funktion unser inneren Organe und das Gleichgewicht der Körperenergie reguliert).

Reich sprengte die Regeln des Freudschen Settings und setzte sich über das Tabu der Berührung hinweg. Er begann, seine Klienten zu massieren, er ermutigte sie zu emotionalen Ausdrucksbewegungen und förderte ihren Atem und trat damit in eine ganz neue Welt therapeutischer Arbeitsmöglichkeiten ein. Er entwickelte einen außerordentlich wirkungsvollen Zugang zu emotionalen Problemen über die psychovegetative Arbeit mit dem Körper. Seine Methoden reichen so weit und tief, daß sie bis heute unverändert als experimentelle Instrumente in der Therapie eingesetzt werden können, ohne mit ihnen an eine Grenze oder ein Ende zu stoßen. (Diese Techniken ähneln übrigens verblüffend bestimmten uralten schamanischen Heilungsriten und kathartischen Meditationsformen, die ebenfalls die Befreiung von introjizierten psychophysischen Fremdkörpern durch ritualisierten, kathartischen Körperausdruck anstreben. Dessen war sich Reich aber, soweit ich weiß, nicht bewußt.)

Reich war sein Leben lang ein Dissident, ein Querkopf, ein chronischer Abweichler, ein unbequemer und konfliktfreudiger Einzelkämpfer. Er wurde 1933 wegen „Pornografie", „unkommunistischem Verhalten" und „konterrevolutionärer Ansichten" aus der kommunistischen Partei ausgeschlossen. Ein Jahr später wurde er unter dem Vorwurf, er sei Kommunist, und er lehne die Freudsche Lehre vom Todestrieb ab, aus der Deutschen Psychoanalytischen Gesellschaft und später auch aus der Internationalen Psychoanalytischen Vereinigung ausgeschlossen. Überall, wo Reich längere Zeit blieb, als Analytiker in Wien, als Sexualberater in Berlin, als Vegetotherapeut in Kopenhagen und Oslo, als Orgonforscher in Maine/USA, zog er die heftigsten Attacken auf sich und hinterließ frenetische Anhänger. Nach langer staatlicher Verfolgung wegen „Quacksalberei" und „Mißachtung der Gerichte" starb er schließlich 1957 unter mysteriösen Umständen in einem amerikanischen Zuchthaus. (Boadella 1988)

Anfang der siebziger Jahre erlebte der inzwischen fast vergessene Therapeut Reich eine Renaissance, nachdem der Sexualpolitiker Reich schon in der „ '68-er" Bewegung wiederentdeckt worden war. Seine Arbeit durchdrang die „neue Welle" der humanistischen Psychotherapien, die vom Esalen Institut in Kalifornien aus und durch die Arbeiten von A. Maslow international immer größere Bedeutung gewann.

Humanistische Körpertherapien

Die verschiedenen Richtungen der „neuen" humanistischen Therapieformen lernen dauernd voneinander und vermischen sich miteinander und mit anderen therapeutischen Methoden. Heute verwendet praktisch kein Therapeut mehr „rein" eine bestimmte Methode. Nahezu alle humanistischen Praktiker haben von mehreren Richtungen gelernt. Sie entwickeln im Laufe der Jahre ihren persönlichen Stil aus allem, was sie erlebt haben. Die Katechismen und Kanonisierungen sind veraltet. Stattdessen ist ein lebendiges und vielseitiges System von flexiblen, praxisnahen Konzepten entstanden.

Die humanistische Psychotherapie sucht die dem einzelnen (vor allem dem bewußt Leidenden) innewohnenden Möglichkeiten der Entfaltung letztlich als Teil einer Transformation der Gemeinschaft. Wenn der einzelne freier wird, kann er in einem repressiven System nicht mehr leben. Er verläßt die überkommenen Muster von richtig und falsch, gut und böse, möglich und unmöglich und lebt mehr und mehr nach seinen eigenen Regeln. Er wird, gemeinsam mit anderen, schließlich zum Fokus neuer Freiräume.

Die humanistischen Therapien gehen nach A.Maslow (1985) davon aus, daß es in jedem Menschen neben den unmittelbaren biologischen „Mangelbedürfnissen" (nach Sauerstoff, Nahrung, Körperkontakt, dem biologischen Geschlechtstrieb) „höhere" Bedürfnisse (nach Sinnhaftigkeit des Lebens, Selbstverwirklichung, Liebe, Kreativität, Engagement für die Gemeinschaft) gibt. Das menschliche Potential entfaltet sich jedoch nur dann verläßlich, wenn die Grundbedürfnisse in der frühen Kindheit angemessen befriedigt wurden oder in späteren Situationen als befriedigbar erlebt werden. Ist dies nicht der Fall, so ist der Betreffende sein ganzes Leben lang an unerfüllte Grund-

Gemeinsam ist den humanistischen Therapieformen unter anderem ...

- die Erfahrung, daß es tief in uns eine eigentlichere Lebendigkeit gibt, die befreit werden kann;
- die Arbeit mit dem Körper als dem Ort der Gefühle;
- das Bemühen, Unbewußtes bewußt zu machen;
- die Förderung von Bewußtheit und Ehrlichkeit;
- die Möglichkeit direkter, persönlicher Begegnung auch mit dem Therapeuten als Teil des Therapieprozesses ("ich und du");
- die Konzentration auf das gegenwärtige Erleben ("hier und jetzt");
- die Orientierung auf die ganze Person, die Integration von Körper und Psyche, Emotion und Beziehung, Vergangenheit, Gegenwart und Zukunft;
- die Aufmerksamkeit mehr auf Erleben, Durchleben und Neugestalten als auf verstandesmäßiges Begreifen, Deuten und Interpretieren;
- das Bemühen, in der therapeutischen Situation von vorn herein die liebevolle, wertschätzende Beziehung herzustellen, die gleichzeitig heilend und das Ziel des Heilungsprozesses ist;
- das Experimentieren mit ungewohnten oder normalerweise eher vermiedenen Erfahrungen;
- die Offenheit für transzendente, trans-rationale Erfahrungen und außergewöhnliche Bewußtseinszustände;
- die Förderung höherer menschlicher Fähigkeiten, wie Liebe und Lebendigkeit, Kreativität und Spontaneität, Kritikvermögen und Entscheidungsfähigkeit, Verantwortung und Hingabe, Stille und Freude am Spiel, Selbstbehauptung und Begegnung, Unbestechlichkeit und Präsenz;
- ein Bewußtsein über die Wechselbeziehung zwischen persönlicher Entfaltung, verantwortlicher Zwischenmenschlichkeit und gesellschaftlicher Umgestaltung;
- die Ablehnung von Stigmatisierung, Etikettierung und Pathologisierung, sowie von Machtausübung, Manipulation und Gewalt;
- der Optimismus, daß der Mensch in Freiheit leben kann und daß das Glück des einen nicht auf dem Unglück des anderen gebaut sein muß;
- ein kritisches Bewußtsein über die massenhafte Pathologie der Normalität.

Abb. 3: Gemeinsamkeiten der humanistischen Therapieformen

bedürfnisse und an seine Wut über frühe Mangelzustände fixiert.

Humanistische Therapie hat somit unter anderem die Aufgabe, eine heilsame Beziehung aufzubauen, in der sich die in ihrer Entwicklung steckengebliebene Person aus der Fixierung auf immer wieder neue Befriedigung von Mangelbedürfnissen allmählich lösen kann. Dadurch wird Kreativität entfaltet, und die in der Fixierung gebundene Energie kann für die Gestaltung eines sinnhaften, selbstbestimmten und erfüllten Lebens genutzt werden.

In humanistischen Therapien wird mehr auf die Entfaltung des individuellen und kollektiven Glücks- und Begegnungs-Potentials geachtet als auf die Behebung von Symptomen oder auf die vermeintlich notwendige Anpassung an allgemeine Normen. Krankheit und psychisches Leiden erweisen sich ja oft gerade als Zeichen dafür, daß die Person ihre eigenen, innewohnenden Möglichkeiten und Fähigkeiten fremden, von außen übergestülpten Vorstellungen zuliebe unterdrücken mußte. (Büntig 1990)

Die drei größten körperorientierten Methoden der humanistischen Psychotherapie in der BRD sind zur Zeit die Bioenergetik, der körperorientierte Flügel der Gestalttherapie und die Biodynamik. Trotz einer immer stärkeren Vermischung und Integration dieser Methoden gibt es deutliche Unterschiede in den Haltungen und Methoden, die diesen drei Therapieformen zugrunde liegen.

Die *Bioenergetik* wurde von Alexander Lowen und John Pierrakos begründet. Die beiden Reich-Schüler entwickelten ein System von Körperübungen (die sogenannten bioenergetischen Übungen), die heute in fast allen Schulen der Körpertherapie Anwendung finden. Es sind entweder Körperhaltungen, die muskulären Streß erzeugen (zum Beispiel Beugen der Knie im Stehen über längere Zeit), oder Ausdrucksbewegungen, die biologischen Reflexen entsprechen (zum Beispiel sexuelle Beckenbewegungen). (Lowen 1985)

Diese Übungen dienen vor allem:

- der emotionalen Entladung von zurückgehaltenem emotionalem Ausdruck,
- dem „Grounding", dem Kontakt mit dem Boden im unmittelbaren und im symbolischen Sinn (der Standfestigkeit und der Verwurzeltheit in der Realität),
- der Belebung und energetischen Aufladung des Körpers,
- der Vertiefung des Atems,
- der Harmonisierung von Fehlhaltungen und chronischen Spannungen (hochgezogene Schultern, „Hartnäckigkeit", „Leisetreten").

Die Bioenergetik arbeitet sehr eng am Körper und viel mit Übungen und genau vorgegebenen Strukturen. Lowen ist ein handfester klinischer Praktiker mit der

Fähigkeit, seine Konzepte in seinen Büchern wunderbar klar und einfach darzustellen. (Lowen 1988a und 1988b) Pierrakos ist spiritueller orientiert. Er behauptet, die „Aura" (eine Art energetische Ausstrahlung lebender Systeme) optisch sehen zu können, und baut in seine Richtung, die er „Core-Energetik" nennt, eine Theorie der Aura-Bewegungen ein. (Pierrakos 1986)

Die von Fritz Perls begründete *Gestalttherapie* betrachtete ursprünglich den Körper vor allem als Projektionsfläche für Phantasien und als Organ für Ausdrucksgesten. Perls selbst arbeitete vorwiegend im Sitzen auf Stühlen, wobei er einen „heißen Stuhl" benützte, auf den sich derjenige setzen mußte, der gerade mit ihm arbeitete, und einen leeren Stuhl, auf den der Protagonist seine abgespaltenen Anteile setzen konnte. Gelegentlich arbeitete er mit körperlich inszenierten Psychodramen. Der körperorientierte Flügel der Gestalttherapeuten bedient sich heutzutage mehr und mehr auch des Instrumentariums der Verkörperung, Mobilisierung und Ausdrucksförderung aus den Körpertherapien.

In der Gestalttherapie steht das wache Gewahrsein all dessen, was in jedem Moment im Bewußtsein auftaucht, im Vordergrund. Entsprechend den beiden Grundregeln „hier und jetzt" und „ich und du" richtet der Gestalttherapeut die Aufmerksamkeit des Klienten auf das gegenwärtige Gewahrsein des Klienten in seiner Beziehung zu sich selbst und zu anderen, die in der Phantasie oder real anwesend sind. Gestalttherapeuten betonen in besonderem Maße die Selbstverantwortlichkeit des Klienten für sein Leben und für den Ablauf des Therapieprozesses. Sie frustrieren auf bisweilen ziemlich provokative Art alle Versuche des Klienten, einer Konfrontation mit sich selbst aus dem Wege zu gehen und die Verantwortung für sein Steckenbleiben im Leiden auf andere Menschen oder seine Vergangenheit abzuwälzen. Sie arbeiten dabei oft mit Rollenspielen, in denen sich der Klient mit seinen Projektionen identifiziert, um sie in sein Gewahrsein zurückzuholen. Einige von Reichs Konzepten, vor allem die Theorie der muskulären Panzerung und der Angst als Atemhemmung gingen in die gestalttherapeutische Theorie und Praxis ein. (Perls 1988)

Die *biodynamische* Richtung der Körpertherapie ist eine noch relativ junge Methode. Sie ist erst in den letzten zwanzig Jahren entstanden und hat sich bisher noch weniger als die beiden anderen genannten Richtungen als therapeutisches System etabliert. In der Biodynamik gibt es keine „immer richtigen" Theorien und Methoden und keine festgeschriebenen Lehrmeinungen. Es gibt zur Zeit keine Ausbildungsrichtlinien, keine Prüfungsordnung und kein festes Curriculum. Das wird unter Biodynamikern oft beklagt, ich persönlich halte das aber eher für eine Stärke.

Die Biodynamik ist ein offenes System. Biodynamiker sind neugierig und interessiert an Erweiterungen, ohne schroffe Abgrenzung gegen verwandte Richtungen. Biodynamiker bemühen sich nicht um Axiomatik und haben eine starke Abneigung gegen Dogmatismus. Die Biodynamik als Ganzes ist ein eher locker über persönliche Kontakte verknüpfter Zusammenhang von Therapeuten und Ausbildern, von denen jeder seinen persönlichen Stil entwickelt. Sie versteht sich als eine Strömung unter vielen in dem bunten Netz der humanistischen Körpertherapieformen. Die Essenz steckt mehr in dem Netz als Ganzem als in jedem einzelnen seiner Teile.

Die Biodynamik nimmt ständig uralte und ganz neue Sichtweisen und Methoden in sich auf. Jeder Biodynamiker entwickelt in seiner alltäglichen praktischen Arbeit neue Ansätze und Arbeitsformen und integriert Methoden, die er anderswo gelernt hat. Die Beweglichkeit, das Fließende, die mangelnde Bereitschaft (oder auch nur Fähigkeit), sich ein für allemal festzulegen, ist weniger ein Zeichen von Unausgereiftheit, sondern vielmehr ein Charakteristikum der biodynamischen Methode selbst. Wenn das Benennen von Eindeutigkeiten zur Erstarrung führt, ist es Zeit, daß das scheinbar klar Gewordene sich wieder verflüssigt und dadurch umwandelbar wird. Hinter der letzten gültigen Antwort gibt es immer noch die Antwort danach. Die Biodynamik zieht daher vor allem Klienten und Therapeuten an, die besonderen Wert auf die Freiheit ihrer Kreativität, auf Selbständigkeit und auf ihre individuelle Entfaltung legen. Wer sein Haus gern auf Felsen baut, wird von der Biodynamik frustriert werden. Wer den Mut zur Verflüssigung hat, wird sich in ihr zu Hause fühlen.

Die Biodynamik ist eine eher sanfte, prozeßorientierte, klientenzentrierte Körpertherapie. Der Klient wird dort abgeholt, wo er psychisch und körperlich gerade steht. Die therapeutische Grundregel ist es, aufsteigen zu lassen, was latent schon da ist, und durch das *Schmelzen* des Panzers den Kontakt zu den energetischen Strömungen im Körper zu fördern. Das Strukturieren und Konfrontieren durch den Therapeuten tritt dem gegenüber als Methode zurück. Die Biodynamik arbeitet mit einer „libidinösen" Haltung. Der Klient soll sich nicht krampfhaft durch den Panzer hindurchkämpfen, sondern *genießen*, wie er sich allmählich öffnet.

Wir gehen von einem Zyklus von sympathischer und parasympathischer Aktivität des vegetativen Nervensystems aus. Die therapeutische Arbeit soll sich an den natürlichen vegetativen Rhythmen des Organismus orientieren und ihr dynamisches Gleichgewicht wiederherstellen. Die ausleitende, verteilende und harmonisierende Arbeit mit der *absteigenden Energie*, die energetische Verdauung und Ausscheidung (der „parasympathische Prozeß") wird gleichwertig neben die kathartische, provokative und mobilisierende Arbeit mit der *aufsteigenden Energie* und dem emotionalen Ausdruck (den „sympathischen Prozeß") gestellt.

Die Biodynamik ist weniger durch spezifische Methoden, Theorien oder Übungen gekennzeichnet, sondern mehr durch einen typischen Stil, eine bestimmte Atmosphäre. Biodynamik will die Befreiung des Lebendigen aus dem Unbewußten heraus organisch wachsen lassen. Die primären *Lebensimpulse von innen* suchen sich selbst ihren Weg, wenn sie in der Therapie eine erlaubende und einladende Situation vorfinden. In unserer Arbeit verbinden wir eine eher gewährende, meditative Grundhaltung mit den Mitteln der Reichschen Vegetotherapie und Atemarbeit, dem darstellenden Inszenieren

Abb. 4: Alexander Lowen

und der psychoperistaltischen Massage sowie dem analytischen Verstehen und der direkten Begegnung. Wir gehen davon aus, daß der Therapeut in all seiner Aktivität und bei aller gelegentlichen Provokation grundsätzlich auf die *Selbstregulationsfähigkeit* des Klienten vertrauen kann. Der Therapeut befindet sich in einer ähnlichen Lage wie eine Hebamme, die sich bei der Geburt eines Kindes auf die natürliche Fähigkeit von Mutter und Kind verlassen kann, zu gebären und geboren zu werden, obwohl sie an bestimmten Stellen sehr bestimmt und definitiv eingreifen muß.

Ein zentraler Bestandteil der biodynamischen Methode ist die Arbeit mit den *Impulsen von innen*. Diese eigenartigen, manchmal banalen, manchmal verrückt erscheinenden energetischen Bewegungen aus den Körpertiefen sind latent in jedem Moment vorhanden und spürbar. Die inneren Impulse sind die

Abb. 5: Fritz Perls

handlungs-gestaltenden Strömungen der Lebensenergie, aber auch das auftauchende Verdrängte, also Abkömmlinge der abgewehrten, unerwünschten,
fern gehaltenen Seiten des Selbst. In der Biodynamik wird der Klient ermutigt,
sich in geschützten Situationen auf seine inneren Impulse einzulassen und auf
diese Weise ins Unbewußte hinabzusteigen. Auch der Therapeut orientiert
sich in seiner Arbeit an seinen inneren Impulsen. Er arbeitet auf der Basis seines
Wissens und seines technischen Könnens stark intuitiv und aus seinem
Unbewußten heraus. Wenn der Therapeut seine inneren Impulse kreativ
umsetzt, dann entwickelt sich der Therapieprozeß in jedem Moment neu und
überraschend. Keine Situation taucht zweimal gleich auf. Es entsteht keine
Routine und keine mechanische, instrumentelle Technik. Der biodynamische
Prozeß wächst hierjetzt aus dem Unbewußten. *Biodynamische Therapie ist
geschulte Intuition*!

In der wörtlichen Übersetzung aus dem Griechischen heißt „Biodynamik"
etwa: „Kräftespiel des Lebens". Daß dies dieselben Worte sind, die auch für den
natürlichen Anbau von Lebensmitteln verwendet werden („biologisch-dyna-
mische Wirtschaftsweise"), ist weder ein Zufall noch unfreiwillige Komik. Die
Absicht ist die gleiche, nämlich: für das Wachstum des Lebendigen die besten
natürlichen Bedingungen zu schaffen, die Rhythmen der Natur zu achten und
keine schädlichen Mittel zu benutzen. Psychisches wie biologisches Wachstum
geschieht am besten, wenn die Bedingungen dafür frei und natürlich, behütet
und unvergiftet sind.

Wenn die äußeren Bedingungen förderlich sind, wird sich die Bio-Energie
eines Menschen frei bewegen können. Wenn die Lebenskraft pulsiert, wird der
Mensch wachsen, dann kann sich die „primäre Persönlichkeit" (Boyesen 1987)
entfalten, die unter und hinter allen neurotischen Verstrickungen im Kern der
Person verborgen liegt. Dieses zutiefst optimistische, humanistische
Menschenbild liegt dem biodynamischen Denken zugrunde.

In die Biodynamik sind Einflüsse aus Ost und West eingegangen. Sie wurde
von Freud, Reich, Jung, Lowen, Perls und vielen anderen beeinflußt. Sie hat
eine Reihe von Massageformen, Körper- und Atemarbeit, darstellende und
Encounter-Techniken, Ideen aus der Psychoanalyse, meditative und esoterische
Haltungen in sich aufgenommen. Trotz ihrer Vielfältigkeit und einem Reichtum an Methoden und Haltungen, trotz ihres flexiblen Settings und ihrer stark
prozeßorientierten Zielbestimmung ist sie kein wirres Sammelsurium. Der
biodynamische Therapieprozeß hat seine eigene, innere Harmonie, *gerade weil*
er keine festen, vorgegebenen Formen kennt. Wie das möglich ist, hoffe ich,
dem Leser in diesem Buch zeigen zu können.

Der Yin-Stil

Biodynamische Therapiesitzungen sind geprägt von einer bestimmten Atmosphäre, einem spezifischen „Stil" der Arbeit, der die Biodynamik tendenziell von anderen Therapieformen unterscheidet. Der biodynamische Stil ist als „nicht-direktiv", „gewährend", „erlaubend", „sanft", oder „weiblich" bezeichnet worden. Diese Bezeichnungen werden dem biodynamischen Stil nicht voll gerecht, insbesondere weil sie seine immanente Dialektik außer Acht lassen. Ich möchte den biodynamischen Stil hier beschreiben, indem ich ihn mit der uralten Yin-Yang-Polarität in Beziehung setze.

Das Yin-Yang-Modell war der Versuch, auf einer sehr frühen Stufe des philosophischen Denkens in China ein grundlegendes Bewegungsgesetz zu finden, dem der gesamte Kosmos unterliegt. Die Grundannahme war, daß die Welt im Großen wie im Kleinen ebenso wie die Psyche und der Lebensweg jedes einzelnen Menschen einem Bewegungsgesetz folgt, das durch eine Wechselwirkung antagonistischer Kräfte geprägt ist. Yin und Yang sind das östliche Pendant zu dem Prinzip von Ursache und Wirkung, das die Basis der Alltagsphilosophie des westlichen Menschen ist. Der gesunde Menschenverstand im Westen geht ganz selbstverständlich davon aus, daß jedes Ereignis eine hinreichende und notwendige Ursache haben muß, und der Augenschein gibt ihm erst mal recht. Ebbe und Flut haben ihre Ursache in der Anziehungskraft des Mondes, und wenn zwei Autos zusammenstoßen, dann liegt die Ursache in der Unachtsamkeit eines Fahrers oder beider. Auf Ursachen folgen Wirkungen, die Ursache weiterer Wirkungen sind. Es entstehen Determination-Fäden durch die Zeit, eine endlose Linie von Effekten. Ursache und Wirkung sind die Grundelemente einer linear-kausalen Sichtweise der Welt.

Die Gesetzmäßigkeit von Yin und Yang gehört dagegen zu einer dialektischen Weltsicht, deren Grundform die Wechselwirkung, die Ergänzung von Polaritäten, der Rhythmus und Zyklus ist. Das Schriftzeichen für Yin zeigt ursprünglich die schattige Seite eines Berges, das Zeichen für Yang die Sonnenseite. Das ist keinesfalls wertend oder moralisch zu verstehen. Ein Berg hat immer eine Sonnen- und eine Schattenseite (ebenso wie wir Menschen). In einem heißen Land wie in China war „in der Sonne zu sein" nicht immer etwas Positives. Wenn ein Stück Land immer in der Sonne lag, dann verdorrten die Pflanzen. Wenn die Sonne sich wendet, wird die Schattenseite zur Sonnenseite und die Sonnenseite zur Schattenseite. Das ist das archaische Bildsymbol der Einheit und Umwandlung der Gegensätze, das hinter der Yin-Yang-Philosophie steckt.

In der traditionellen chinesischen Philosophie des Taoismus sind alle

Elemente der Welt der Yin-Yang-Polarität zugeordnet. Eine solche Zuordnung hat nur im Verhältnis zu einem Gegenstück einen Sinn. Ähnlich wie „hoch" und „niedrig" oder wie „rechts" und „links" sind Yin und Yang Vergleichsgrößen. Es kommt immer auf die Relation, auf den Bezugspunkt an, ob ein Haus „hoch" oder „rechts" ist oder nicht. Gegenüber dem Haus, in dem ich wohne, ist das Berliner Europa-Center hoch, gegenüber einem Klotz aus Manhattan ist es niedrig. Dasselbe Ding ist - je nach Relation - einmal hoch, einmal niedrig - mal Yang, mal Yin.

Das Yin-Yang-Symbol stellt eine Einheit (der Außenkreis) dar, der in einer wellenförmigen Bewegung in eine dunkle (Yin-) und eine helle (Yang-) Hälfte zerfällt. Es stellt auch eine zyklische Bewegung dar - es könnten zwei Kaulquappen sein, die umeinander herum im Kreis schwimmen. Wenn man sich einen Uhrzeiger vorstellt, der sich in dem Kreis dreht, dann kann man daran die Wandlungen von Yin und Yang ablesen. In der 12-Uhr-Position ist das Yin am stärksten. Doch selbst dort, mitten im Yin, ist auch ein Anteil Yang enthalten (der kleine helle Kreis in dem dunklen Feld). Und im „Yang im Yin" steckt wiederum ein Yin. Wenn die Zeit voranschreitet (wenn der Uhrzeiger sich nach rechts dreht), dann sieht man, daß genau dort, wo das Yin am stärksten ist, das Yang geboren wird (die Spitze des Uhrzeigers würde langsam heller werden). Aus Yin wird Yang, aus Yang wird Yin, niemals ist nur Yin oder nur Yang, immer ist beides vorhanden, wenn auch in wechselnden Anteilen. Beide Teile zusammen ergeben eine Ganzheit. Das eine kann offenbar ohne das andere nicht existieren. Das Yin bringt das Yang, und das Yang bringt das Yin hervor. Das eine existiert nur als Gegenüber des anderen. Es sind die beiden Seite einer Medaille. Die Muskeln bewegen sich nur durch den stetigen Wechsel von Spannung und Entspannung. Der vegetative Tonus reguliert sich als Homöostase von Sympathikus und Parasympathikus. Starke Spannung (sympathischer Tonus) ermüdet und führt zu einer natürlichen Entspannung (parasympathischer Tonus). Die Entspannung lädt den Körper wieder mit Energie auf, so daß wieder Spannung entstehen kann.

Die Biodynamik hat einen Yin-Stil des Zugangs zum Unbewußten entwickelt. Es ist sicher kein Zufall, daß sie von einer Frau begründet wurde, die beiden anderen großen Richtungen körperorientierter Therapie (Bioenergetik und Gestalttherapie), dagegen von Männern. Interessant finde ich vor allem, daß der Stil des *Zugangs* nicht unbedingt auch ein Kennzeichen des entstehenden *Prozesses* ist. Ein sanfter Yin-Zugang kann einen kraftvollen Yang-Prozeß hervorbringen, das ist gerade so schön mit dem Yin-Yang-Zyklus ausgedrückt:

- Wenn sich gepanzerte Muskeln entspannen (Yin), können sich die dahinter liegenden, machtvollen Emotionen befreien (Yang).

- Wenn sich der Therapieprozeß seine eigenen Wege sucht, wie die Rinnsale des Wassers nach dem Regen (Yin), dann ergeben sich von selbst bleibende, stabile Strukturen (Yang).

Wenn das Yin sich entfaltet, dann treibt es das Yang hervor. Wenn das Yang seinen Höhepunkt erreicht, dann kehrt es zum Yin zurück.

Man könnte Yang- und Yin- Körpertherapien mit Karate und Aikido vergleichen: Während Karate mit geraden, schnellen und kraftvollen Bewegungen arbeitet, die direkt ins Ziel gehen (Yang), ist die Grundlage des Aikido das Ruhen in der Mitte und die Kreisbewegung darum herum (Yin). Im Karate stellt sich der Kämpfer dem Feind und besiegt ihn mit einem konzentrierten Einsatz seiner Kraft. Im Aikido geht der Kämpfer aus dem Weg, richtet die Energie des Angreifers in einer weichen, runden, fast spielerischen Bewegung gegen ihn selbst und bringt ihn dadurch zu Fall. Man könnte Karate auch als „Kämpfen mit Kraft" und Aikido als „Kämpfen durch Nicht-Kämpfen" bezeichnen.

Eine ähnliche Polarität gibt es zwischen der aufsteigenden (sympathischen) und der absteigenden (parasympathischen) Körperenergie. Wenn die Energie aufsteigt, dann geht der therapeutische Prozeß einer Katharsis entgegen (Yang), wenn sie absteigt, pendelt er sich in einen Zustand der Harmonie ein (Yin).

Nach einer emotionalen Katharsis, einem starken Hervorbrechen von Wut, Traurigkeit, Angst oder Lust (Yang) kehrt Stille ein, man fühlt sich wieder „im Lot" (Yin). Durch tiefe Entspannung oder durch die Schaffung eines leeren Raumes – etwa durch Fasten, Meditation, Einsamkeit – oder durch Rückzug in die Natur (Yin) können starke Emotionen aufgewühlt werden (Yang), die vorher durch die Einbindung in den Alltagsstreß kompensiert waren. Aus Leere wird Fülle, aus Vielheit wird Einheit. Yin und Yang pendeln miteinander in einem zyklischen, dialektischen Gleichgewicht.

In der Biodynamik arbeiten wir zwar auch mit der aufsteigenden Energie und der emotionalen Katharsis, aber die Art und Weise des *Zugangs* dazu entspricht einem Yin-Stil. Während in der Bioenergetik durch entsprechende Übungen das Energieniveau erhöht wird, während in der Gestalttherapie durch eine konfrontierende Weise der Intervention der Konflikt im Klienten bewußt zugespitzt wird, ermutigt ein Biodynamiker seinen Klienten vor allem, loszulassen, in sich selbst hinein zu sinken, sich zu öffnen und seinen von innen her kommenden Impulsen zu folgen. Der Yang-Therapeut bewirkt im Klienten durch eine gezielte therapeutische Intervention eine Umwälzung, der Yin-Therapeut gibt dem Klienten auf gewährende Weise Raum.

Diese Stil-Unterschiede sind nur Tendenzen, keine eisernen Grenzwälle. Auch Bioenergetiker und Gestalttherapeuten können sanft, einfühlsam und

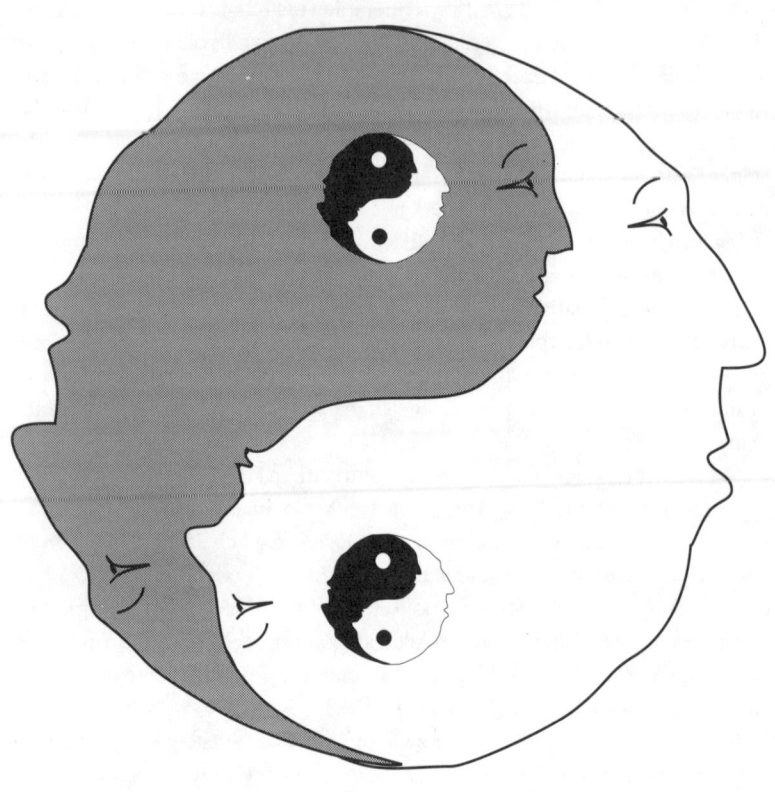

Abb. 6: Das Yin-Yang-Symbol

Einige Beispiele für die Symbolik von Yin und Yang im Zusammenhang der Körpertherapie:

Yang	---	Yin
Spannung	---	Entspannung
Sympathikus	---	Parasympathikus
Konzentration	---	Meditation
hart	---	weich
Kraft	---	Lust
Katharsis	---	Harmonisierung
Erhöhung des Energieniveaus	---	Erleichterung des Energieflusses
Tun	---	Zulassen
Aktivität	---	Hingabe
Durchbruch	---	Schmelzen
Struktur	---	Prozeß
traditionell männlich/väterlich	---	traditionell weiblich/mütterlich
Grenzen setzen	---	Erlaubnis geben
klar	---	kreativ
gerade	---	rund
fordernd	---	gewährend
bauen	---	wachsen
fest	---	fließend
Arbeit	---	Genuß

liebevoll sein. Auch Biodynamiker sind manchmal penetrant, herausfordernd und streitbar. In der Praxis ist aber der Unterschied zwischen den therapeutischen Stilen durchaus feststellbar.

Den Yin-Stil ist keineswegs nur süß und sanft wie Schokopudding. Durch seine Offenheit und Nicht-Festgelegtheit kann er für die erstarrten Anteile des Klienten zu einer enormen Herausforderung werden. Er beginnt strukturlos wie alles Lebendige, das aus dem Chaos, aus der Unordnung wächst, aber er bleibt nicht dabei. Er fördert das Wachstum von Strukturen, aber nicht als präformiertes Regelwerk, sondern als organische Entwicklung aus sich heraus. Er weicht entfremdete Verhärtungen auf, verflüssigt die darin gefangene Energie und begleitet die Selbst-Gestaltung neuer Orientierungen.

Biodynamische Methoden

Wir können in der Biodynamik vier große Richtungen des Zugangs zu einem körpertherapeutischen Prozeß unterscheiden:

1. Vegetotherapie und Atemarbeit

In der Vegetotherapie wird der körperliche Ausdruck zurückgehaltener emotionaler Impulse - wie Weinen, Treten, Wegstoßen, Saugen, Zittern, Grimassieren, Lachen, Schreien oder Beckenbewegungen - angeregt, ermutigt und gefördert. Dadurch können gehemmte Impulse ins Leben finden und gestaute Energie kann entladen werden. Die im Körperpanzer eingesperrten Gefühle, Phantasien und Erinnerungen können an die Oberfläche des Bewußtseins treten. In der Regel liegt der Klient auf einer Matratze, und der Therapeut fordert ihn auf, Bewegungen und seinen Atem kommen zu lassen. Manchmal initiiert der Therapeut den Ausdrucksprozeß anfangs, zum Beispiel durch eine kurze bioenergetische Übung, und ermutigt den Klienten dann dazu, sich seinen autonomen Impulsen von innen hinzugeben.

In dem Moment, in dem im Klienten Ausdrucksbewegungen entstehen, „erinnert" sich sein Körper an die Emotionen, die mit diesen Bewegungen verbunden sind, und an Situationen, in der dieses Gefühl früher schon einmal wahrgenommen wurde. Wenn der Klient zum Beispiel an der Hand des Therapeuten saugt wie ein Baby, dann erinnert sich der Körper an die Situation des Stillens und damit auch an die damit verbundenen Traumen und Dramen.

Es geht nicht darum, künstlich Bewegungen zu erzeugen. Das wäre nur Gymnastik, die emotional bedeutungslos bliebe. Es geht darum, natürliche, spontane Bewegungstendenzen des Körpers zu befreien, die biologischen Reflexmustern entsprechen.

Wenn der Therapeut dem Klienten die Erlaubnis gibt, diese Impulse „loszulassen" und ihnen zu folgen, dann entstehen oft starke emotionale Entladungen, deren Form man nicht vorhersagen kann. Ein Klient beginnt vielleicht, zu singen oder zu lachen, der andere möchte treten oder schlagen, bei dem dritten zittert vielleicht nur ganz leicht die Unterlippe und eine Träne läuft ihm aus dem Augenwinkel. Nahezu immer jedoch fühlen sich die Klienten nach der Vegeto-Arbeit „entladen" und erleichtert, körperlich beweglicher und emotional befreit.

Eine wichtige Rolle in der Vegetotherapie spielt die Befreiung des Atems und die Harmonisierung des Atem-Musters. Die meisten Menschen atmen zu flach, der Atem ist auf Bauch- oder Brustatmung eingeschränkt oder disharmonisch. Mit der Befreiung des Atems wird das Unbewußte aufgeladen und mobilisiert, und gebremste Gefühle steigen auf. Körpertherapeuten lernen, sehr genau das Atem-Muster ihrer Klienten zu diagnostizieren, Einschränkungen des Atems festzustellen und den autonomen Atem zu harmonisieren.

2. Körperorientierte Rollenspiele (Biodrama)

Biodrama ist die symbolische Darstellung von geladenen Interaktionsmustern mit dem Körper. Erlebte oder phantasierte Beziehungen, Persönlichkeitsanteile, Träume, Körperteile, Konflikte, Ängste oder Wünsche werden im Rollenspiel dargestellt, also gestisch-improvisierend gespielt und damit verkörpert. Biodrama ist eine Art therapeutische Kontakt-Improvisation, ein Körper-Theater, in dem die Dynamik alter, frühkindlicher Konflikte durchlebt und durchgearbeitet werden kann. Auch der Therapeut läßt sich dabei anregen durch seine eigenen Impulse von innen. Es entsteht ein dramatischer, kreativer Tanz, in dem die Neurose eine Bewegungsform findet.

Viele unserer Klienten entdecken zum Beispiel in einer bestimmten Phase der Therapie ihren Haß gegen all diejenigen, die sie in ihrer Kindheit unterdrückt, eingeengt und in ihrer Entwicklung gehindert haben. Sie spüren dann starke körperliche Impulse, mit dem (nun verinnerlichten) Unterdrücker kämpfen, sich „Luft machen", den „Feind" besiegen oder vernichten zu wollen. Sie benötigen dann ein Gegenüber, um diesen inneren Kampf austragen zu können. Hier kann es sehr hilfreich sein, wenn der Therapeut in einem biodramatischen Rollenspiel die Funktion des Unterdrückers übernimmt, etwa indem er den Kopf des Klienten nach unten drückt oder diffusen Armbewegungen des Klienten mit seinen Händen einen Widerstand anbietet. Der Klient kann nun seinen inneren Konflikt körperlich nach außen tragen und durch seine Körperhaltung und durch Bewegungen realisieren und agieren. An die Stelle relativ gefühlsarmer Erinnerungen oder Phantasien tritt auf diese Weise die hoch geladene interaktive Reproduktion des alten Konfliktes im Hier und Jetzt. Aus dem Biodrama entsteht manchmal etwas, das einem schamanischen Heilungsritual oder einer exorzistischen Sitzung ähnelt, wenn sich der Klient symbolisch von alten Introjekten befreit.

Was sich in einer Psychoanalyse oder einer Gesprächstherapie nur in der Phantasie abspielt, kann in der Körpertherapie mit allen damit verknüpften Emotionen inszeniert und kathartisch durchlebt werden. Dabei soll aber nicht einfach das alte Trauma wiederholt werden, sondern diesmal soll der Konflikt zu einer konstruktiven Lösung geführt werden. Das Ich ist ja inzwischen gewachsen. Es ist reifer und älter geworden. Es ist nicht mehr das Ich eines hilflosen, abhängigen Kindes, sondern das eines Erwachsenen, der viel erlebt, gelernt und durchgestanden hat. Wenn alte, verdrängte Dramen empor-

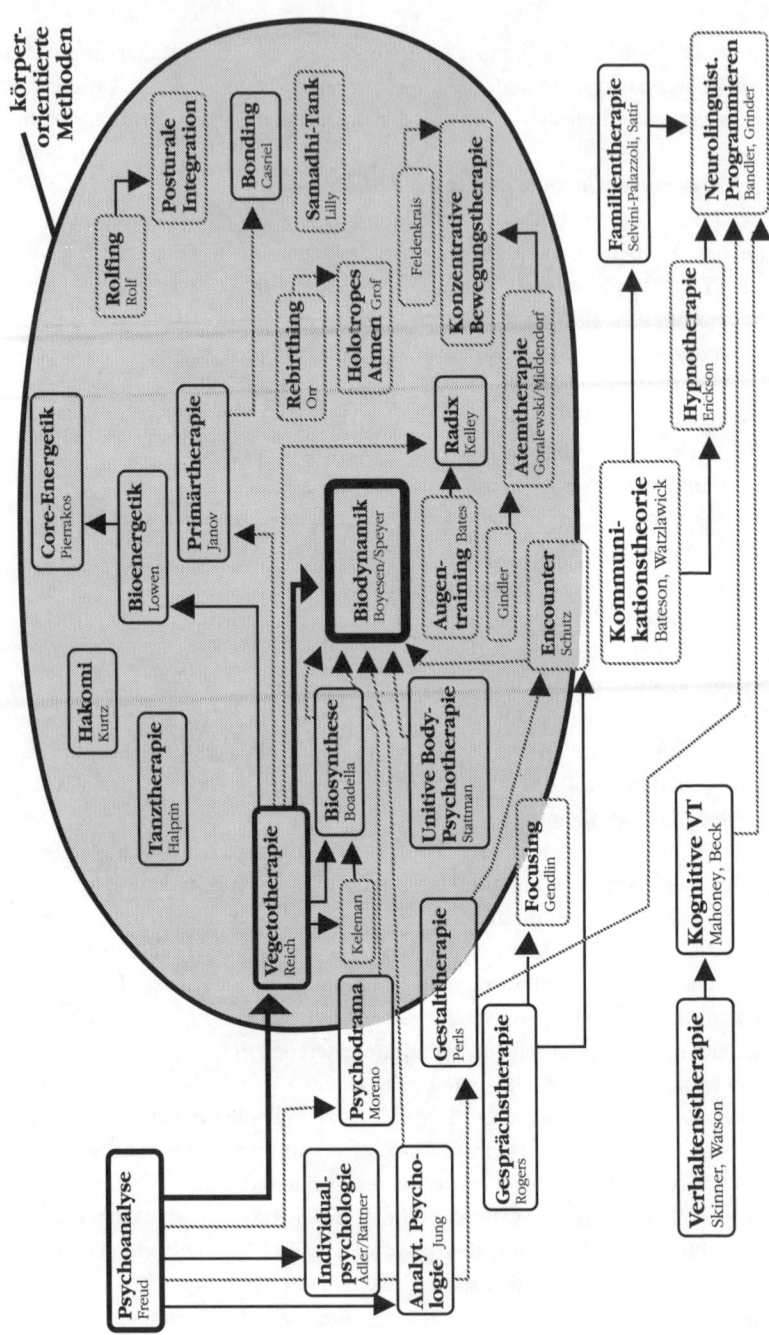

Abb. 7: Therapeutische Schulen im Überblick

steigen, dann kann der erwachsene Klient mit Hilfe des Therapeuten alte Knoten lösen, vor denen das Kind damals resignieren mußte.

3. Psychoperistaltische Massage

Bei der Arbeit mit Massage ist der Klient überwiegend passiv und empfangend. Er liegt entspannt und genießt die Berührungen, die seinen körperenergetischen Zustand harmonisieren sollen. Er tut nichts, und je weniger er „tut", umso besser.

Massage wird in der Biodynamik benutzt, um
- Spannungen abzubauen und gestaute Affekte auszuleiten,
- den Körperpanzer zu schmelzen,
- gestaute Flüssigkeiten aus den Geweben zu beseitigen,
- die Verwurzeltheit im eigenen Körper zu stärken,
- dem Klienten Form, Halt und Sicherheit zu geben,
- den Weg in die therapeutische Regression zu erleichtern,
- den Körper vegetativ zu mobilisieren oder zu harmonisieren,
- Gefühle bewußt zu machen, die in blockierten Körperteilen eingesperrt sind, oder
- den Ausdruck von Gefühlen anzuregen.

Die Intention (die innere Einstellung, die gefühlsmäßige Absicht) des massierenden Therapeuten ist für die Wirkung der Massage entscheidender als seine Massagetechnik. Auf welche Intention sich der Therapeut jeweils einstellt, ist vor allem vom energetischen Gesamtzustand des Klienen sowie von der Stabilität seiner Ich-Grenzen abhängig. Massage kann von ihrer Intention
a) mobilisierend, energetisierend und provozierend,
b) harmonisierend, verteilend und ausgleichend,
c) schützend, haltend und Kontakt gebend oder
d) verdauend, entspannend und ausleitend sein.

Massage kann die verschiedenen Ebenen des Körpers (Knochenhaut, Muskeln, Muskelhaut, Gewebe, Haut, „Biofeld") erreichen. Sie kann hypertone (gestaute) Regionen lockern oder hypotone (erschlaffte) Regionen energetisch aufladen.

Typisch für biodynamische Massage ist die Arbeit mit einem Stethoskop als Biofeedback-Instrument. Der Therapeut legt das Stethoskop auf den Bauch des Klienten und verfolgt während der Massage die peristaltischen Geräusche der Eingeweide. Er erhält dadurch eine direkte Rückmeldung über die vegetative Wirkung seiner Berührungen ("Boyesen-Massage"). Wenn er so massiert, daß bestimmte Darmtöne zunehmen, dann kann er den Klienten von einem chronisch sympathischen Tonus des vegetativen Nervensystems (Anspannung und Streß) in einen parasympathischen Tonus (Loslassen und Verdauung) bringen.

4. Analytisches Verstehen und persönliche Begegnung

Ein wichtiger Teil der therapeutischen Arbeit besteht im analytisch-genetischen Rekonstruieren, also im „Aufdröseln" der Lebensgeschichte des Klienten. Der Klient möchte verstehen, was mit ihm los ist. Der Therapeut ergründet gemeinsam mit ihm die Entwicklungsgeschichte seiner verkörperten Beziehungsmuster.

Wenn sich der Therapeut dem Klienten einfühlsam und verstehend nähert, dann ermöglicht das dem Klienten, sich emotional zu öffnen. Er wird die respektvolle Anteilnahme und das grundsätzlich wohlwollende Interesse des Therapeuten spüren, wenn es echt ist.

Jeder kennt das Erlebnis, wenn er plötzlich empfindet: „Ja, ich verstehe dich" oder „Ich fühle mich verstanden". Für einen Moment entsteht eine Wesens-Verbindung, die zwischen zwei Unterschiedenen eine Brücke schlägt und sie miteinander in Beziehung setzt. Wenn diese innerliche Berührung hergestellt ist, empfindet man: „Wir sind in Kontakt."

Verstehen bedeutet, sich in den Klienten einzufühlen, ihn auf seiner Reise in die inneren Welten mit freundlicher Aufmerksamkeit zu begleiten, den Klienten selbst und seine Welt so weit wie möglich mit *seinen* Augen sehen zu können. Verstehen kann man nicht mit dem Verstand.

> *„Man sieht nur mit dem Herzen gut. Das Wesentliche ist für die Augen unsichtbar."*
>
> (Saint-Exupéry)

Begegnung heißt in der Körpertherapie der direkte Kontakt „von Herz zu Herz", die emotionale Resonanz aus den tieferen Schichten des Selbst. Begegnung ist etwas, das zwischen Menschen unentwegt geschieht. Auch in der Therapie geschieht es sowieso, und es kann nicht „getan" werden. Ob ich den Klienten massiere, mit ihm spreche oder regressive Dramen inszeniere, immer steht der Kern-Kontakt, die Öffnung der Seelen füreinander im Vordergrund. Insofern ist „Begegnung" noch weniger als die anderen dargestellten Aspekte des therapeutischen Prozesses eine Methode im technischen Sinn.

Aber durch die zwischenmenschliche Entfremdung in unserer fatalen Gesellschaft ist gerade die natürlichste und eigentlich selbstverständliche Form des Sozialkontaktes am stärksten beeinträchtigt. Ehrlicher, direkter Kontakt ist das Allereinfachste und doch das Schwierigste, was es gibt. Wir sind so sehr gewohnt, zu lügen und zu vertuschen, daß Offenheit und Ehrlichkeit uns fremd geworden sind. Dem anderen wirklich zu sagen und zu zeigen, was man fühlt, und ihn in und unter seinen Masken in seinem Wesen zu sehen, wird sozial hart sanktioniert. Die Lüge und das Verschweigen werden belohnt, Offenheit und Direktheit bestraft. Daher müssen wir im Laufe einer Therapie die Unmittelbarkeit der Begegnung bewußt suchen und nicht selten gegen diverse Vermeidungs- und Zerstreuungskräfte mühsam kämpfen.

Der biodynamische Therapeut versteht sich nicht nur als ein versierter Techniker, er ist auch bereit, sich dem direkten persönlichen Kontakt zu stellen. Die therapeutische Beziehung hat bestimmte Strukturen und Grenzen, sie ist aber dennoch eine wahre, echte Berührung der Herzen und nur dadurch in der Lage, durch Entfremdung entstandene Wunden der Seele zu heilen.

Diese vier Aspekte der biodynamischen Arbeit sind nicht streng fixiert und sauber voneinander abgegrenzt. Es sind Facetten des körpertherapeutischen Prozesses, die sich auf viel Selbsterfahrung des Therapeuten gründen und in seiner Person verwurzelt sein müssen und die in der Praxis oft ineinander übergehen. Methoden und Techniken sind sekundär gegenüber der Persönlichkeit und der Ausstrahlung des Therapeuten.

Strömungen der Biodynamik

Die Biodynamik ist vor allem aus der Arbeit von Wilhelm Reich und Gerda Boyesen hervorgegangen. Sie hat inzwischen aber Elemente aus anderen therapeutischen, philosophischen und meditativen Richtungen aufgenommen und ist durch die Entwicklung eigener, neuer Gedanken und Arbeitsformen bereichert worden. Sie beinhaltet heute neben der „Gerda-Boyesen-Methode" eine Reihe weiterer großer Strömungen.

In der Bundesrepublik gibt es zur Zeit drei große biodynamische Richtungen und Ausbildungszusammenhänge, von denen jeder eine eigene Prägung hat:
- die Gerda-Boyesen-Schule,
- die Ken-Speyer-Schule und
- die Paul-Boyesen-Schule.

Gerda Boyesen, die ursprüngliche Begründerin der Biodynamischen Psychologie, war Schülerin von Ola Raknes, der mit Wilhelm Reich während seiner Emigration in Oslo zusammengearbeitet hat. Sie hat wichtige Massagetechniken von der norwegischen Physiotherapeutin Aadel Bülow-Hansen übernommen und ein sehr differenziertes System therapeutischer Massage entwickelt. Gerda hat die Konzepte der Gewebepanzerung und der Psychoperistaltik und die „gewährende" Grundhaltung des biodynamischen Therapeuten entwickelt und wichtige psychophysiologische Zusammenhänge und Arbeitsweisen entdeckt. Sie legt den Schwerpunkt ihrer Arbeit auf die Förderung der vegetativen Entladung nach innen und der Reinigung der Gewebe von toxischen Stoffwechselresten. Ihre Arbeitsweise enthält viel Esoterisches und einen hohen Anteil an Massage, bei der häufig ein Stethoskop als Biofeedback-Instrument benutzt wird. Sie benutzt für ihre Arbeit seit einigen Jahren auch den Namen *Gerda-Boyesen-Methode*. (Die Theorie und Praxis der Stethoskopmassage ist von Gerda und Mona-Lisa Boyesen bereits sehr gründlich dargestellt worden, so daß ich hier auf eine eingehende Beschreibung verzichten möchte. (Boyesen u.a., 1987)

Gerda hat wichtige theoretische und methodische Grundsteine der Biodynamik gelegt. Ihr Konzept der Psychoperistaltik und die daraus entwickelte Stethoskopmassage sind jedoch nicht das Zentrum meiner therapeutischen Arbeit, sondern nur eine Methode von vielen. Mein Schwerpunkt ist eher die biodramatisch-interaktive und die vegetotherapeutische Arbeit auf einer reichianisch-analytischen Grundlage.

Ich wurde im „Göttinger Zentrum für Integrative Biodynamik" zum Körpertherapeuten ausgebildet. Der Ausbildungszusammenhang wird maßgeblich geprägt von der Person und den therapeutischen Methoden seines Leiters, *Ken Speyer*. Ken betont in seiner Arbeit vor allem die heilende Kraft der ehrlichen Begegnung, die „meditative" Grundhaltung des Therapeuten und die Arbeit mit der spontanen Improvisation von Kontakt. Er war früher Sanskrit-Lehrer in London und ist stark von altindischen Philosophien sowie durch die Schriften von Martin Buber und Meister Eckhart beeinflußt. Seine therapeutische Orientierung geht hauptsächlich auf seine Lehrer Gerda Boyesen und Jay Stattman zurück. (Jay arbeitete überwiegend gestalttherapeutisch. Sein Schwerpunkt war die Arbeit mit Imaginationen, und er hatte Zen bei Suzuki in New York praktiziert.)

Die Integrative Biodynamik ist mit ihrer Hier-jetzt-Begegnungsarbeit und ihrem hohen Anteil an darstellenden Rollenspielen dem gestalttherapeutischen Ansatz verwandt.

Die Integrative Biodynamik ist aus der Arbeit von Gerda Boyesen hervorgegangen und mit der Boyesen-Familie stets verbunden geblieben, sie betont aber auch ihr eigenes Wesen. Vielleicht wird sie sich eines Tages einen ganz eigenen Namen geben oder auf einen abgrenzenden Schulen-Namen innerhalb der Körperpsychotherapie überhaupt verzichten. Bis dahin soll der (meines Erachtens nicht übermäßig glückliche) Begriff „Integrative Biodynamik" sowohl die Verbundenheit mit Gerda Boyesens Methode als auch eine Abgrenzung von ihr zum Ausdruck bringen.

Gerdas Sohn *Paul Boyesen* nennt seine Arbeit *Psycho-organische Analyse* oder *Transformationelle Psychologie*. Er ist durch die französische Psychoanalyse (J. Lacan) beeinflußt und verwendet Methoden, die dem psychoanalytischen Psychodrama ähneln. Er betont die unbewußten Botschaften der Sprache und arbeitet viel mit „Schlüsselsätzen" wie: „Es ist aussichtslos!", „Nur wenn ich geliebt werde, bin ich glücklich!" Er hat eine Methode entwickelt, die dazu dient, die primären inneren Impulse immer differenzierter zu erfühlen und ihnen zu folgen (Primärimpuls-Training). Im Spannungsfeld zwischen Gefühl, Ausdruck und Situation soll der Klient lernen, eine neue Wahl zu treffen, wie er leben möchte. Er wird vom Therapeuten mit der Differenz konfrontiert zwischen dem, was er „hat" (Ärger, Wut, Trotz), und dem, was er möchte (Zuneigung, Aufmerksamkeit, Nähe). Dann soll er in der Therapiesituation einen eigenen, kreativen Weg finden, um seine Wünsche unmittelbar oder symbolisch zu realisieren.

Ich möchte hier einige weitere Personen zumindest kurz erwähnen, die für die Entwicklung und Verbreitung der Biodynamik eine entscheidende Rolle gespielt haben.

Von den biodynamischen Ausbildern der zweiten Generation (also denjenigen, die von Gerda Boyesen direkt gelernt haben) ist *Ebba Boyesen*, Gerdas älteste Tochter, der vegetotherapeutischen Arbeit von Reich wohl am nächsten geblieben. Sie hat sich in ihrer stark übungs-orientierten „psychoenergetischen" Arbeit darauf konzentriert, biologische und emotionale Reflexbewegungen zu befreien. Solche Reflexe sind zum Beispiel der Orgasmusreflex und der Geburtsreflex. (Der Geburtsreflex ist die Bewegung, mit der das Kind hilft, sich durch den Geburtskanal hindurchzubewegen.) Sie arbeitet mit den Strömungen psycho-sexueller Energie im Körper (Psycho-Orgastik) und hat eine Technik entwickelt, um auf sanfte Art mittels gelenkter Phantasiearbeit und körperlicher Regression die eigene Geburt sowie die Zeit im Mutterleib wiederzuerleben und das Geburtrauma auf sanfte Weise zu transformieren (Birth-Release). Der Sinn dieser Arbeit ist unter anderem, eine größere psycho-energetische Erlebnisfähigkeit zu erreichen, bis hin zu „ozeanischen" oder „kosmischen" Einheits- und Verschmelzungsgefühlen.

Gerdas zweite Tochter, *Mona-Lisa Boyesen* hat ein Set von Übungen zum Abbau von vegetativem Streß entwickelt, das sie „Biorelease" nennt. Biorelease betont schmelzende Methoden und die Förderung der Selbstregulationsfähigkeit im Alltag. Es ist auch als Selbsthilfeprogramm und zur Prävention geeignet. Mona beschäftigt sich auch mit sogenannten „Alpha-Zuständen" (einer Art lustvollen Trance, wie sie etwa ein Säugling nach dem Stillen erlebt). Diese Arbeit nennt sie „Alpha-Nursing".

David Boadella ist kein Biodynamiker, aber er war der Biodynamik von Anfang an sehr verbunden. David wurde von den Reich-Schülern Ola Raknes und Paul Ritter zum Vegetotherapeuten ausgebildet. Er hat viele Jahre lang als Gast-Trainer in verschiedenen biodynamischen Ausbildungen gearbeitet und war nach Ken Speyer mein zweiter Haupt-Lehrer. Er gibt die Zeitschrift „Energy and Charakter" heraus, ein internationales, schulenübergreifendes körpertherapeutisches Journal, und er hat eine bekannte Biografie über Wilhelm Reich geschrieben (Boadella 1988). David hat ein eigenes System entwickelt, das er „Biosynthese" nennt und das theoretisch vor allem auf embryologischen Überlegungen aufgebaut ist. (Boadella 1989)

Die Biodynamik ist dialektisch und dialogisch angelegt. Wahrheit kann es nur als etwas Gelebtes geben, sie kann nicht mit Buchstaben auf Papier genagelt werden. Solange unsere Richtung ihrem Wesen treu bleibt, ist sie

Abb. 8: Gerda Boyesen

Abb. 9: Ken Speyer

keine Sammlung letztgültiger Wahrheiten, sondern etwas Organisches, das wächst, sich erweitert und fortlaufend erneuert. Die Biodynamik ist keine konservierte, duftlose Plastikrose, sondern ein nur teilweise kultiviertes, struppiges Stück Natur, das Pflege und Wildnis zugleich braucht.

In den folgenden Grafiken ist ein Überblick über die biodynamischen Strömungen und einige humanistische Therapieformen mit ihren Begründern abgebildet. Es ist eine relativ zufällige Auswahl, um die Vielfältigkeit und die Verknüpfung der Methoden zu illustrieren. Sollte ich wichtige Richtungen oder Verbindungen vergessen habe, so liegt dem keine wertende Absicht zugrunde.

Abb. 10: Ebba Boyesen

Abb. 11: David Boadella

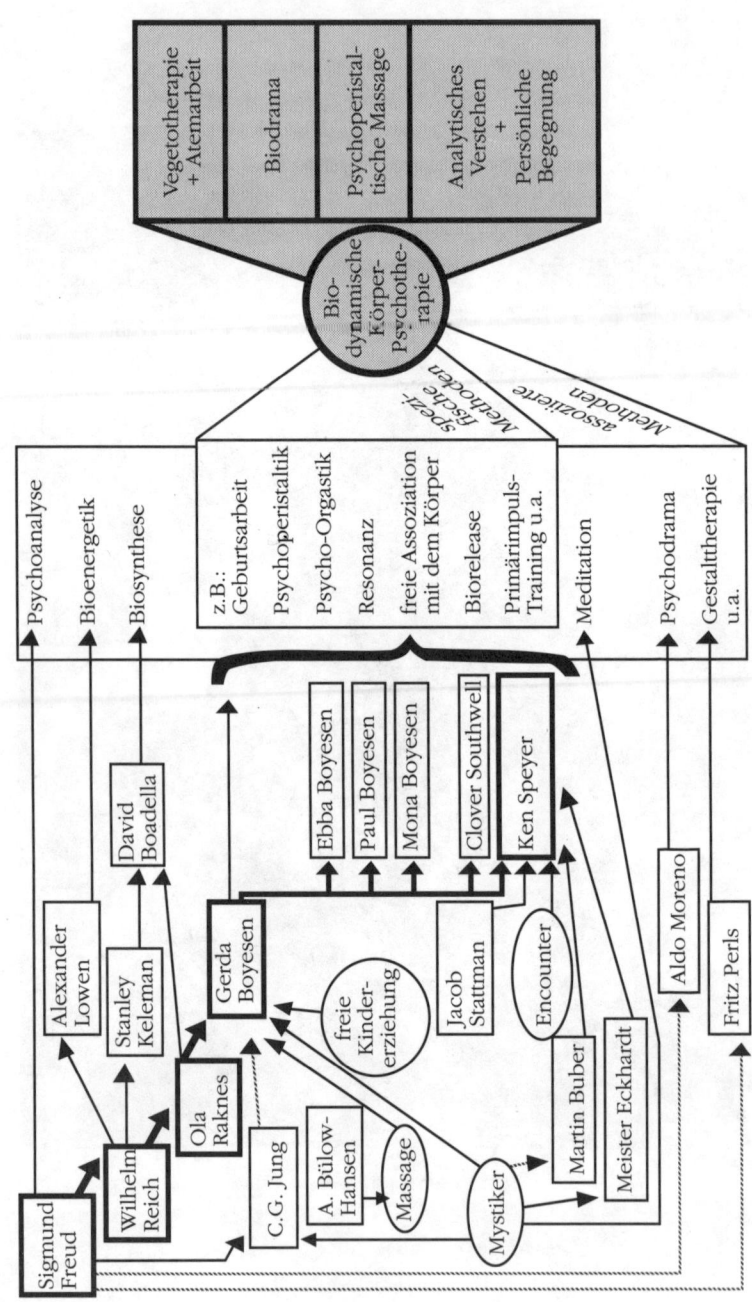

Abb. 12: Biodynamik - Quellen, Strömungen, einige Personen

Kapitel 2

Die biodynamische Grundhaltung: Zen in der Kunst der Körpertherapie

Therapeutische Paradoxien

Wenn jemand einen Therapeuten aufsucht, dann ist er an einem Punkt angelangt, an dem er Hilfe braucht. Er leidet und fühlt, daß er allein nicht weiter kommt. Er möchte an sich arbeiten und sich besser kennenlernen, um zu wachsen und sich zu verändern. Therapie ist ein Ort, wo man sich mit sich selbst auseinandersetzen kann, ist Arbeit des Subjekts an sich selbst.

Therapie ist ein *selbstrückbezügliches System*: Der Klient schaut sich selbst an und setzt sich mit sich selbst auseinander. Seine psychische Aktivität kehrt wie in einem Looping zu ihrer Quelle zurück und verweist auf den Kern der Person. In der Therapie ist die Person Subjekt *und* Objekt ihrer Wahrnehmung und ihres Veränderungswillens. Der Mensch sucht sein Wesen.

Es ist bekannt, daß alle selbstrückbezüglichen Systeme eine höchst merkwürdige und einzigartige Struktur aufweisen. Wenn ein Impuls auf sich selbst zurückwirkt, dann entsteht eine endlose Schleife, weil jede Wirkung sofort zu ihrer eigenen Ursache wird. Wie wäre es etwa, wenn ein Kasten groß genug sein sollte, um sich selbst zu beinhalten, wenn ein Computer sich selbst programmierte, wenn jemand einen Roman darüber schriebe, wie er diesen Roman gerade schreibt, oder wenn ein Gemälde sich selbst abbilden sollte? Kann Gott einen Stein schaffen, der so schwer ist, daß er ihn selbst nicht heben kann? Kann das Bewußtsein sich selbst erkennen? Kann ein Mensch sich selbst verändern? Selbstrückbezügliche Systeme erzeugen einen unmöglichen Salto Mortale, einen Teufelskreis, der sich endlos um sich selbst zu drehen scheint. Systeme dieser Art nennen wir „Paradoxien".

Der Wunsch des Klienten nach Selbstverwandlung erzeugt unweigerlich einen Prozeß, der vor Paradoxien schillert. Der Klient hat viele paradoxe Wünsche:

- „Bring mich zu einer Veränderung, auch wenn ich mich mit aller Kraft dagegen wehre!"
- „Ich möchte, daß du etwas Entscheidendes für mich tust, aber ich sage dir nicht, was!"
- „Du sollst mich lieben, auch wenn ich dich hasse!"
- „Ein perfekter Therapeut ohne Makel muß auch ein ganz normaler Mensch mit allen Mängeln sein, so wie ich!"

- „In der Freiheit, die du mir gibst, fühle ich mich wie gefangen: Ich kann mich nicht befreien, weil es keine Wände gibt."
- „Nur wenn du mir immer alles gibst, was ich brauche, brauche ich dich nicht mehr."
- „Du sollst auch verstehen, was ich dir nicht mitteile!"
- „Beschütze in mir das Kind, das als Erwachsener respektiert werden möchte."

Die Paradoxien des therapeutischen Prozesses sind der berühmten „Sei spontan!"-Paradoxie vergleichbar, die P.Watzlawick in immer neuen Variationen so amüsant beschrieben hat (Watzlawick 1978). Der Klient möchte mit sich ins Reine kommen, er möchte werden, wer er eigentlich ist. Er möchte sein „wahres Wesen" finden, authentisch und spontan werden. Er möchte er selbst sein, aber er *kann* nicht er selbst sein. Er fühlt sich willensfrei, aber dennoch seinen unbewußten Automatismen ausgeliefert. Der Klient ist nicht, wer er ist! Wie aber könnte er anders sein, als so, wie er ist? Der Gedankengang verknotet sich zu einer Negation seiner selbst. Und diese Verknotung ist typisch für alle Paradoxa.

Paradoxien sind dem Verstand auf eine typische Weise unfaßbar. Ein Paradoxon entwindet sich dem Zugriff des linearen Denkens. Es erzeugt eine Schleife in unserem Gehirn, die uns schwindeln macht, wenn wir uns auf sie einlassen. Wenn wir versuchen, ein Paradoxon zu „begreifen" oder gar zu „lösen", dann fühlen wir uns schon nach kurzer Zeit wie verrückt. Es ist so und es ist nicht so. Es funktioniert, indem es nicht funktioniert. Nichts geht mehr!

Einer einfachen Aufforderung wie „Sei, wie du bist!", „Sei frei!" oder „Sei spontan!" kann man, wie jeder weiß, weder nachkommen noch nicht nachkommen. Niemand kann auf Befehl spontan, frei oder natürlich sein, und doch kann man niemals anders, als eben so zu sein, wie man gerade ist, also spontan, frei und natürlich zu sein. Spontaneität ist immer da und nicht da. Jeder *Versuch*, spontan zu sein, ist zum Scheitern verurteilt, und dennoch sind wir in allem, was wir tun, selbst in unserem Zögern und in unserer Unsicherheit, im Nachdenken, Absichern und Planen *wir selbst*, also spontan in freier, natürlicher Aktivität.

Der Mensch, der sich in der Therapie erleben und ändern möchte, ist derselbe wie der, der erlebt und verändert werden soll. Das gleicht dem Versuch eines Auges, sich selbst zu sehen, eines Messers, sich selbst zu schneiden, einer Zunge, sich selbst zu schmecken oder einer Hand, sich selbst zu ergreifen. Der Klient schaut in den Spiegel im Spiegel, und er sieht darin zunächst nur leere Unendlichkeit. „Arbeit an sich selbst", „Selbsterkenntnis", „Erleben des Unbewußten" oder „Durcharbeiten von Widerständen" sind *paradoxe* Aufgaben, die, wie alle Paradoxa, weder gelöst noch nicht gelöst werden können.

Die Paradoxa, die im Kern der therapeutischen Beziehung stecken, haben viel Ähnlichkeit mit einem Zen-Koan. Koans sind Geschichten, Aufgaben, Fragen oder Anekdoten, die in der japanischen Rinzai-Schule des Zen als Fokus der Meditation benutzt werden, um nicht-verstandesmäßige Bewegungen des Geistes zu provozieren. Die bekanntesten Koans sind:
- „Zeig mir das Gesicht, das du hattest, bevor du geboren warst!"
- „Du kennst das Geräusch von klatschenden Händen. Höre das Klatschen einer einzigen Hand!"
- „Stelle dir einen Spiegel vor, der nichts spiegelt!"

Der unmittelbare Umgang mit dem Paradoxon der Selbstrückbezüglichkeit in vielerlei Formen macht den besonderen Reiz der Zen-Praxis aus, sei es im meditativen Stillsitzen (Za-Zen), im Bogenschießen, Blumenstecken, Tuschmalen, im Schwert- oder Stockfechten (Kendo), in der Kalligrafie, der Teezeremonie oder im Aikido. Zen ist paradoxe Meditation, die das Bewußtsein aus dem Kopf direkt zum Sein hin lenkt. Der Zen-Adept nimmt die verschiedensten Rituale zu Hilfe, um mit dem identisch zu werden, was er gerade tut. Er bemüht sich, in seinem Tun mit sich selbst vereinigt zu sein. Er versucht, zu werden, wer er ist. In jahrzehntelanger, intensiver Bemühung strebt er einen Zustand an, der im Grunde von Anfang an da ist (und nicht da ist): Die Identität mit sich selbst im Hierjetzt, das Ruhen im Sein.

Das Paradoxon des Bezuges der Person auf sich selbst ist auch der springende Punkt in den aufdeckenden Psychotherapien. Therapie ist ein Ritual, das die Seele in sich selber fängt. Das Bewußtsein macht sich auf den Weg zu sich. Der Mensch versucht, sich seiner selbst gewahr zu werden.

Ein wichtiges therapeutisches Paradoxon ist die Illusion der „Hilfe". Der Klient geht zum Therapeuten, weil er Hilfe und Unterstützung sucht. Der Therapeut ist ein Helfer, und er wird dafür bezahlt, daß er hilft. Was aber bedeutet das zu „helfen"? Was immer der Therapeut *für* den Klienten tut, wird dieser niemals allein tun können! Wenn der Therapeut einen Weg finden sollte, Balsam auf die Wunden des Klienten zu träufeln und das Leiden des Klienten zu mindern, - sei es durch liebevolle Zuwendung, einfühlsames Verständnis, gut gemeinte Ratschläge oder wohltuende Massage - wie wird der Klient jemals lernen, im Alltag ohne Therapeuten allein zurecht zu kommen? Solange der Therapeut dem Klienten nur in einem linearen, mechanischen Sinne hilft, hält er ihn von sich abhängig und hilft ihm gerade dadurch eigentlich *nicht*. Solcher Art Hilfe verhilft nicht zu Selbständigkeit. Sie hält den Klienten in der Regression fest. Wenn Mama dem fünfjährigen Thorsten immer weiter die Schnürsenkel zubindet, dann wird Thorsten nie lernen, das selbst zu tun. Hilfe *schadet*, wenn der Klient nicht lernt, seinen eigenen Weg zu gehen.

Diese Erkenntnis, wenn man sie wirklich realisiert hat, bringt eine schnelle Heilung von dem unter Therapeuten so verbreiteten Helfer-Trip, ebenso wie von der unter Klienten verbreiteten Haltung des „hilflosen Opfers". Die Fähigkeit des Therapeuten zu heilen, entspringt der projizierten *Selbstheilungskraft* des Klienten, und der Klient *inszeniert* erst die Tat, der er dann zum Opfer fällt. Helfen und Hilflosigkeit sind bloß Rollen in einem Spiel, das transzendiert werden muß, wenn der Klient zu sich selbst finden will.

Wirkliche Hilfe könnte demnach paradoxerweise bedeuten, *nicht zu helfen*! Manchmal muß der Therapeut den Klienten in seinem Leiden *belassen* und ihm *nicht* (unmittelbar) helfen, selbst wenn er das könnte. Manchmal muß er die Symptomatik oder die Abwehr des Klienten sogar verstärken oder den Klienten mitten ins Zentrum seines Leidens führen und ihn dort für eine Weile festhalten, bis der Klient seine eigenen Lösungen findet. Manchmal hilft er dem Symptom noch, seine Arbeit zu tun, damit der Klient sich damit beschäftigen kann, was unter dem Symptom steckt.

Genaugenommen will sich kein Klient wirklich ändern (oder höchstens ein kleines bißchen). Wenn sich aber in der Therapie nichts tut, dann ist er enttäuscht und setzt den Therapeuten unter Druck. Er sagt zum Beispiel: „Irgendwie komme ich nicht richtig weiter", „Vielleicht ist das doch nicht die richtige Therapiemethode für mich," oder: „Ich hatte übrigens letzte Woche ein Vorgespräch mit einem anderen Therapeuten ... ."

Der Klient zieht alle Register der Manipulation, Verführung und Erpressung, um den Therapeuten dazu zu bringen, ihn zu verändern. Gleichzeitig widersetzt er sich mit allen Mitteln der von ihm selbst geforderten Veränderung. Er zögert die entscheidenden inneren und praktischen Schritte so lange hinaus, bis er vergessen hat, worin sie eigentlich bestehen. Er macht sich steif und stellt sich dumm, er plappert abgehoben und verweigert Kontakt. Er zerstreut seine Aufmerksamkeit, um die entscheidenden Punkte nicht zu sehen. Er stellt sich blind und taub. Er kontrahiert seinen Körper, zieht sich in regressive Phantasiewelten zurück und fühlt sich schließlich handlungsunfähig oder wie gelähmt. Der Klient möchte, daß der Therapeut ihm unabweisbar offeriert, was er selbst zu sehen schroff verweigert. Er spielt Verstecken und versteckt sich vor sich selbst. Der Therapeut soll ihn selbst dort erreichen, wohin er sich vor sich selbst zurückgezogen hat. Er soll den Zugang eröffnen, den er selbst verschlossen hat. Wenn der Therapeut aber die Aufmerksamkeit des Klienten auf Stellen lenkt, an denen er sich selbst auf den Füßen steht, dann möchte er in Ruhe gelassen werden.

Die Lebenskraft des Klienten richtet sich teilweise gegen ihn selbst und steht im Dienste der Abwehr. Der Klient ist im Widerstand. Er wird ärgerlich auf den Therapeuten, weil dieser ihm nicht hilft, aber heimlich genießt er es, ihn scheitern zu sehen. Die Neurose geht in das Feld der Übertragung ein. Das Paradoxon wird zur Falle, der Therapieprozeß ist an einem Knotenpunkt angelangt.

Wenn sich der Therapeut an solchen kritischen Stellen verwirren oder verunsichern läßt, wenn er sich narzißtisch seine therapeutischen Fähigkeiten beweisen muß, wenn er die Begrenztheit seiner Möglichkeiten nicht anerkennen will, wenn er die neurotische Qual des Klienten oder seine eigene Hilflosigkeit nicht ertragen kann, wenn er also auf das Beziehungsspiel des Klienten hereinfällt und versucht, den Klienten zu schieben, zu drängen, zu überlisten oder zu manipulieren, dann setzt der Klient ihm die ganze Kraft seines Widerstandes entgegen.

Wenn der Therapeut sich verführen läßt, die Rolle des Überlegenen, Klugen und Reifen zu spielen, der am besten weiß, welche Probleme der Klient hat und was gut für ihn ist, dann hat er sich mit der auf ihn übertragenen Elternrolle identifiziert. Dann kann der Klient alle Aktivität beruhigt an den Therapeuten abtreten und in eine passive Konsumhaltung versinken oder in chronischem, fruchtlosem Protest stereotyp aufbegehren. Der Klient hat die Rolle des Motors des therapeutischen Prozesses an den Therapeuten delegiert und selbst den Part der Vollbremsung übernommen. Er bleibt an „Mamas Brüsten" oder in „Papas starken Armen" hängen.

Manipulative Therapie ist von Zwang und Widerstand bestimmt. Die Therapie wird zäh und mühsam. Sie wird zu harter Arbeit, zu einem unfruchtbaren Kampf zwischen Therapeut und Klient, dem schließlich beide unterliegen. Der Therapeut wird zur Dauerprothese für das beschädigte Selbst des Klienten. Die Therapie wird zu einem Versorgungsverhältnis, zu einer nährenden Symbiose, die niemals endet. Der Therapeut stellt dem Klienten Anteile seines Ichs und seiner Energie auf Dauer zur Verfügung. Der Klient ist von der einen Abhängigkeit in die nächste, vom Regen in die Traufe gekommen - und der Therapeut mit ihm. Früher oder später wird der Klient seinen Widerstand agieren, indem er *alle* Fortschritte und Bewegungen in der Therapie blockiert und den Therapeuten als impotent entlarvt. Der Therapeut wird kastriert und fühlt sich frustriert. Aus dem neurotischen Konflikt des Klienten ist die Falle einer therapeutischen Kollusion geworden.

Der Klient *braucht* optimale Bemutterung, aber dazu gehört auch, ihn aus der nährenden Umarmung wieder zu entlassen, damit er sich in der Welt bewähren kann. Fürsorglichkeit wird zur Repression, wenn sie den Klienten klein hält, damit der Therapeut sich groß fühlen kann.

Ein therapeutischer Prozeß, der hauptsächlich aus der Energie des Therapeuten lebt, kommt bald zum Stillstand und wird einen sehr erschöpften Therapeuten hinterlassen. Der passivierte Klient „vampiriert" den Therapeuten, er saugt von dessen Lebenskraft. Das Problem des Klienten ist zum Problem des Therapeuten geworden. Der Therapeut muß in die Supervision!

Schließlich und endlich wird der Punkt erreicht, wo der Therapeut den Klienten doch „lassen" muß, entweder indem er ihn aus der Therapie gehen läßt, oder indem er aufhört, sich um ihn zu „kümmern" wie eine überprotektive Mutter um ihr bedürftig gehaltenes Kind.

Der Therapeut wird früher oder später *gezwungen*, die Freiheit des Klienten zu respektieren. Er muß seine geliehene Macht in die Hände des Klienten zurücklegen und auf illusionäre Großartigkeit verzichten, aber dafür gewinnt er reale Wertschätzung dafür, daß der Klient wirklich weiter gekommen ist. Der Klient *ist* frei und fähig zur Selbstheilung. Die Idealisierung des Therapeuten als „allmächtiger Zauberer" ist eine Übertragung früher Bewunderung für die Eltern, die gelöst werden muß, damit sich der Klient seine Wachstumskraft wirklich aneignen kann.

„Hervorbringen, aber nicht behalten,
Wirken, aber nicht Wert darauf legen,
Großziehen, aber nicht beherrschen."
(Tao-Te-King)

Der ganze Komplex des Helfens in der therapeutischen Beziehung, das Verhältnis des Bewußtseins zum Unbewußten sowie der Umgang mit dem Widerstand sind zutiefst paradoxe Probleme. „Hilf der Selbsthilfe!", „Mache Unbewußtes bewußt!" oder „Arbeite am Widerstand!" könnten wunderschöne Zen-Koans für Therapeuten wie für Klienten sein.

Es sind Aufgaben mit negativem Rückbezug, denn der Klient sucht Hilfe dort, wo er sich selbst nicht helfen *kann*, das Unbewußte ist dem Bewußtsein *nicht greifbar*, und Widerstand besteht gerade in der *Verweigerung* einer therapeutischen Bearbeitung.

Ein paradoxes Problem erfordert eine paradoxe Lösung, ein *dialektisches* Paradigma, ein Gegen-Paradoxon. Eine therapeutische Zen-Methode muß her!

Um in einem paradoxen System fruchtbar arbeiten zu können, müssen wir einen systemischen, einen ökologischen Aspekt in die Therapie einführen. Der Klient braucht einen Menschen, der die Dialektik von Entwicklungswünschen und angstvollen Widerständen aufnehmen kann. Genau das tut ein biodynamischer Therapeut in einer Haltung, die durch eine Dialektik von Gewähren, Strukturieren und Konfrontation bestimmt ist.

Die *Haltung* eines Therapeuten ist grundlegender als alle Methoden, Theorien und Techniken. Sie ist die Substanz, aus der alles Weitere gemacht ist. Sie ist entscheidend für den therapeutischen Prozeß und für das therapeutische Wachstum. Eine Grundhaltung, die in der Lage ist, das Paradoxon des Widerstandes aufzuheben, ist die *meditative* Einstellung.

Therapie als Meditation: So-Sein und Tun-ohne-Tun

Was hat Psychotherapie mit Meditation zu tun? Schließlich gilt Psychotherapie als ein typisch westliches Instrument zur Konfliktbewältigung und zur Lösung psychischer Probleme und Meditation als ein ursprünglich östlicher Übungsweg der Versenkung und Weltabkehr. Vielleicht liegt einer solchen Betrachtungsweise aber ein eingeschränktes Verständnis sowohl von Therapie als auch von Meditation zugrunde.

Viele stellen sich unter Meditation immer noch vor, daß jemand mit untergeschlagenen Beinen vor einer weißen Wand sitzt und seinen Nabel betrachtet. Für mich handelt es sich um etwas viel Grundlegenderes, Allgemeineres. Meditation ist vor allem eine innere Einstellung, eine Haltung zur Existenz, ein Leben aus der Mitte, ein Ruhen im Selbst, ein Sein aus dem Wesen, ein Leben aus dem Kern. Meditation muß nicht stille Kontemplation bedeuten. Auch in voller Aktivität kann man meditativ sein. Sitzen, Stehen, Gehen, miteinander Schlafen, Gähnen, Lachen, Geschirrspülen, Fotografieren, Malen, Tee trinken, Singen, Joggen, Tanzen, Ringkämpfen, Massieren, Atmen, Holz hacken - alles kann Meditation sein.

Meditation besteht nicht in einem bestimmten Ritual, einer bestimmten äußeren Form, sondern in Verbundenheit mit dem Wesen, in einem inneren Tiefgang, in Seinsfühlung, die uns gleichzeitig in der materiellen Existenz verwurzelt und an die Schwelle zur Transzendenz führt (Dürkheim 1987). Meditation heißt, mit sich selbst identisch, wahrhaftig und authentisch zu sein und zu sich zu stehen. Das meditative Handeln aus dem Kern wird als „Tun ohne Tun" (chinesisch: „Wu-Wei") bezeichnet.

Eine Katze liegt auf der Mauer ohne Widerstand gegen das Liegen. Sie ruht ganz in sich und sonnt sich in sich. Plötzlich springt sie auf - nach einer Fliege. Ganz wach. Träge und schnell, biegsam und grazil lebt sie in Nicht-Zweiheit mit ihrem Körper. Wir dagegen stecken oft eingeklemmt zwischen Es und Über-Ich, zwischen „ich möchte" und „ich sollte" und sind nicht in der Lage, das Offensichtliche zu sehen. Faszinierend ist die Reife und Einfachheit eines Zen-

Meisters, der einmal sagte: „Wenn ich esse, esse ich; wenn ich schlafe, schlafe ich."

In einem trivialen Sinn ist das etwas ganz Selbstverständliches. Jeder Mensch ist so und kann gar nicht anders sein. Er tut das und nur das, was er gerade tut. Wenn er ißt, ißt er. Wenn er schläft, schläft er. Dennoch spricht aus dem Satz des Zen-Meisters eine *besondere* Haltung, die ich ahne und kenne und oft ersehne, die ich aber nur selten habe. Sie ist manchmal ohne Weiteres vorhanden, und manchmal scheint sie unerreichbar fern. Oft sind wir schmerzhaft gespalten und leben mit unseren Gefühlen, Impulsen und Wahrnehmungen im Streit.

Einfaches „So-Sein" ist gleichzeitig ein dem Willen unerreichbares Ziel und eine ganz einfache, in jedem Moment sowieso schon vorliegende Realität.

„Das ganz alltägliche, unveränderte Bewußtsein ist bereits die Buddha-Natur."
(Zen-Meister Bankei)

Als ich vor ein paar Monaten am Abend an einem Fluß in Südfrankreich saß und sich die Strahlen der sinkenden Sonne in den Wellen spiegelten, als Grillen zirpten und es nach Thymian roch, da war ich ganz von selbst für eine Weile still und ruhte in meinem von innen her erfüllten, wohligen Nichts. Wenn ich mit meiner Geliebten am Sonntag Nachmittag auf einem Baumstamm im Wald sitze, während der Wind durch die Blätter rieselt und die Autogeräusche nur von ferne her gerade noch zu hören sind, dann sind wir beide miteinander in Stille und ruhen in uns. Alles ist dann wie es ist in Ordnung. Es ist kein Sich-Zwingen, kein krampfhaftes Stillsitzen nötig. In solchen Situationen ist Meditation in Stille schon da, ohne daß sie „getan" werden müßte.

Vor ein paar Jahren war ich einmal in einem buddhistischen Meditations-zentrum in Sri Lanka. Dort gab es einen Gärtner, einen ganz einfachen Mann. Kein Mönch, kein Heiliger. Es war faszinierend, ihm zuzuschauen, wenn er im Hof die Blätter zusammenfegte. Seine Art, diese Arbeit zu tun, hatte etwas Freudiges, Ganzheitliches und Liebevolles. Er kannte keine Eile. In jedem Moment wirkte er beschenkt, identisch mit sich und mit dem, was er tat. Er strahlte eine Heiterkeit aus, die in seinen Bewegungen zum Ausdruck kam, als sei der Besen eine zarte Hand und der Boden der Körper einer Geliebten. Und man konnte es dem Platz hinterher ansehen: kein Blatt übrig. Es war dann ein Ort, von dem man sagt: „Er hat etwas.". Ein alter Mann, nur ein einfacher Gärtner. Die anwesenden Meditations-Adepten (mich eingeschlossen) schienen mir viel verkrampfter, verstrickter, verkopfter zu sein in dem Versuch,

„einfach" zu werden, als dieser Mann, der es ohne Mühe schon war. Ich glaube nicht, daß er seine Arbeit als Meditation verstanden hat, aber so war es, viel mehr, als wenn er tausend Stunden mit geradem Rücken gesessen und seinen Atem beobachtet hätte. In diesem Sinne kann auch Therapie Meditation sein.

> *„Das Tao ist stets ohne Tun.*
> *doch gibt es nichts, was es nicht täte.*
> *...*
> *Der Eingreifende zerstört,*
> *der Zugreifende verliert.*
> *Darum der Berufene:*
> *Nicht-handelnd*
> *gestaltet er doch."*
> (Tao-Te-King)

Auf der Ebene des mechanisch-logischen Denkens ist meditatives „Tun ohne Tun" paradox, ein Widerspruch in sich. Es wäre in der Schulmathematik als Begriff nicht erlaubt. Man kann es nicht recht fassen, und doch kennt es jeder. Das Nicht-Tun findet sich nicht nur an heiligen Orten im fernen Osten, sondern auch in der Kultur des Westens, wie etwa in den Märchen von Michael Ende.

Aber auch unser ganz gewöhnlicher Alltag ist voll von Tun ohne Tun. Eine Klientin von mir sagte einmal in einer Therapiesitzung: „Ich möchte mich so gerne wieder verlieben." Es war nicht so sehr ihr Problem, jemanden zu finden, den sie lieben konnte, sondern sie fühlte sich irgendwie nicht „offen" dafür. Sie konnte diese Offenheit nicht willentlich herstellen, auch wenn sie sich noch so sehr darum bemühte, obwohl es doch unzweifelhaft sie selbst und niemand anders war, die „verschlossen" war. Sie hatte in diesem Bereich keine Macht über sich. Sie konnte sich nicht willentlich öffnen. Im Gegenteil, je mehr sie sich bemühte, sich zu öffnen oder „den Richtigen" zu finden, umso verkrampfter wurde sie. Ja noch schlimmer: Wenn sie sich vornahm, einfach nicht mehr an die ganze Sache zu denken und aufzuhören, ihren Traumprinzen finden zu wollen, dann konnte sie an gar nichts anderes mehr denken, dann ging ihr dieser Gedanke überhaupt nicht mehr aus dem Kopf.

Die meisten wichtigen Dinge werden nicht beabsichtigt oder geplant. Sie „geschehen" und können nur so geschehen. Wichtige Entscheidungen werden meistens „aus dem Bauch" gefällt und nicht im Kopf zurechtgelegt. Wenn ich einen interessanten Menschen kennengelernt oder mich verliebt habe, „geschah" es mir, ich „tat" es nicht. Interessante Einfälle „kommen" mir, und ich weiß eigentlich nicht, woher. Ein Umzug in eine andere Stadt oder ein Wechsel des Berufes wächst von innen heraus und ist meistens nicht das Resultat rationaler Abwägungen. Eher sind die rationalen Gedanken dann die Form, in der sich die Entscheidung durchsetzt, nachdem sie im Bauch schon gefallen ist. Es gibt Dinge, die man nicht durch Wollen oder Anstreben erreicht, man kann sie nur *tun*. Wenn sie geschehen, geschehen sie wie von selbst. Das Wollen und Anstreben erzeugt bloß eine Spaltung zwischen dem Wollenden und dem Gewollten, die das Erstrebte fortan auf weiten Abstand hält. Man kann nicht, gerade *weil* man will. Paradoxerweise macht es die Absicht unmöglich, daß das Beabsichtigte geschieht. Die oben erwähnte Klientin war nicht „Herrin" im eigenen Haus. Wenn sie „offen" war, entdeckte sie, daß sie umgeben war von interessanten und liebenswerten Menschen - dieselben, die sie gestern noch langweilig und „doof" fand. Aber über diese „Offenheit" hatte sie keine Gewalt. Sie hatte darüber ebensowenig die Verfügung, wie der Kopf den Körper oder der Mensch die Erde beherrschen kann, selbst wenn wir das arroganterweise oft glauben.

Wir sind *Teil* der Natur. Es ist einfach unmöglich, sich verlieben zu *wollen*. Die innere Natur kann so wenig vom „kleinen Ego" beherrscht werden wie die äußere. Wir sind ein mikroskopisches Gewächs auf dieser Erde, und unser Ego schaukelt oft ziemlich kipplig auf den stürmischen Wellen des Unbewußten. Je mehr der Mensch versucht, einzugreifen und zu kontrollieren, umso mehr stört er die empfindlichen natürlichen Gleichgewichte. Je mehr wir uns anstrengen, um zu beherrschen, umso mehr machen wir kaputt. In der Therapie versuchen wir, die lebendigen, natürlichen Pulsationen in unseren Körpertiefen, die aus sich selbst heraus wachsen wollen, zu erspüren und uns an sie anzukoppeln. Wir biegen den Klienten nicht zurecht, wir gehen zurück zu dem, was *ist* .

Im Zen wie in der Humanistischen Psychotherapie strebt der Mensch an, mit seinem Wesen eins zu werden. Aber diese Einheit kann durch Anstreben nicht erreicht werden. Wir heben die Hand, aber wir greifen nicht. Wir nehmen Anlauf, aber wir springen nicht. Wir öffnen den Mund, aber wir sprechen nicht. Wir können personales Wachstum nicht willentlich erzeugen, noch kommt es von selbst, wenn wir bloß passiv darauf warten. Dennoch wachsen wir unweigerlich in jedem Moment ein Stück über unsere Vergangenheit hinaus.

Der biodynamische Therapeut ist aktiv, aber er „tut" nicht, er handelt nicht gegen das, was geschehen will. In all seiner Aktivität, mit all seinen Vorschlägen und Interventionen, Herausforderungen, Einladungen und Übungen, versucht der Therapeut, innerlich in einer nicht-tuenden, einer „strömenden" Haltung zu bleiben. Er versucht, „mit der Energie" zu gehen und darin zu schwimmen wie ein Fisch im Wasser.

Manchmal ist es in der Therapie, als würden Therapeut und Klient versuchen, mit einem Vogel im Flug Berührung zu halten, der doch nur dann fliegen kann, wenn man seine Bewegungen nicht stört. Ich muß an den Film „Der Smaragdwald" denken, in dem ein Weißer auf ein brasilianisches Stammesoberhaupt einredet, er solle seinem Stamm befehlen, gegen die weißen Eindringlinge zu kämpfen. Der Häuptling erwidert darauf: „Wenn ich ihnen etwas befehle, was sie nicht tun wollen, dann bin ich nicht mehr länger ihr Häuptling." So geht es mir in der Therapie oft mit Interventionen und Übungen. Wenn eine Intervention „aufgepfropft" ist, dann läßt sie den Klienten kalt. Er führt sie bloß mechanisch aus, um mich zufriedenzustellen, oder sie ruft unfruchtbaren Widerstand hervor. Dann ist es besser, so schnell wie möglich damit aufzuhören. Interventionen und Übungen werden nur dann fruchtbar, wenn sie „stimmen", selbst wenn sie auch dann anfangs oft ein gewisses Unbehagen auslösen. Katalytische Aktivitäten des Therapeuten treffen anfangs häufig auf ein gewisses Zögern, einen Unwillen, eine Abwehr oder eine Peinlichkeit, aber wenn sie in einem tieferen Sinne „angesagt" sind, dann wird der Klient ihnen folgen und aus ihnen etwas gewinnen.

Manchmal tut der Therapeut oder der Klient für eine Weile äußerlich tatsächlich im direkten Wortsinne nichts. Manchmal verharrt einer oder beide in Schweigen. Gerade dann geschieht manchmal sehr viel, aber innerlicher. Es ist unsichtbar bis auf eine schwer zu beschreibende Dichte und ruhende Wesentlichkeit der Atmosphäre. Dies ist dann Meditation im klassischen Sinne: das Sich-Sinken-Lassen zu den Wurzeln des Selbst, das Ruhen in Stille-Sein.

Der Therapeut muß die innere Gespaltenheit des Klienten aufgreifen und seine Tiefendynamik erspüren. Dann kann er mit dem gehen, was da ist. Wenn er erfaßt hat, was aufsteigen möchte, kann er es ins Leben rufen. Er muß sich mit der Wachstumsmotivation des Klienten gegen das neurotische Beharrungsvermögen verbünden und den Klienten immer wieder dort erreichen und abholen, wo er gerade ist. Der Klient geht in freier Entscheidung den Weg, der gegangen werden will. Er will - weil *ES* will.

Der Weg, der manchmal mühsam gesucht und gefunden werden muß, obwohl er ganz von selbst in jedem Moment schon da ist, ist das Tao, von dem das Tao-Te-King spricht.

Das Tao der Körpertherapie

Der Taoismus war im alten China neben dem strengen, strikte Regeln vorgebenden Konfuzianismus als eine Art trans-rationale, dialektische Volksmystik sehr verbreitet. Der Grundgedanke des Taoismus ist, daß die beste mögliche

Entwicklung eines Dinges genau dann stattfindet, wenn es sich natürlich aus sich selbst heraus entfalten kann. „Tao" bedeutet etwas wie „die Selbstentwicklung", „der Weg", „der Sinn", „das Von-Selbst-Geschehende", also die Bewegung der Existenz nach ihren innewohnenden, natürlichen Wachstumsimpulsen. Taoistische Kunstwerke stellen häufig die Natur in ihrer unveränderten Form dar. Ein beliebter Gegenstand taoistischer Malerei und Schnitzerei sind knorrige alte Bäume, das „rohe Holz", von dem im Tao-Te-King die Rede ist:

> *„Der Meister ist fein,*
>
> *dunkel, tief,*
>
> *eindringend, nicht auszuloten,*
>
> *vorsichtig - wie wer im Winter den Fluß durchwatet,*
>
> *zurückhaltend - wie Gäste,*
>
> *zergehend - wie Eis, das schmelzen will,*
>
> *schlicht - wie rohes Holz. "*

Wenn ein Körpertherapeut arbeitet, hat er oft Empfindungen wie: „Nicht ich mache das." Er fühlt sich durchströmt und geleitet von etwas, das nicht aus einer bewußten Sphäre kommt. Die therapeutische Intuition entspringt weniger technischen Überlegungen als einer Art Über-Bewußtheit, die nicht dem engen Ich allein entstammt. Was den Therapeuten leitet, ist Teil einer erweiterten Bewußtseinsebene, die ihn über die Klarheit des bloß Gewußten und voll zu Begreifenden hinausführt. Sie gibt ihm eine Sicherheit, die tiefer als das verstandesmäßige, analytische Begreifen und das absichtsvolle Handeln wurzelt. Für den inneren Seinsgrund ist jeder Name eine Verfälschung, weil er ein Bild vortäuscht, das sich verhüllend vor das Erleben legt. Wenn ich es „Tao" oder „Seinsgrund" nenne, dann fange ich bald an, das Tao oder den Seinsgrund zu suchen, und gehe über *ES* hinweg. Es ist, wie wenn zwei Liebende zusammen schlafen und dabei die Lust suchen, von der sie in einem Beziehungshandbuch gelesen haben. Man findet *ES* nicht dadurch, daß man es sucht. Wenn man aufhört zu suchen und *ist*, dann ist *ES* da.

Die therapeutische Situation ist eine offene Matrix, und der Therapeut arbeitet so gut er kann aus seinem Seinsgrund heraus. Es gibt ein Verstehen jenseits des Begreifens. Es gibt ein Leben jenseits des Handelns. Es gibt ein Sein jenseits des Benennbaren. Analysieren und Bewirken-Wollen werden zum Hindernis, wo sich etwas allem rationalen Verstehen und aller technischen Beeinflussung entzieht. Weder der Therapeut noch der Klient wissen, was in einer therapeutischen Sitzung geschehen wird. Trotz einer gewissen Vorbereitung, trotz einer geschulten diagnostischen Sichtweise, einer methodischen

Sicherheit und einer Orientierung über die Richtung des therapeutischen Prozesses weiß der Therapeut im Grunde nicht, was er tun wird, bevor er es getan hat. „Es geschieht", wenn er es tut, aus sich heraus - gefiltert durch seine Erfahrung und sein ausgebildetes Gewahrsein.

Ich handele als Therapeut nicht mit einer Checkliste im Kopf. Ich tue ständig Dinge, die ich noch nie vorher getan habe und die ich vielleicht später nie noch einmal tun werde. Ich denke und handele nicht linear, logisch und konsequent, sondern lateral (Bono 1989), intuitiv und kreativ. Ich folge meinen spontanen Einfällen aus dem Unbewußten, meinen manchmal „verrückten" Impulsen, die mich nicht selten selbst überraschen, ohne vorab genau zu wissen, was daraus entstehen wird. Ich fühle in meinem Bauch, was getan werden möchte. Verstehen, Tiefenresonanz und Transformation geschehen durch das Mitschwingen des Unbewußten. Das Leben hilft dem Leben.

Natürlich ist meine Intuition kein chaotisch-egoistisches Gewirre, sondern ein durch viel therapeutische Arbeit und Selbsterfahrung teilweise durchgebildetes Ahnungs-Organ, mit dem ich einigermaßen vertraut bin. Vieles in den unendlichen Räumen des Unbewußten ist mir fremd und geheimnisvoll geblieben, aber es stehen dort einige Kisten, in die ich schon öfter hineingeschaut und mit deren Inhalt ich zu arbeiten gelernt habe. Ich agiere meine Spontaneität nicht wild drauflos. Sie ist kontrolliert und gesteuert durch die Erfahrung dessen, was heilsam sein kann und was Zurückhaltung erfordert, und gebaut auf intensiver eigener Therapieerfahrung und einer gründlichen technischen Ausbildung.

Der Therapieprozeß, der so entsteht, bewegt sich in einer dauernden „Urzeugung": er erblüht aus dem Nichts. Er ähnelt eher einer tänzerischen Kontakt-Improvisation als einem genau dirigierten Foxtrott-Schritt. Er gleicht eher der spontanen Improvisation von Jazz-Musikern in einer Jam-Session als einem Beethoven-Konzert nach vorgegebener Partitur. Die Bewegungen tauchen hierjetzt aus dem Unbewußten auf. Dadurch entsteht eine fühlbare Harmonie jenseits festgeschriebener Formen, die durch das bloße Ausführen vorgegebener Handlungsanweisungen niemals erreicht werden kann. Es wäre dem Tänzer einer Kontaktimprovisation unmöglich, dieselbe Lebendigkeit der Interaktion zu erreichen, wenn er seine Bewegungen bewußt und einstudiert setzen würde. Es wäre dem Jazz-Musiker unmöglich, die gleiche spontane Harmonie zu erreichen, wenn er ein vorher lange geprobtes Musikstück bloß vom Blatt abspielte.

In der Biodynamischen Therapie gibt es Orientierungsregeln und bewährte Strategien, aber sie sind immer *unter-determiniert*. Sie lassen genug Offenheit, sie so oder so zu interpretieren oder auszuführen. Die Strukturen haben den einzigen Sinn, der Individualität Raum zur Verfügung zu stellen. Biodynamische Interventionen, Übungen, Theorien, Methoden und Konzepte geben eine Richtung an, aber sie lassen die Situation offen. Wenn der Therapeut dem Klienten einen Weg anbietet, dann kann dieser durchaus auch in die Gegenrichtung gehen, im Kreis herumlaufen, auf der Stelle hüpfen, in der Nase bohren, gar nichts tun oder Radschlagen, und das ist ganz in Ordnung und *nicht* gegen den Sinn der Therapie. Wenn ich eine Übung anleite, dann verändert sich die Übung, während ich sie anleite und während der Klient sie ausführt. Manchmal entsteht aus der Atmosphäre der Sitzung etwas ganz anderes, als ich ursprünglich beabsichtigt hatte, und es gefällt mir dann meistens viel besser. Der Klient ist der Experte für seinen eigenen Prozeß.

„Tu nicht, was ich dir sage!"
(Ebba Boyesen)

Jenseits aller Vorschriften wird der Mensch sichtbar. Die „letzte Klarheit", das „sichere Wissen", ist bereits der Beginn der Erstarrung, die durch Therapie gerade geschmolzen werden soll. Wo der Kontakt erstarrt, wird eine Beziehung zur Pflicht. Wo die Liebe abstirbt, dort wird die Berührung zur lästigen Gewohnheit. Verhärtung tötet die Lebendigkeit und ersetzt sie durch gepuderte Inszenierungen.

„Hat man den wahren Weg verloren,
so kommt die ‚Pflicht zur Menschlichkeit',
und die ‚Gelehrtheit' hervor.
Ist die Verwandtschaft uneins,
so gibt es ‚Kindespflicht' und ‚Elternliebe'.
Ist die Regierung verdüstert,
dann gibt es den ‚treuen Beamten' -
... und ein großes Getue beginnt.
(Tao-Te-King)

Wenn die Arbeit an der Selbstentdeckung des Klienten gegen seine organische Selbststeuerung arbeitet oder ihm neue Entfremdungen überstülpt, dann ist sie kein Weg zum Selbst, sondern eine krampfhafte Bemühung, *anders* zu sein, als er ist.

„So wenig, wie du durch ausdauerndes Polieren einen Ziegelstein zu einem Spiegel machen kannst, so wenig wirst du durch krampfhaftes Üben zu dir selbst gelangen." (Zen-Spruch)

Allerdings kommt der Klient in die Therapie, weil er selbst nicht weiß, wie es weiter geht, weil er Orientierung und Anstöße sucht. Biodynamische Therapie enthält Anleitungen, aber sie ist keine Führung und keine Nacherziehung, sondern ein *Dialog*, ein partnerschaftlicher Erkundungsprozeß, eine gemeinsame Forschungsreise in ein für beide unbekanntes Land.

Wir können Atemübungen machen, aber damit erzeugen wir nur eine vorübergehende Überlagerung unserer eingefleischten Atemmuster. Wir können unseren Willen einsetzen, um Körper- oder Kontaktübungen zu machen, die unsere Gewohnheiten in Frage stellen. Aber durch solche Übungen werden die natürlichen Rhythmen, die die ganze Zeit eingesperrt waren, noch nicht befreit. Erst in dem Moment, wo wir aufhören, „brav" (also von uns selbst entfremdet) zu sein, wo wir uns von der mahnenden Stimme und den wortlos ziehenden Wünschen unserer Eltern verabschieden, wenn wir beginnen „bauchzudenken" und tun, wonach *ES* in uns strebt, sind wir frei.

Taoistisches Geschehen-Lassen ist nicht fesselndes Stillhalten und nicht blind chaotisches Wuchern, sondern ein biologisch-dynamisches *Gestalten.* Das biodynamische Wachstum geschieht weder in einem vollklimatisierten Kunstdünger-Treibhaus, aus dem die bekannten, wässrigen und faden Früchte kommen, noch ist es ein wildes Gefecht, in dem nur der Stärkste überlebt.

Ein Garten oder ein Acker wird gehegt und gepflegt, entsprechend den natürlichen Lebensrhythmen der Pflanzen und denen des Gärtners. Ein Wald ist schon wilder, er reguliert sich mehr aus sich selbst. Aber auch er wird beforstet und beeinflußt durch menschlichen Willen und Bewußtsein. Dann gibt es noch den Urwald, unerläßlich für die Stabilität des Klimas auf der Erde, grausam schön in seiner Unzivilisiertheit und wie alles Lebensstrotzende von Ausrottung bedroht. Therapie ist die Befreiung der Natur, aber angeeignet durch das wache Gewahrsein. Therapie ist heilende Begegnung im Einklang mit der Natur – angeeignetes Leben in dem Bewußtsein, daß wir selbst Natur sind. Therapie ist die Arbeit an der Vereinigung von Natur und Geist.

In der Therapie benutzen wir Übungen und Interventionen ebenso wie Schweigen, Entspannung und Gewähren nur als initialen Anstoß, als Zugang zu den autonomen Impulsen von innen.

Wir gelangen mit dem Klienten
- durch Tun oder Lassen zum So-Sein,
- durch bewußte Anstrengung oder Entspannung zum Kommen-Lassen, zum Von-Selbst-Geschehenden,
- durch vielfältige Zugänge zur Einfachheit des Kerns und
- durch einfaches Da-Sein zur Mannigfaltigkeit der Lebensäußerungen.

Die gewährende Haltung

Wir leben aufgrund von verinnerlichten Vorschriften und Verboten meistens auf einem niedrigen Energieniveau und mit einer begrenzten Erlebnisfähigkeit. Kraft und Lust, Erregung und Begegnung sind auf Sparflamme reduziert. Ein beträchtliches Quantum an potentiellem Glück halten wir in Form von Spannungen und Staus von Schmerz und Hemmungen im Körper fest. Nur selten erleben wir unser volles Potential. Was möglich wäre, zeigt sich in seltenen „Gipfel-Erlebnissen", in ekstatischen Momenten, in denen sich alle Energie befreit, die wir zur Verfügung haben, und uns widerstandslos durchströmt.

Wir mußten in unserer Kindheit lernen, den Ausdruck unangepaßter Gefühle zurückzuhalten und unser Auftreten zurechtzustutzen. Das konnten wir nur, indem wir körperenergetische Blocks entwickelten. Wichtige Anteile unserer Lebendigkeit fanden keinen positiven Widerhall, kein freundliches, gewährendes Empfängnis in der Welt. Einige unserer Wurzeln fanden keine Erde, um sich darin zu verankern, und sind daher verkümmert.

Freud hatte entdeckt, daß die Verstrickung der psychischen Energie in endlose Schleifen unter Einfluß des „Wiederholungszwangs" die neurotischen Symptome aufrecht erhält. Er entwickelte die Methode der „freien Assoziation", um den Gedankenfluß zu verfolgen und die Stellen aufzuspüren, an denen der Fluß der Assoziationen stockt, weil der „Widerstand" verhindert, daß bestimmte Einfälle auftauchen oder geäußert werden.

Reich hatte entdeckt, daß der Widerstand im Körper somatisiert ist und daß es möglich ist, einen stockenden Therapieprozeß durch Lockerung des Körperpanzers wieder in Gang zu bringen. Er fand heraus, daß er neurotisches Leiden heilen konnte, wenn er den Klienten dazu ermutigte, zurückgehaltene körperliche Ausdrucksimpulse herauszubringen. Diese Methode nannte er „Vegetotherapie".

In der biodynamischen Körpertherapie haben wir eine Technik entwickelt, die Freuds freie Assoziation mit Reichs Vegetotherapie kombiniert. Wir nennen sie „freie Assoziation mit dem Körper". Der Klient lernt, die autonomen Ausdrucks- und Bewegungsimpulse aus seinen Körpertiefen zu befreien. Er folgt dabei viel mehr seiner inneren Stimme als äußeren Anweisungen. Er wird mehr „innengeleitet". Dieser Prozeß wird manchmal durch konkrete Instruktionen des Therapeuten eingeleitet, aber vor allem durch eine gewährende, erlaubende Haltung ermöglicht.

„Gewähren" bedeutet vor allem einen Verzicht auf Gewalt und Manipulation. Wenn wir darauf vertrauen, daß der Mensch im Grunde gut ist und nur - gemeinsam mit anderen - glücklich und zufrieden leben will, brauchen wir in der Therapie keine Gewalt anzuwenden. Wir arbeiten mit der emotionalen Befreiung von gewalttätigen Impulsen des Klienten, aber wir lehnen es ab, Methoden anzuwenden, die gewaltsam seinen Widerstand durchbrechen. Wir befreien verinnerlichte Gewalttätigkeit, aber auf gewaltlosem Wege. Der Klient darf seinen Zorn austoben, aber wir üben keinen Zwang aus, der von neuem verletzt und wütend macht. Therapie darf nicht re-traumatisieren. Das Prinzip der Gewaltlosigkeit wird in der Hakomi-Methode besonders betont (Kurtz 1985), aber es bestimmt auch die biodynamische Arbeit.

Gewaltlosigkeit folgt notwendig aus der meditativen, taoistischen Grundhaltung der Biodynamischen Therapie: Nicht künsteln, nicht drücken, nicht bohren, nicht drehen und schrauben und machen, sondern leben und schauen, organisch, aus der Freude am So-Sein. Gewaltausübung durch den Therapeuten ist schädlich und außerdem ganz unnötig. Es genügt, in das einzusinken, was da ist.

- Der Therapeut versucht nicht, den Widerstand des Klienten zu durchbrechen.
- Er versucht nicht, die inneren Spannungen des Klienten immer weiter zuzuspitzen.
- Er apelliert nicht hauptsächlich an den bewußten Willen des Klienten.
- Er fordert ihn nicht auf, sich krampfhaft anzustrengen oder zu bemühen.
- Er versucht nicht, den Klienten anders zu machen.
- Er kämpft nicht gegen die Neurose.

Durch eine *Aufforderung* wie „Bewege bitte mal deine Schultern!" würde der Therapeut das *Bewußtsein* und den kontrollierenden Willen des Klienten ansprechen. Er bliebe auf der Ebene des absichtlich Erreichbaren. Der Klient würde das Geforderte bloß mechanisch ausführen. Eine solche Übung würde zur emotional belanglosen Gymnastik, die Gefühle würden nicht erreicht. Eine „*Einladung*" des Therapeuten dagegen spricht eher das *Unbewußte* des Klienten an. Der Therapeut sagt etwa:

„*Laß* dich atmen." oder: „Laß *es* atmen."
„*Laß* die Bewegungen kommen."
„*Laß* die Worte kommen."
„*Laß* die Bewegung etwas stärker werden."
„*Laß* die Phantasien kommen."
„*Laß* den Ton herauskommen."
„Fühle, was deine *Finger* tun wollen."
„Bleib da, und fühle, was *geschieht*."

Der Therapeut fordert den Klienten nicht auf, etwas zu tun, sondern er lädt ihn ein, etwas geschehen zu lassen. Das ist die biodynamische Methode der *inneren Impulse.*

Der Therapeut macht Vorschläge, die der Klient annehmen oder ablehnen kann. Er lädt zu Experimenten ein, auf die sich der Klient aus freiem Willen einläßt oder nicht einläßt. Er ist nicht der Vorgesetzte des Klienten, er hat keine Weisungsbefugnis über ihn. Er ist kein Vorgesetzter und nicht der Vater, hinter dem die Autorität der Strafe steht. Der Therapeut ist auch nicht der brennende Busch, aus dem die allwissende Stimme spricht, sondern ein hilfreicher, leitender Partner, der eine höchst relative, begrenzte Person bleibt.

Die gewährende Haltung besteht nicht in bestimmten Formulierungen oder Verhaltensweisen. Sie ist eine innere Einstellung. Wenn ich einen Bekannten besuche und er begrüßt mich an der Tür mit den Worten: „Schön dich zu sehen!", dann liegt es nicht nur an seinen Worten, sondern an seiner Tonlage und an der ganzen Art seiner Erscheinung, ob ich mich wirklich willkommen fühle oder ob ich den Satz bloß als höfliche Floskel betrachte.

Der Therapeut kann einiges bewußt tun, was einen autonomen Prozeß auslöst und Unbewußtes an die Oberfläche des Bewußtseins schwemmt. Sobald aber die Ebene der autonomen Impulse aktiviert ist, muß der Therapeut seine Anregungs- und Lenkungstätigkeit zurücknehmen und der Autodynamik des Klienten Platz machen. Die inneren Impulse brauchen keine äußere Mobilisierung und Steuerung mehr, sondern bloß Bestätigung, also einen aufnehmenden und kanalisierenden Empfang, um sich willkommen zu fühlen.

Eine häufig angewandte Form, den inneren Impulsen auf dem Weg ihrer Befreiung *entgegenzukommen,* ist das „Übernehmen" von Abwehrspannungen. Diese Technik wird auch als „Widerstand geben" bezeichnet. Es handelt sich um eine paradoxe Methode. Ein gehemmter Impuls wird befreit, indem die Hemmung des Impulses von außen verstärkt wird. Vor allem aggressive Impulse brauchen es oft, sich gegen ein widerständiges Gegenüber richten zu können, sonst fühlt sich der Klient wie in Watte gepackt, und er kann seine Kraft nicht spüren. Seine Energie hat kein Ziel und kein Gefäß, sie bleibt stecken, und er ist frustriert. Wenn ein Klient sich beispielsweise so fühlt, als würde er in einem engen Käfig sitzen, der seinen ganzen Oberkörper umschließt, und er möchte sich gerne aus diesem Käfig befreien, dann kann es gut sein, wenn ihn der Therapeut nach einer Verabredung um die Oberarme herum mit aller Kraft festhält, so daß der Klient seine Kraft nach außen bringen kann. Der Therapeut übernimmt stellvertretend die einengende Funktion des Panzers, so daß der Klient seine Energie auf die Bewegung *aus dem Panzer heraus* konzentrieren kann.

Der Therapeut muß dabei genau fühlen, welche Antwort die inneren Impulse suchen. Wie ein guter Tänzer muß er die Bewegungen des Klienten schon im Ansatz fühlen. Man sagt, daß ein guter Tischtennisspieler bereits reagieren muß, *bevor* sein Gegner zum Schlag ansetzt, um überhaupt eine Chance zu haben, den Ball zu erwischen. Ebenso muß der Therapeut erspüren können, welche Ausdrucksbewegungen im Klienten kommen *wollen,* bevor sie kommen. Er interveniert aus der Resonanz mit dem Unbewußten des Klienten heraus und ermutigt, was nach Ausdruck sucht. Dann geht er mit den Impulsen. Er fördert sie, reagiert auf sie und ist ihnen ein Gegenüber, aber er ist nicht dirigistisch oder gängelnd.

Wenn der Therapeut dem Klienten dauernd sagt oder zeigt, was er tun oder lassen soll, dann wird er zur Neuauflage einer überprotektiven Mutter, die sich sogar in die autonomen körperenergetischen Prozesse noch einmischt. Das aber wäre anti-therapeutisch. In all seiner Aktivität verhält er sich daher im Wesentlichen reaktiv. Er *antwortet* auf die inneren Impulse des Klienten. Er ist kein passives Objekt der Wünsche des Klienten, er antwortet als Person, aber er verzichtet auf Okkupation.

Die gewährende Haltung des Therapeuten kommt in der ganzen Art seiner Präsenz zum Ausdruck. Seine Formulierungen, seine Stimmlage, seine Körperhaltung, selbst die Gestaltung des Therapieraumes und seine Kleidung drükken aus: Hier kannst du dich gehen lassen, hier kannst du loslassen. Die Haltung des Therapeuten ermutigt den Klienten, dem zu vertrauen, was von innen kommen will.

Zen in der Arbeit mit dem Widerstand

Der Schlüssel zum Unbewußten des Klienten - das Geheimnis jeder therapeutischen Haltung - ist der Umgang mit dem Widerstand. Wie kann der Therapeut in einer gewährenden, nicht-manipulativen Haltung bleiben und trotzdem an den Widerständen des Klienten arbeiten?

Die Methode des Zen besteht im allgemeinen immer darin, hinter und vor aller Methode zu entdecken, was sein will. Alle Zen-Methoden sind Nicht-Methoden. Das Ziel eines Zen-therapeutischen Veränderungsprozesses kann nicht sein, eine künstliche Änderung herbeizuführen, sondern nur: nach dem Wesen hin zu wachsen.

Die höchst paradoxe Zen-Philosophie ist ursprünglich aus dem historischen Aufeinandertreffen des frühen taoistischen Denkens aus China mit der transzendent-psychologischen Lehre des Buddhismus aus Indien entstanden. Zen ist der direkte Weg des Wu-Wei, des „Tun-ohneTun".

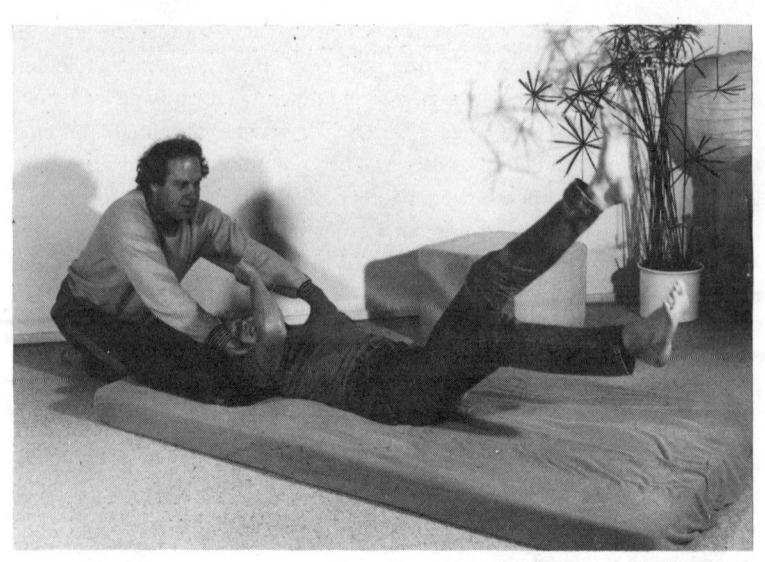

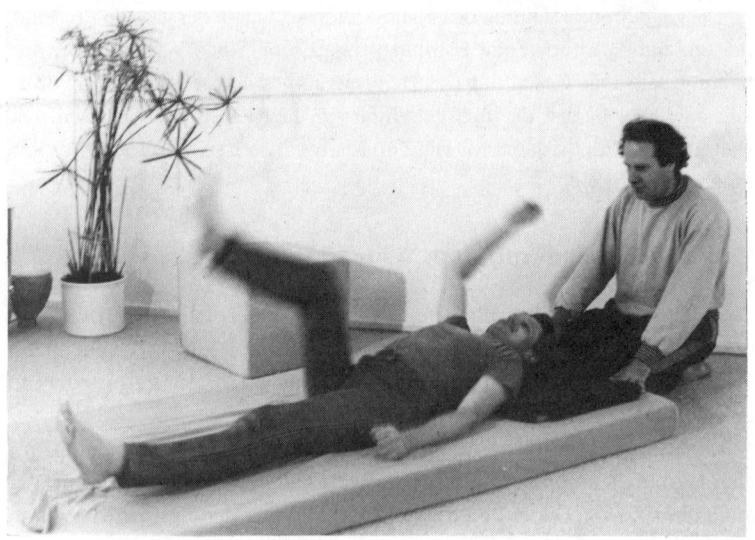

Abb. 13+14: Ermutigung von Ausdrucksbewegungen

Es ist die einzige Möglichkeit einer heilenden Transformation der Persönlichkeit und sich als Wesen in seinem Kern zu erleben. Erst das Kern-Sein ermöglicht wirkliches Neu-Entdecken von sozialen Verhaltensweisen oder dauerhafte Konfliktlösungen an der Oberfläche des alltäglichen Handelns. Therapie, die vorschnell konkrete Veränderungen des beobachtbaren Verhaltens anzielt, ist Handwerkelei und bleibt für Therapeut und Klient frustrierend und meistens erfolglos.

Für jemanden, der mit der humanistischen Denkweise nicht vertraut ist, mag das seltsam klingen, aber die Beseitigung von Symptomen ist nicht mein vordergründiges Interesse. Wer die Neurose zum *Feind* erklärt, der hat die Entstehung und die Funktion neurotischer Mechanismen gründlich mißverstanden. Er macht sich zum Helfershelfer der Normalität und verkennt, daß die sichtbare und bewußt fühlbare Neurose immer ein wesentlich bedrohlicheres Leiden kaschiert. Die Neurose ist nie das eigentliche Problem. Sie entsteht erst durch die *Abwehr* einer als unerträglich empfundenen psycho-physischen Verletzung. Die neurotische Struktur ist mit allem Leiden, das darin steckt, bereits der kompromißhafte Versuch des Klienten, sich so gut es geht *selbst zu heilen* und sich vor neuen Verletzungen zu schützen. Der neurotische Charakterpanzer ist eine Schutzhülle, ein Versuch, unerträgliche Schmerzen durch Abwehr zu bewältigen.

Wenn wir die manifeste Neurose als einen Selbstheilungsversuch erkennen, dann verstehen wir auch, daß der Klient den Widerstand keineswegs ablegen oder durcharbeiten möchte, selbst wenn er das steif und fest behauptet und auch glaubt. Einen Angriff auf die Neurose erlebt das Unbewußte des Klienten als einen Anschlag auf sein Wohlbefinden.

Wenn der Therapeut dem Klienten seinen mühsam etablierten Schutzwall wegnehmen will (selbst wenn er ihn inständig dazu drängt), dann wird er dem Klienten zum Feind. Wenn der Therapeut gegen die Neurose anrennt und versucht, den Klienten nach seinen eigenen Ideen oder nach den Wünschen des Klienten „umzuprogrammieren", dann macht er ihn kränker, nicht gesund.

Jede Heilung muß letztlich eine Selbstheilung sein, in der das verschreckte und kontrahierte Selbst sich allmählich in einen erwachsenen Reifezustand hineinstreckt. Das Selbst, das wächst, nährt seine Reifung aus dem steten Fließen der Libido. Wenn wir uns an die Ur-Triebkraft ankoppeln und ihre Impulse realisieren, dann wachsen wir.

Eine Zen-Methode der Therapie erkennt das Kind-Gebliebene im Klienten und seine unvollkommene Selbstheilung von Herzen an. Das ist etwas ganz anderes als die taktische, bloß vorgetäuschte Bestätigung des neurotischen Mechanismus, wie sie etwa als Technik der „Symptomverschreibung" der systemischen Familientherapie zugrunde liegt.

Wenn die Sympathie für die Störung zur bloßen Technik wird, erreicht sie nur die Oberfläche des Verhaltens, nicht den Kern der Person. Ich gehe davon aus, daß meine Klienten ihre neurotischen Kompromißbildungen genau dann aufgeben können, wenn ich, ebenso wie der Klient selbst, gelernt habe, seine *Neurose zu lieben*! Oft kommen in der Neurose die zartesten und liebenswertesten Anteile des Klienten zum Vorschein, wenn man nur bereit ist, sie zu sehen.

Wenn der Therapeut, gemeinsam mit dem Klienten, die Neurose ablehnt und beseitigen will, dann setzt er die Spaltung des Klienten in gut und böse fort. Aber gerade mit der Unterscheidung zwischen „So sollst du sein!" und „So darfst du nicht sein!" hat das ganze Unglück begonnen. Der mechanische Therapeut bekämpft den einen Teil des Selbst des Klienten mit dem anderen: „Diese Seite von dir liebe ich, die andere will ich nicht haben!". Das Elend begann mit dem Dualismus, mit der erzwungenen Wahl: „Dies mag ich - jenes lehne ich ab!".

 * *„Erkennst du das Schöne als schön,
 so ist damit auch das Häßliche gesetzt."*
 (Tao-Te-King)

Der Mensch kann sich letztlich nicht spalten. Er ist immer ganz. Halb gemocht und halb abgelehnt zu werden reißt ihn mittendurch. Wenn ein Teil von ihm abgelehnt wird, fühlt er sich insgesamt abgelehnt. Wenn seine schwarzen Flecke nicht angenommen werden, fühlt er sich insgesamt nicht angenommen. Nicht frei und nicht willkommen, muß er sich schützen und verschließen. Er versucht dann, auch in der Therapie seinen Schatten zurückzuhalten, um sich der Liebe des Therapeuten zu versichern. Er setzt die Verdrängung fort und spielt „brav". Der Klient bleibt gespalten und muß Anteile seiner selbst dem Therapeuten gegenüber verleugnen. Der therapeutische Prozeß strandet. Der Klient sitzt in einer Sackgasse.

Solcher Art Behandlung führt längerfristig zu Therapieresistenz. Therapeut und Klient geraten in ein Manipulations-Abwehr-Gefecht, in dem der Geschicktere den Sieg davonträgt. Der Klient wird befähigt, immer raffinierter seine Neurose zu verteidigen.

Erst wenn der Therapeut den Klienten annimmt, *ganz gleich*, wie er ist, hat der Klient die Freiheit, an sich zu arbeiten. Erst wenn der Therapeut dem Klienten seine Neurose aus vollem Herzen *lassen* kann, kann dieser sie aufgeben. Das ist der Kern des therapeutischen Gegen-Paradoxons. Wenn der Therapeut durch die neurotischen Schichten hindurch den Klienten in seinem

Wesen fühlen kann, dann kann der Klient alles zeigen und sich auch all seine dunklen Seiten anschauen – ohne die Angst, von neuem verurteilt und abgelehnt zu werden. Alles andere ist Ausübung von Macht über Menschen, ist Manipulation und Gängelei, die psychisches Wachstum verhindert, statt es zu fördern.

Wer sich von den dunklen, „bösen" Seiten des Klienten abschrecken läßt, für den wird das Licht des Kerns ebenfalls unsichtbar bleiben. Der Mensch will ganz akzeptiert werden. Nur dann kann er sich verändern, denn dann tut er es für sich und nicht dem Therapeuten zu Gefallen.

„Heilung" würde demnach bedeuten, gerade die unangenehmen, unsympathischen Seiten des Klienten lieben zu lernen. Es reicht nicht, sie zähneknirschend zu ertragen. Vielmehr ist gerade sozusagen das Zähneknirschen des Therapeuten der direkteste Zugang zum Wesen des Klienten. Der Widerstand des Therapeuten in der Gegenübertragung kann ihm die Angst des Klienten vor seinem Schatten nachvollziehbar machen.

Es ist jedesmal wieder überraschend und faszinierend für mich, zu erleben, wie sich die zunächst unangenehmsten Seiten des Klienten im Laufe der Therapie als seine liebenswertesten entpuppen. Die Juwelen und Edelsteine sind gut bewacht und sorgfältig versteckt hinter dichten Dornenhecken aus Belanglosigkeit und Häßlichkeiten, die den Blick verstellen und Abstand erzeugen sollen. In der Neurose ist die ursprüngliche Energie der Liebe für die Eltern eingekapselt, und wenn sie beginnt, sich aus der neurotischen Umkleidung hervorzustrecken, dann leuchtet sie.

In den verbotenen Anteilen der Person steckt nicht nur die größte Angst, es sind auch die größten Lüste darin verborgen. Die verbotenen Früchte schmecken bekanntlich am besten. Mitten im Herzen des inneren Schweinehundes, im Zentrum des größten Schmerzes ist das innere Leuchten, die Quelle der Libido versteckt. Der Klient erfährt in der Therapie wieder die Lust am Unterdrückten, am Verbotenen, am Peinlichen, Beschämenden, Empfindlichen. Die Libido, die tief im Abgewehrten steckt, wird fühlbar gemacht. Der Teufel, die Giftschlange, das Schwein, der Killer, das Monster, der Tyrann, der Eitle, das Lüsterne, der Tod, der Obszöne, der Gierige, das Kind in uns tanzt und lebt, nimmt Form an und verwandelt sich in ,sein ganz anderes'.

Es genügt nicht, dem Klienten bloß lapidar zu signalisieren: „Na ja, du hast ja auch liebenswerte Seiten." Der Widerstand öffnet sich erst dann, wenn er die ehrliche Botschaft empfängt: „Gerade das, wofür du dich am meisten schämst, ist dein wunderbarster, dein tiefster, liebenswertester und lebendigster Anteil."

Diese Botschaft darf nicht als taktischer Türöffner-Satz mißbraucht werden, denn sie ist wahr! *Das Böse ist das Gute.* Der Repräsentant des Bösen, Luzifer,

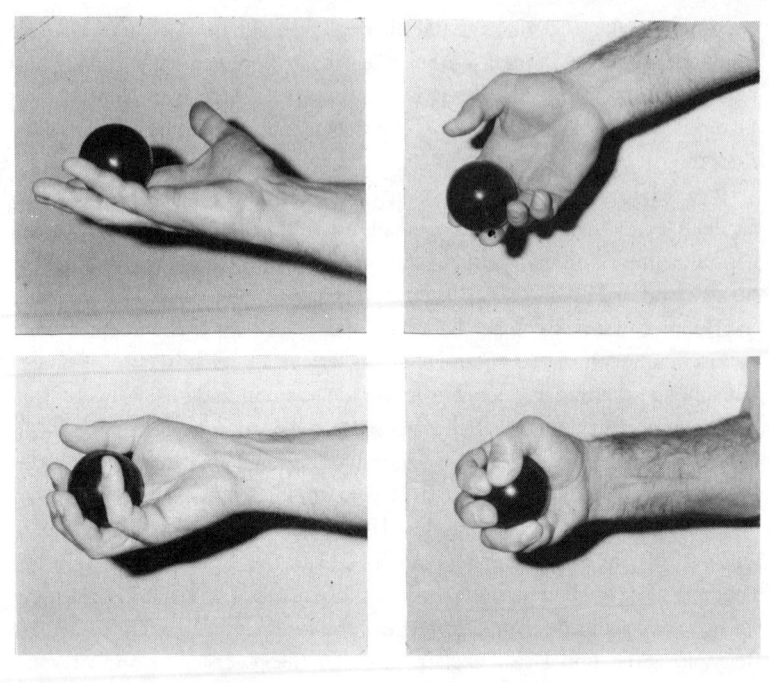

Abb. 15-18: „Weder umklammern, noch den Kontakt verlieren"

galt den Alten gleichzeitig als Herr der Unterwelt, als Sachwalter der Triebe und als „Träger des Lichtes" (so lautet sein Name in wörtlicher Übersetzung). Das Böse zu lieben öffnet die Pforten zum Unbewußten.

Ich versuche nicht, die Neurose zu beseitigen, wie man die faule Stelle eines Apfels herausschneidet. Vielmehr arbeite ich daran, die „Neurose tanzen zu lassen", ihr zu erlauben, sich in einem geschützten Rahmen auszudrücken und aus dem Muff der abgetrennten Innenwelt in die Lebendigkeit zu treten. Nicht die Neurose ist für das Leiden verantwortlich, sondern der panische Versuch, den in ihr steckenden Schmerz (und damit die in ihr gehaltene Energie) nicht fühlen zu wollen.

Chronisches psychisches Leiden entsteht durch die Abwehr von akutem Leiden. Akutes Leiden entsteht durch die Dämpfung von hohen energetischen Ladungen. In der Therapie wird die unter der Neurose liegende Grundstörung mobilisiert und virulent gemacht. Dadurch bricht akutes Leiden hervor, das durchlebt werden muß, ohne aufs neue zu den alten Mechanismen der Abwehr zu greifen. Der Klient geht durch eine Heilungskrise, die Minuten oder Monate dauern kann. Er kann diese Krise aber nun, im Gegensatz zu dem Ur-Drama seiner Kindheit, mit seinem gereiften Ich verarbeiten und sie mit Hilfe des Therapeuten in seiner Selbstregulation auffangen. Insofern wirkt es heilend, in die „Krankheit" zu tauchen, und erlösend, durch den alten Schmerz hindurch zu gehen. Das ist der Grundgedanke der therapeutischen Katharsis. Mitten im Schmerz liegt die zurückgezogene Lust, und *diese* zu befreien ist das Ziel der Therapie.

Am Ende erscheint es paradox: Therapie als das Erlernen von Leidens-fähigkeit. Das Leiden wird nicht weiter gedämpft oder zugepflastert, sondern aktualisiert. Es „kommt heraus", und dann heilt die Person sich selbst. Zen in der Kunst der Psychotherapie bedeutet, nicht weiter die eine Seite der Person mit der anderen totzuschlagen, sondern zur Ganzheit zurückzukehren.

„So bist du!"
(Zen-Spruch)

Tun und Lassen

In der Therapie muß der Klient die Neurose nicht mehr verstecken, er kann sie für eine bestimmte, vereinbarte Zeit und innerhalb bestimmter Grenzen durchleben, das heißt auch: durchleiden, transformieren, ausleben und genießen. Es ist möglich, uralte Gefühle von Haß und Angst, perverse sexuelle Wünsche oder chronische körperliche Spannungen von innen nach außen zu bringen und sie mit all der in ihnen gehaltenen Energie erlebbar zu machen.

Einen solchen Prozeß willentlich bemüht anzustreben, wird ihn nicht fördern, sondern vielmehr verhindern. Es ist zwar möglich, durch einen Willensakt in eine Situation hineinzugehen, in der sich die Tiefendynamik entfalten kann. Man kann zu einem Therapeuten gehen, sich Zeit nehmen und einen Raum schaffen, in dem man sich einlassen kann. Das und noch einiges andere kann man bewußt tun. Aber den Prozeß selbst kann man nicht per Willensakt erzeugen. Der Tiefenprozeß ist ja eigentlich schon da. Er ist bloß durch Abwehr-Aktivitäten überdeckt. Man muß ihn erlauben und geschehen lassen, dann steigt er von selbst empor.

Dieses Geschehen-Lassen ist manchmal schon durch einen winzigen Akt inneren Loslassens ohne Mühe erreichbar. In anderen Regionen der Psyche aber ist die energetische Dynamik versperrt und blockiert und kann erst durch jahrelanges Üben, Mobilisieren, Entpanzern und Durcharbeiten wieder belebt werden. So ist etwa die autonome sexuelle Beckenbewegung, der „Orgasmusreflex" (Reich) einigen Menschen ganz leicht unmittelbar zugänglich. Andere dagegen müssen sich jahrelang durch die schmerzhaftesten inneren Verkrampfungen hindurcharbeiten, um ihn allmählich wieder wecken zu können. Menschen mit einem blockierten Becken müssen paradoxerweise mühsam üben, was letztlich durch die intensivste Übung nicht erreicht werden kann. Man kann das Becken mechanisch kippen und rollen, aber das ist nicht der Orgasmusreflex. Er braucht auch gar nicht neu etabliert zu werden, weil er im Grunde nie verschwunden war, nur verdeckt, gehemmt, gebremst. Es reicht völlig, die Bremse zuerst wahrzunehmen, ihre Bedeutung und Entstehung zu erfahren und sie dann zu lösen, dann bewegt sich das Becken in den entsprechenden Situationen von allein. Es kann nicht „getan" werden, und doch muß vieles getan werden.

*„Wenn ich gemerkt habe, **wie** ich mir selbst auf den Füßen stehe und damit meinen Fortschritt verhindere, dann kann ich wieder weiter gehen."*
(Wolf Büntig)

Liebe Leserin, lieber Leser,

wenn Sie in Zukunft über unser aktuelles
Buchprogramm informiert werden möchten,
schicken Sie diese Karte bitte ausgefüllt
an uns zurück.

Dieses Buch wurde gekauft bei:

**Antwort-
Postkarte**

TRANS   FORM -Verlag

*Postfach 4709
2900 Oldenburg*

60 Pf

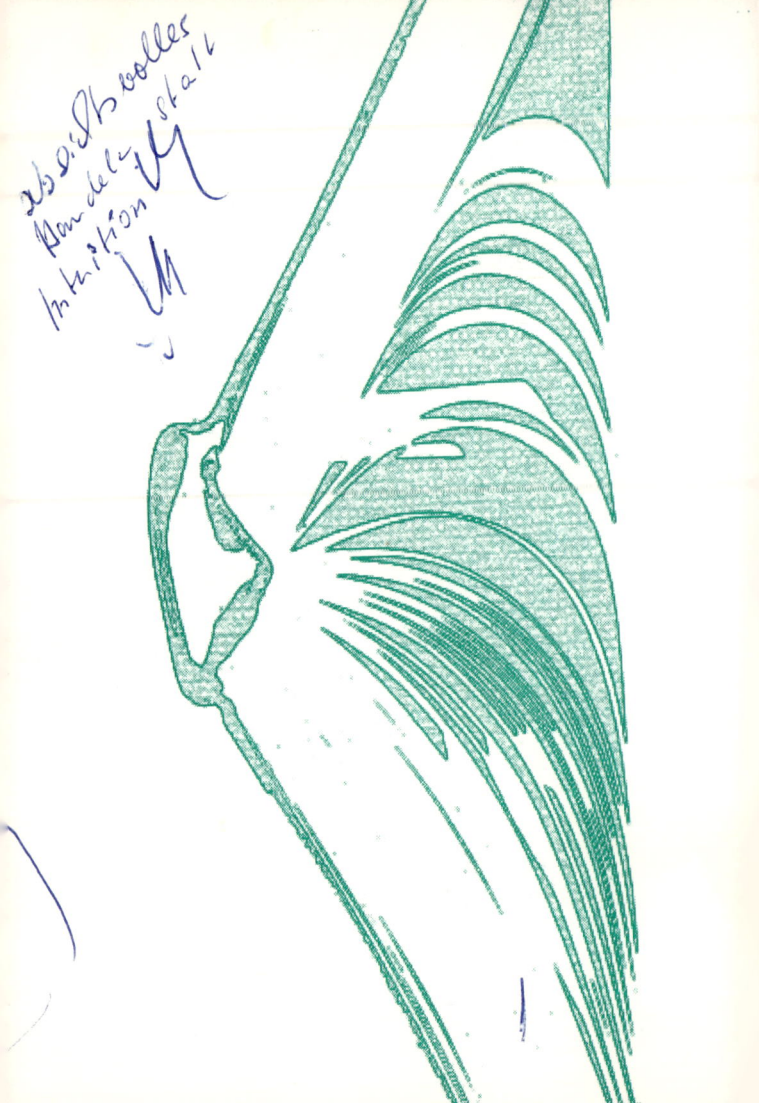

Wir setzen viel Vertrauen in das Von-Selbst-Geschehende. Wir bauen auf die Fähigkeit des Klienten zur Selbstregulation und Selbstheilung, auch wenn er nicht alles allein tun kann - sonst käme er nicht zur Therapie. Eine im beschriebenen Sinne sanfte, nicht-direktive Haltung kann alte Knoten lösen, die durch Zotteln und Zerren nur fester gezogen würden.

„Das Nichtseiende dringt selbst dort ein,
wo keine Zwischenräume sind.
Der Welt Schmiegsamstes
überrennt der Welt Härtestes,
so, wie das weiche Wasser
stets den harten Stein besiegt.
Daraus erkenne ich den Vorteil
des Nicht-Handelns.
Guter Krieger ficht nicht,
guter Kämpfer zürnt nicht,
guter Feindbezwinger streitet nicht,
das heißt man die Kraft des Nicht-Streitens."
(Tao-Te-King)

Auf diese Weise können in der Therapie psychische Anteile thematisiert werden, die aus Schichten stammen, die viel älter sind als das bewußte Denken und die Sprachfähigkeit, sogar älter und weiter als das symbolisch-assoziative Denken. Wenn man „geschehen läßt", dann geschieht manchmal etwas Prä-kognitives (vor der Entstehung der Fähigkeit zum Denken Liegendes) oder Para-kognitives (über das bloße begriffliche Denken Hinausgehendes), das alle Anwesenden tief betroffen macht, aber keiner könnte wirklich in Worten ausdrücken, was eigentlich geschehen ist. Vieles, was in der Körpertherapie geschieht, kann nicht exakt beschrieben werden.

„Das Tao ist unscheinbar,
unermeßliches Bild ohne Gestalt."
(Tao-Te-King)

Es entsteht vieles, was jenseits der begrifflichen Logik liegt. Manchmal versteht für einige Zeit weder der Therapeut noch der Klient, was geschieht. Der Therapeut bleibt so gut er kann präsent in der Erfahrung des noch Unverstandenen ebenso wie im Erleben des Unverstehbaren. Wir begreifen niemals alles, und ab einem bestimmten Punkte wird das Verstehen-Wollen zum Hindernis. Der Therapeut sollte sich ebenso wie der Klient davor hüten,

Wissen, Klarheit und Eindeutigkeit herbeizukünsteln, wo es unmöglich ist, oder vorzutäuschen, wo er es nicht hat.

„Verfrühtes Wissen ist des Tao Schein,
und der Torheit Gebärerin."
(Tao-Te-King)

Ob der Therapeut dem Klienten gewährend Raum gibt oder ob er sich weigert, dem Klienten seinen Arm zu reichen, um ihn aus seinem resignativen Sumpf zu ziehen - beide Male arbeitet der Therapeut mit der *kreativen Leere.* Er tut durch Nicht-Tun!

„Durch Tonkneten macht man Gefäße.
Auf dem Nichts darin
beruht des Gefäßes Brauchbarkeit.
Dreißig Speichen treffen sich
in der Nabe des Rades.
Auf dem Nichts darin
beruht des Wagens Brauchbarkeit.
Durch Hohllassen von Türen und Fenstern
macht man Häuser.
Auf dem Nichts darin
beruht des Hauses Brauchbarkeit. .
Darum:
Das Seiende ist zwar nützlich,
aber das Nichts ist das Wirksame."
(Tao-Te-King)

Das ist etwas ganz anderes, als sich der Bedürftigkeit des Klienten trotzig zu verweigern: „Ich lasse mich nicht einspannen, soll er doch sehen, wie er allein zurecht kommt!" Das ist auch etwas anderes, als die taktische Passivität eines Therapeuten, der erschöpft oder hilflos ist, der sich überfordert fühlt und nicht weiter weiß und sich deshalb in geheimnisvolles Schweigen hüllt. Es ist auch etwas anderes, als den Klienten hängen zu lassen, wo er tätige Hilfe braucht.

Der Therapeut hält den Klienten an der Hand selbst bei seinem Gang durch die tiefsten, die „unbeschreiblichen Ängste" (Winniecott 1983). Er geht mit ihm auch durch die frühesten Traumen, die schrecklich und wundervoll und gleichzeitig dem Begrifflichen nicht faßbar sind (wie etwa die schizoide Angst vor Vernichtung).

Eine meiner Klientinnen hatte in ihrem Elternhaus gelernt, daß sie eines niemals darf: verächtlich sein. Als kleines Mädchen bis zu Beginn der Pubertät hatte sie ihren Vater bewundert und sich in seinem Glanz gesonnt. Als Jugendliche mußte sie jedoch erkennen, daß ihr Vater keineswegs der strahlende Held war, als den sie ihn als Kind gesehen hatte. Vor dem kritischen Blick der Pubertierenden entpuppte er sich als ein schwankender, schwacher, verzweifelter, der Mutter höriger, resignierter alter Mann. Die Verachtung gegen den schwachen Vater, den „Schlappschwanz", war ihr ins Gesicht geschrieben, sie war zu einer chronischen Grimasse des Ekels und der Abneigung geworden. Ihr Gesichtsausdruck wirkte fast immer so, als würde sie gleich verächtlich ausspucken und sich hochnäsig abwenden. Aber sich *offen* verächtlich zu zeigen war für sie stark tabuisiert.

Die latente Verachtung der Klientin traf auch mich als ihren Therapeuten „unter der Gürtellinie", gut versteckt unter einer dicken Schicht von Idealisierung und Bewunderung für mich. Die übertragene, unterschwellige Verachtung war für mich zunächst nicht leicht zu ertragen, vor allem weil sie nicht direkt ausgedrückt werden konnte. Im weiteren Verlauf der Therapie wurde deutlich, daß der Abscheu der Klientin eigentlich nur die Enttäuschung darüber ausdrückte, daß ihr Idealbild von ihrem Vater während der Pubertät zusammengebrochen war. Die Klientin war im wörtlichen Sinne ent-täuscht worden. Ihre kindliche Bereitschaft, sich täuschen zu lassen, um die Phantasie von einem königlichen Vater zu retten, damit sie sich selbst als strahlende Prinzessin fühlen konnte, war zerbrochen. Sie konnte dann klarer sehen, aber sie hatte nun einen Vater, der anscheinend nicht dazu taugte, geliebt und bewundert zu werden. Die Klientin durfte aber ihre Enttäuschung und ihren Ärger ihrem realen Vater gegenüber niemals ausdrücken, weil der „arme alte Mann" das nach ihrem Gefühl nicht ertragen hätte. Unter der Verachtung für den Vater lag also eine noch tiefere Schicht von kindlicher Fürsorglichkeit für sein Wohl. Sie wollte ihm nicht weh tun und ihm doch weh tun.

Die Bewunderung, die sie für mich, mein Erscheinen und meine therapeutischen Fähigkeiten ausdrückte, war nicht nur einfach die lügnerische Verschleierung ihrer Mißbilligung, sondern in ihr kam auch eine ältere Schicht kindlicher Bewunderung für den Vater zum Ausdruck. Sie suchte immer noch den strahlenden Helden, zu dem sie einmal großäugig in liebevoller Bewunderung aufgeschaut hatte und den sie mit dem Ende ihrer Kindheit verloren hatte. Als Mädchen ohne „wunderbaren" Vater schien auch sie selbst wertlos. Indem sie den „Helden" in mir wiederzufinden glaubte, schien zunächst auch ihr Selbstwertgefühl wieder geheilt. Aber mit der Bewunderung wurde auch die alte Verachtung aktiviert.

Als ich aber begann, die tieferen Schichten von Liebe, Fürsorglichkeit und Hoffnung in der Klientin zu fühlen, wurde es plötzlich ganz leicht, *Spaß* an ihrer Verächtlichkeit zu haben. In einem Rollenspiel spuckte die Klientin symbolisch und unter heftigem Weinen auf den Therapeuten/Vater und aus dem Spucken entstand zuerst ein symbolisches Urinieren, dann ein symbolischer Kuß. Aus der Ambivalenz von Bewunderung und Verachtung (die lange Zeit all ihre Männerbeziehungen geprägt hatte) erwuchs zunächst der (noch kindliche) Wunsch nach intensiver, unablässiger *Beachtung* und Aufmerksamkeit, und sodann das (narzißtische) Gefühl, überaus herrlich und einzigartig bewundernswert zu sein. Die Selbstüberschätzung verwandelte sich im weiteren Verlauf der Therapie in die Gewißheit, auch ganz ohne besondere „Zutaten" sehenswert und liebenswert zu sein.

Die fließende Haltung und die Ermutigung, aus den inneren Grenzen vorsichtig herauszuschreiten, ist nicht nur eine zufällig gewählte, instrumentelle Technik, sondern der Kern der biodynamischen Methode. Wenn Krankheit und Leiden aus einer Überanpassung an pathologische Lebensbedingungen entstanden sind, dann besteht Heilung darin, die inneren Verbote und Selbstbeschränkungen zu überwachsen. Die Transformation des Charakters geschieht nicht durch Kampf gegen Unangepaßtes mit dem Ziel, den Klienten wieder „normal" zu machen, sondern durch die Freude am So-Sein, das immer da war und das bisweilen nur heftig gegen den Strom der Gemeinschaft gerichtet zu verwirklichen ist.

Die therapeutische Präsenz

In der Stille des inneren Grundes liegt, kaum der begrifflichen Sprache noch greifbar, das Erleben des endlosen Reichtums der Welt verborgen. Solange unsere Sinne im Getümmel zerstreut sind, sehen wir nichts. Wenn aber die Verkrampfung, Vermeidung und Verweigerung auf ihren Gipfel gehoben wird, dann folgt eine Katharsis. Der Rückzug nach innen schlägt um in die Wiederaneignung der Welt.

> *„Erreiche der Leerheit Gipfel, ...*
> *dann entfalten sich die zehntausend Wesen.*
> *Sie sehen an ihnen, wie sie umkehren:*
> *Von allen Wesen in ihrer Unzahl*
> *kehrt ein jedes wieder zur Wurzel zurück."*
> (Tao-Te-King)

Den Klienten und sich selbst als Therapeut genau so anzunehmen, wie man jetzt in diesem Moment ist, ist in einem radikalen Sinn etwas sehr Schwieriges. Ehrlich und annehmend kann man nur in dem Umfang sein, wie man sich selbst kennt, den anderen erkennt, und den Mut hat, auch peinliche Wahrheiten auf den Tisch zu legen. Wenn man wenig von sich weiß und wenig sehen will, ist es leicht, ehrlich zu sein: „Wie geht's?" „Ganz gut soweit, und selbst?" „Es muß."

Aber auch die dunklen, unbequemen, tabuisierten Anteile anzuerkennen, aus ihnen heraus zu leben und eine Beziehung zu gestalten ist ein heißes Eisen, ein ziemlich riskantes Abenteuer. Es ist manchmal sehr verführerisch, oberflächlich und höflich zu sein und die unsittsamen, konfliktträchtigen Wahrnehmungen und Impulse zu überglätten. Aber bloße Höflichkeit dringt nicht unter die Fassade und endet in Langeweile und Einerlei.

Einige Beispiele aus dem therapeutischen Alltag:

- Was sagt ein Therapeut, der eher zwiespältige Gefühle seinem Klienten gegenüber hat, wenn der Klient ihn fragt, ob er ihn eigentlich sympathisch findet?
- Wie spricht ein Therapeut es an, wenn ein Klient oft ungepflegt in die Sitzung kommt und „müffelt", was dem Therapeuten ziemlich unangenehm ist?
- Wie geht ein männlicher Therapeut mit Empfindungen von erotischer Anziehung zu einer Klientin um, die als Kind von ihrem Vater sexuell mißbraucht wurde?
- Wie geht der Therapeut mit ärgerlichen Gefühlen oder sadistischen Impulsen gegenüber einem stets freundlich, empfindsam und verletzlich erscheinenden Klienten um?
- Was macht der Therapeut, wenn ein Gruppenteilnehmer mitten in einer hitzigen Auseinandersetzung mit einem anderen aufspringt und ohne weiteren Kommentar den Therapieraum verlassen möchte?
- Wie reagiert ein Therapeut, wenn er sich weich und offen fühlt und plötzlich von einem Klienten heftig attackiert wird?

Wenn der Therapeut in einer solchen Situation den Konflikt geschickt umschifft, indem er zudeckt, ablenkt, sich bedeckt hält, sich hinter einer einfühlsam-unbeteiligten Therapeutenmaske verbirgt und abwiegelt, dann ist eine wertvolle Chance vertan. Die Therapie wird immer wieder an diesen Punkt kommen und an ihm stocken. Irgendwann beginnt der Klient, sich im Kreis zu drehen. Therapeutische Präsenz bedeutet, mit allen Gefühlen und Ideen, in der ganzen Vielfältigkeit der Beziehung und in den verschiedenen Schichten des

Gewahrseins gegenwärtig zu sein und die Tiefenresonanz mit dem Klienten zu suchen. Wie geht das?

- Als erstes bin ich *da* und versuche, in meinem inneren Schwerpunkt zu ruhen. Ich suche einen Zustand, in dem ich in mir selbst geerdet und relativ unabhängig von allem, was in der Therapie geschieht, in mir stabil bin.
- Als zweites koppele ich mich an die emotionale Dynamik des Klienten an. Ich „schwinge mich ein" auf seine Wellenlänge. Ich gehe mit ihm in seine Welt und versuche, in Resonanz mit seiner Erlebnisebene zu kommen. Dieses Abholen und Aufsuchen, die fühlbare Präsenz des Therapeuten in der privaten Welt des Klienten, geschieht noch *vor* allem Verstehen und vor jeder Intervention. Ich bin „da mit ihm", noch bevor ich Bedeutungen erfasse oder etwas tue.
- Als drittes versuche ich, den Klienten zu verstehen, und ermutige ihn, sich selbst zu verstehen.
- Als viertes lade ich zu Auseinandersetzung ein, gebe Impulse, arbeite mit dem Körper, lenke die Aufmerksamkeit des Klienten dort hin, wo er von selbst nicht hinschauen mag.

Die therapeutische Präsenz bewegt sich dialektisch zwischen Aktivität und Passivität, zwischen Tun und Geschehen-Lassen, zwischen Eingreifen und Gewähren, zwischen Konfrontieren und Begleiten. Sie stellt hohe Anforderungen an die Stabilität und Reife, an die technische Sicherheit und die Verantwortungsfähigkeit des Therapeuten. Ein Therapeut muß kein Superman sein. Ein integeres Bemühen, eine gründliche Ausbildung und ehrliche Warmherzigkeit sind ausreichend. Zum Supermann oder zur Superfrau wird man sowieso nur, indem man seine Unzulänglichkeiten verleugnet, und das wäre für den therapeutischen Prozeß sehr hinderlich. Wie soll der Klient ehrlich sein, wenn der Therapeut lügt, indem er sich reifer und runder hinstellt, als er ist? Die frühkindliche Tendenz des Klienten, den Therapeuten zu idealisieren, braucht nicht durch narzißtische Selbstverklärung noch geschürt zu werden. Die Kunst des Therapeuten ist es,

- sich den Klienten sehr nahe kommen zu lassen, ohne mit ihm zu verschmelzen,
- sich persönlich treffen zu lassen, ohne das Herz zu verschließen,
- den Klienten anzunehmen, ohne ihn zu verschlucken,
- ehrlich zu sein, ohne dem Klienten die eigenen Problemen aufzubürden.

„Wir arbeiten mit offenem Herzen".
(Ebba Boyesen)

Therapeutische Methoden und Hilfsmittel sind nur die Kanäle, in denen etwas fließt, was tief in jedem Menschen liegt, das aber selbst nicht in Worte zu fassen ist. Alle kalten Techniken sind wertlos, ja schädlich. Es geht vielmehr um die Erlaubnis, durch Angst, Wut und Schmerz hindurch dieses „Leuchten" in uns zu fühlen. Die Essenz des therapeutischen Prozesses liegt jenseits des Fachwissens und des instrumentellen Könnens. Sie kann nur in einer langfristigen Beziehung zu Therapeuten, Lehrern und Kollegen erlernt und in der persönlichen Begegnung mit dem Klienten weitergegeben werden.

Die Haltung des Therapeuten muß von einer integeren Ethik durchdrungen sein. Der Klient muß darauf vertrauen können, daß der Therapeut seine destruktiven und ausbeuterischen Anteile unter Kontrolle hält und freudig auf der Seite der Lebenskräfte steht, daß er die Befreiung und Re-Energetisierung des Klienten fördert, daß er in sich selbst ruht und sich nicht an der Liebe des Klienten zu bereichert braucht.

Die Formungskraft des Therapeuten

Der Klient kommt mit einem ausdrücklichen *Änderungsinteresse* zum Therapeuten. Ich lasse mich als Körpertherapeut auf den autodynamischen Prozeß des Klienten ein, aber ich laufe nicht bloß blind hinter dem Klienten her. Ich trete auch als *strukturierende* Kraft in Erscheinung.

Der Klient kommt in die Therapie, weil er fühlt, daß er in neurotischen Mustern „festhängt". Die oberste Schicht seiner Spontaneität, die ihm direkt zugänglich ist, ist teilweise *neurotisiert.* Er bringt seine Neurose auch in die Therapie mit und kann ohne Hilfe nicht aus der Neurose heraus. Wenn der Klient in der Therapie nur das tut, was er sowieso immer macht, und der Therapeut folgt ihm bloß, dann geschieht nichts Neues.

Manchmal muß ein erstarrtes, überfixiertes, versteinertes Charaktermuster durch strukturierende Aktivität des Therapeuten „ausgehebelt" werden. Der Therapeut arbeitet nicht konservativ (erhaltend), sondern katalytisch (Anstoß gebend). Er stellt ab und zu die Weichen des energetischen Flusses des Klienten um, so daß die Energie in neue Bahnen fließt. Später lernt der Klient, seine Weichen selbst zu stellen, was den Therapeuten tendenziell überflüssig macht.

Der Therapeut macht somit auch *Vorgaben* und *lenkt* den Prozeß auch von sich aus. Erst wenn das Ego (das fehlidentifizierte Ich) geöffnet ist, wenn der Klient mit seinem wahren Selbst in Kontakt kommt, gewinnt er real die Möglichkeit der freien Entscheidung. Vorher war er in neurotischen Reflexen gefangen, und auch seine bewußten Entscheidungen spiegeln bloß diese

Gefangenheit wider. Wer in seiner Neurose feststeckt, ist nicht frei. Er steht unter dem Einfluß des Wiederholungszwangs. Seine Entscheidungen und Handlungen führen ihn bloß immer wieder in das alte Leiden hinein.

Oft führt auch die therapeutische Katharsis allein noch nicht zu neuen Lösungen. Es gibt Klienten, die aus sich heraus in der Therapie jahrelang immer wieder ihre Mutter symbolisch verprügeln würden, weil sie sie nicht lange genug gestillt hat. Die Entladung bringt noch nicht die Transformation. Hier ist gezielte Arbeit zur Transformation des alten Dramas und zum Transfer in den Alltag nötig.

Bei bestimmten aggressionsgehemmten Klienten, etwa bei Psycho-somatikern, kann der Therapeut unter Umständen jahrelang vergeblich auf die direkte Äußerung von Aggressionen warten. Der Klient hat sich den Ausdruck von Aggressionen verboten. Er hat alle Wut gegen sich selbst gerichtet und somatisiert, also in ein körperliches Symptom verwandelt. Er fühlt seinen Ärger nicht mehr. Er kann von sich aus nicht ausdrücken, was er nicht fühlt. Wenn der Therapeut den Mustern dieses Klienten immer nur gewährend folgt, dann wird der Klient mit bestimmten Aggressionen niemals in Kontakt kommen und sie bleiben als „somatischer Kompromiß" in seinem Körper stecken und mit ihnen das psychosomatische Symptom.

In diesem Falle kann es hilfreich sein, zunächst eine induzierende Struktur vorzugeben, die Aggressionen mobilisiert, etwa eine bioenergetische Schlage- oder Tretübungen. Wenn der Klient gelernt hat, seine Aggressionen mit Hilfe einer Übung zu fühlen und auszudrücken, dann wird er allmählich auch ohne Übung in der Lage sein, Aggressionen wahrzunehmen und zu kanalisieren. Ähnliches gilt für unterdrückte biologische Reflexbewegungen, wie etwa den Orgasmusreflex oder den Saugreflex, die ebenfalls oft zuerst von außen angeregt werden müssen, um ihre Eigendynamik in Gang zu bringen.

Es ist jedoch äußerst wichtig, solche induktiven Strukturen weder zu mechanischer Gymnastik verkommen zu lassen, noch dem Klienten fremde Formen äußerlich überzustülpen. Der Klient darf nicht zu etwas gedrängt werden, was er im Kern nicht möchte oder wozu er jetzt noch nicht bereit ist. Eine Übung etwa, in der der Klient mit seinem ganzen Körper „nein!" ausdrücken soll, ist erst dann sinnvoll, wenn ein Bedürfnis, „nein" zu sagen, offensichtlich oder knapp unterhalb der Bewußtseinsschwelle bereits spürbar ist, nicht aber als zwanghafte, mechanische Aufforderung. Die Übung soll seine inne- wohnenden Bedürfnisse anstoßen. Sie soll aber keine fremdgestellte Ver- pflichtung sein, die er gefälligst zu erfüllen hat.

Wenn die Autodynamik kommt, dann geht der Therapeut mit ihr. Wenn sie zu stark wird, muß er sie kanalisieren und unter Umständen auch eindämmen.

Der therapeutisch wirksame „dynamische Moment" liegt *zwischen* Panzerung und Überflutung, zwischen Kontraktion und Explosion, zwischen Rigidität und Psychopathie, zwischen Verdrängung und Psychose oder, wie Reich einmal sagte, zwischen Krebsentstehung und Kriminalität.

Auch an Stellen im Therapieprozeß, wo das Ich des Klienten destabilisiert ist, wo der Klient die Tendenz hat, „auseinanderzufallen" und die Realitätskontrolle zu verlieren, muß der Therapeut strukturierend arbeiten. Der Sinn der Strukturierung ist in diesem Fall, das destabilisierte Ich zu stützen, Form und Kontur der Selbstgrenze des Klienten zu stärken und seine Identität zu festigen.

Der gewährende Stil des biodynamischen Therapeuten und die Arbeit mit energetischer Mobilisierung ermutigen den Klienten zu regredieren. Wenn der Klient mit seinem „inneren Kind" in Kontakt kommt, erhöht sich sein Ladungsniveau. Es kommen alte, unterdrückte Energien in Bewegung, die aber, solange sie nicht durchgearbeitet und transformiert sind, in die gewohnten neurotischen Kanäle fließen. Der Klient verharrt in der Regression, weil er die Energiebeträge noch nicht auf einer erwachsenen Ebene handhaben kann. Das Gewähren und Energetisieren führt in die Regression, die Regression führt zu einer verstärkten bio-energetischen Aufladung, die Aufladung verstärkt wiederum die Regression. Die Autodynamik des Klienten steckt in einem Teufelskreis fest, wenn sie nicht durch strukturierende, entladende und transformierende Arbeit des Therapeuten in einen Wachstumsprozeß verwandelt wird. (Ein ausführliches Beispiel folgt im vierten Kapitel.)

Verfrühte Energetisierung (etwa durch Atemförderung oder Becken-Mobilisierungsarbeit) oder Überprovokation (etwa durch einen überkonfrontativen therapeutischen Stil) verstärkt die Konfliktspannung des Klienten. Das Unbewußte des Klienten wird aufgepumpt, bevor die Ausdrucks-, Handlungs- und Entladungskanäle ausreichend geöffnet sind. Der psychische Druck nimmt zu, und dem Klienten geht es schlechter statt besser. Im Innern braut sich eine zunehmende Ladung zusammen, und es entsteht eine „Dampfkessel-Situation". In einem solchen Fall darf der Therapeut den Klienten nicht immer weiter regredieren lassen, sondern er muß ihn zunächst auf einer eher alltagsnahen, erwachsenen Ebene halten, die emotionale und vegetative Entladungsfähigkeit und die Fähigkeit zum „Umsetzen" der mobilisierten Energie im Alltag fördern. Er muß durch strukturierendes Eingreifen den energetischen Auftrieb und das Tempo der Regression unter Kontrolle halten.

Das therapeutische Grundprinzip besteht also in einem Spannungsfeld zwischen mitgehend-akzeptierendem Gewähren, formgebendem Strukturieren und anstoßenden Erlebnis-Experimenten. In einer erweiterten, „heißeren"

Form von Therapie kann der Therapeut die Muster des Klienten auch herausfordern und einen Konflikt provokativ zuspitzen, oder er kann sich für eine begrenzte Zeit auf eine kontrollierte Verschmelzung mit dem Klienten einlassen, weitgehend mit in dessen Welt gehen und den tieferen Wünschen des Klienten direkt oder symbolisch folgen. Die beiden letzteren Formen sind fortgeschrittene Stile der Therapie, die mit viel Fingerspitzengefühl und Respekt gehandhabt werden müssen, um dem Klienten weder neue Verletzungen zuzufügen, noch der subtilen Wiederholungskraft der Neurose zu erliegen.

Das So-Sein, das Sein-Lassen ist kein Zustand, in dem sich Therapeut und Klient gegenseitig auf die Schulter klopfen und sich freuen, daß alles so ist, wie es ist, sondern ein *Prozeß*, ein Tanz, manchmal ein Kampf, eine dialogische, spiralförmige Wachstumsschleife.

Wenn der Therapeut in seiner gewährenden Haltung zu passiv wird, dann verstrickt er sich in die Neurose des Klienten. Es entsteht eine unproduktive Verschlingung zwischen Therapeut und Klient, die in der Gestalt-Therapie als *Kollusion* bezeichnet wird: der Therapeut ist zusammen mit dem Klienten in dessen Neurose gefangen. Geht dagegen der Therapeut in seinem Anstoß-Interesse zu weit, dann wird er *manipulativ*. Das heißt, er versucht, den Klienten gegen seinen Widerstand auf pädagogische Weise zu dirigieren, um ihn so zu machen, wie er ihn gerne hätte. Sowohl Kollusion als auch Manipulation sind unkontrolliert agierte Formen von Gegenübertragung und lassen den therapeutischen Prozeß stocken.

Strukturen und Grenzen

Es ist eine wichtige Aufgabe des Therapeuten, ein „Gefäß" zu erzeugen, in dem das Unbewußte des Klienten sich bewegen kann. Wenn das Unbewußte hochquillt und dann einfach ausagiert wird, kann leicht ein destruktives Chaos entstehen. Die energetischen Bewegungen von innen brauchen einen „Behälter", um nicht zu zerstören oder zu verpuffen. Der Behälter wird hauptsächlich dadurch geformt, daß der Therapeut dem Klienten bestimmte Grenzen setzt.

Um sich mit Sicherheit und Vertrauen auf einen therapeutischen Prozeß einlassen zu können, ist eine feste äußere Struktur erforderlich, die zu Beginn der Therapie vereinbart wird und unter anderem umfaßt:
- *Bindende Terminabsprachen* : einen regelmäßigen Zeitraum, in dem die Sondersituation „Therapie" gelten soll, Urlaubsregelungen, eine Vereinbarung für das Absagen von Therapiestunden.
- *Finanzielle Vereinbarungen*: über das Honorar des Therapeuten, Zahlungs-

weise, Regelungen bei Urlaub, bei Absagen von Terminen, Kostenübernahme durch die Krankenkasse.
- Die Vereinbarung, daß der Klient während seiner Therapie *nicht mit einem anderen Therapeuten* eine therapeutische Beziehung eingeht. (Workshops, Massage, Supervision und Fortbildungen werden in der Regel ausgenommen.)

Im therapeutischen Prozeß spielt das Verhältnis von Kontrolle und Unkontrolliertheit, von Stabilisierung und Verflüssigung eine entscheidende Rolle. Der eine Klient denkt erst fünfzigmal nach, bevor er etwas tut. Er ist überkontrolliert, und sein sehnlichster Wunsch ist es, endlich mal „den Kopf abzulegen". Er möchte spontan sein und seine Selbstkontrolle lockern können. Bei dem anderen Klienten dagegen geht in seinem Alltag sowieso schon alles drunter und drüber. Für ihn ist es umgekehrt wichtig, „sein Leben in den Griff zu kriegen" und sich erst einmal darüber klar zu werden, was er eigentlich will. *Rigidität* des Charakters erfordert eine genau umgekehrte Richtung der therapeutischen Arbeit wie *Diffusität*.

Der Therapeut kann den Therapieprozeß vor allem auf folgende Weise strukturieren:
1. Er stellt mit dem Klienten immer wieder auf explizite oder implizite Weise einen *Kontrakt* her, also eine Vereinbarung darüber, was der Klient möchte, ob er jetzt an etwas arbeiten möchte und auf welche Weise.
2. Häufig ist eine *kognitive Vorbereitung* für den Klienten hilfreich. Der Therapeut erklärt dem Klienten den Charakter, den Sinn und das Ziel einer bestimmten Übung oder Arbeitsweise, damit der Klient verstehen kann, was geschieht. (Im einfachsten Fall reichen dafür schon wenige Worte aus.)
3. Der Therapeut setzt dem Klienten *Grenzen der Nähe* :
- Die körperliche Nähe zwischen ihnen unterliegt den Grenzen ihrer jeweiligen Intimsphäre.
- Die Therapiezeit ist begrenzt.
- Therapeut und Klient haben keinen privaten Kontakt miteinander.
- Der Ausdruck von Gewalt ist dadurch begrenzt, daß niemand verletzt und die Einrichtung des Therapieraumes nicht zerschlagen werden soll.
- Die emotionale Tiefe, die in der Sitzung erreicht wird, ist unter anderem durch die Ich-Integrität des Klienten und sein Vertrauen in die therapeutische Beziehung begrenzt.
4. Der Therapeut hält eine gewisse emotionale *Distanz* zum Klienten. Er ist

ihm sehr nah, aber er behält eine innere Region, in der er unabhängig in sich ruhendes Gewahrsein bleibt.

5. Der Therapeut *fokussiert* den derzeit zentralen Punkt des Prozesses und hält ihn für einige Zeit fest, damit sich der Klient daran reiben und an der fixierten Thematik weich werden kann. Der Therapeut erhält eine bestimmte *Form* und ein bestimmtes *Thema* über eine gewisse Zeit hin auch gegen die Zerstreuungs- und Vermeidungstendenzen des Klienten aufrecht, damit der Klient sich an diesem Punkt „hindurcharbeiten" kann.

6. Der Therapeut hat von vornherein eine bestimmte *Autorität*, derer er sich bewußt sein muß. Er ist aufgrund des Bedürfnisses des Klienten nach Hilfe, des ihm entgegengebrachten Vertrauens, der an ihn gerichteten Erwartungen und der abgegebenen Übertragungs-Energie unweigerlich eine Machtfigur, an der sich der Klient auf der bewußten und der unbewußten Ebene orientiert. Alles, was der Therapeut tut, und vor allem wie er als Person auftritt, wirkt unweigerlich steuernd, lenkend, erlaubend, gewährend, ermöglichend, aber auch einschränkend, hemmend und verbietend auf den Klienten.

7. Der Therapeut ist der Träger der Hoffnungen und Wünsche des Klienten, eine Symbolfigur für das erstrebte Glück, Verbündeter der primären Persönlichkeit und Repräsentant der Möglichkeit eines besseren Lebens. Seine Aufgabe ist es, durch das Leiden des Klienten hindurch stets die *Positivität* im Blick zu behalten und den Klienten zu unterstützen, seine ureigensten Lebensentwürfe zu erkennen und zu realisieren.

Grenzkonflikte um diese und andere Dinge sind ein unvermeidbarer und wertvoller Teil des therapeutischen Prozesses. Eine massive Grenzüberschreitung von einer der beiden Seiten dagegen, ein Übergriff, ist immer schädlich und destruktiv.

Die formgebende Funktion des Therapeuten sollte nichts Aufgesetztes sein. Sie entsteht wie alles andere aus den Impulsen, die aus seinem Innern kommen. Wenn der Therapeut sich mit aller Kraft „am Riemen reißen" muß, um eine Grenze zu halten, dann ist der Klient nicht geschützt. Die Strukturen und Grenzen sind nur dann stabil und verläßlich, wenn es dem Therapeuten ein inneres Bedürfnis ist, im Wachstumsinteresse des Klienten der emotionalen Dynamik eine kreative Form zu geben. Er muß in seiner Formungskraft verwurzelt sein. Sie muß von innen heraus kommen und seiner Person in Form, Richtung und Inhalt entsprechen, sonst ist es nur eine Attrappe, eine aufgesetzte Rigidität. Ob man in einer bestimmten Situation mehr prozeßorientiert (fließend, Yin, parasympathisch) oder mehr strukturierend (fest, Yang, sym-

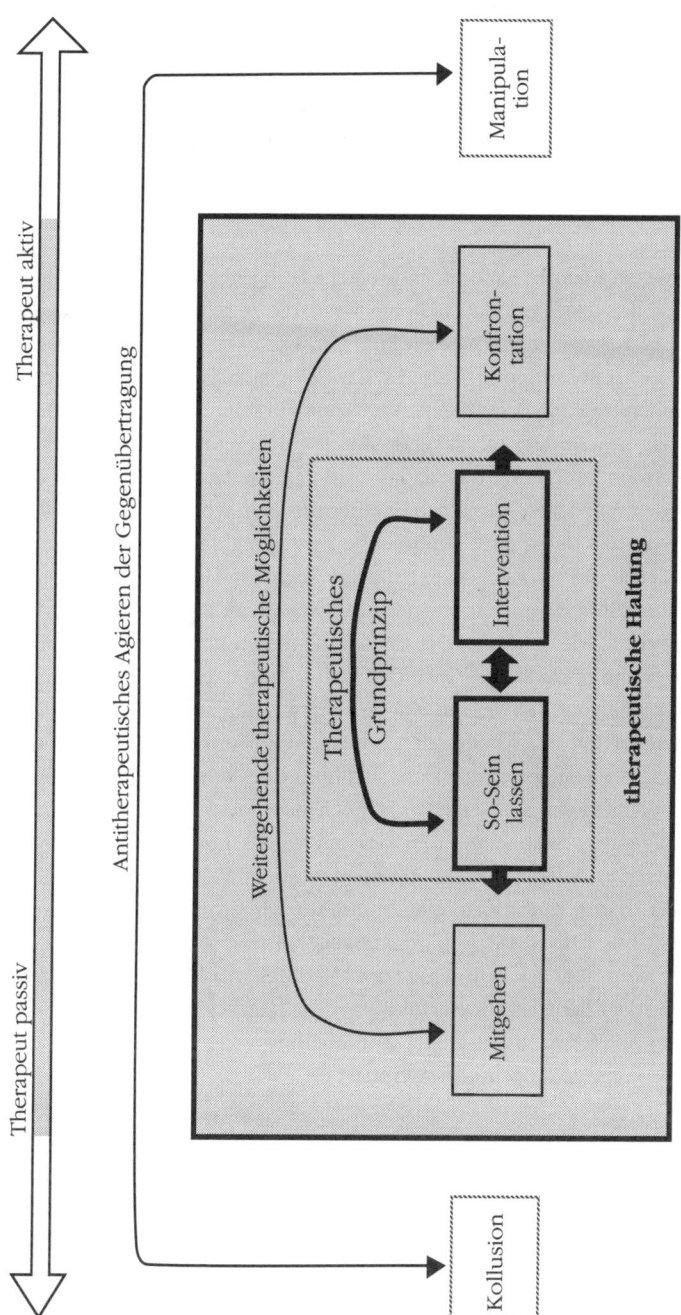

Abb. 19: Therapeutische und antitherapeutische Grundhaltungen

pathisch) arbeitet, hängt vom Temperament des Therapeuten, von der Ich-Stabilität des Klienten, von der Struktur seines Charakters, von seinem dominanten Konfliktmuster und von der Kraft seines neurotischen Beharrungsvermögens ab.

Ein kleines Beispiel für Strukturierung, Kanalisierung und Grenzgebung in der Therapie:

Einer meiner Klienten hatte am Ende einer Sitzung im zweiten Therapiejahr das Gefühl, daß in seinem Bauch Steine lägen, die zu groß seien, als daß sie verdaut und ausgeschieden werden könnten, wie er sagte. Er wirkte dabei ziemlich gestreßt und mürrisch. Es handelte sich offenbar um einen energetischen Stau, eine emotionale Verhärtung in seinem Bauchraum. Dem Klienten „lag etwas im Magen", das er im Moment nicht verarbeiten, ausdrücken oder loswerden konnte. Da die Sitzung bald zu Ende war und ich daher die tiefere Bedeutung der Steine nicht mehr thematisieren wollte, schlug ich dem Klienten vor, sich durch eine symbolische Bewegung von den „Steinen" zu befreien. Er sollte sich vorstellen, er habe fünf Bachkiesel in der Hand, jeder so groß wie ein Hühnerei, und er solle sie nacheinander mit aller Kraft so weit von sich wegwerfen, wie er könne. Der Klient fand diesen Vorschlag unpassend. Er meinte, wenn er die Steine loswerden wolle, dann müsse er sie mit seinen Händen „zermahlen". Ich lud ihn ein, diese Bewegung auszuprobieren. Der Klient „mahlte" mit einer kraftvollen Bewegung für etwa fünf Minuten die Steine mit seinen Händen durch. Danach fühlte er sich erheblich besser. Zwar war die Bedeutung der „Steine im Bauch" noch nicht entschlüsselt, das geschah in den folgenden Sitzungen. Aber der aggressive Impuls, der in ihnen komprimiert war, hatte sich auf körperenergetischem Wege befreien können. Durch eine Übung wurde dem eingesperrten aggressiven Impuls eine Ausdrucksform innerhalb von klaren Grenzen gegeben. Die verhärtete Aggression wurde entladen, aber in kanalisierter Form. Dadurch wurde sie überhaupt erst lebbar. Und der Klient hatte besser und genauer als der Therapeut gewußt, was gut für ihn war und wo es lang ging. Die form- und grenzgebende Struktur war von beiden gemeinsam gefunden worden.

Die therapeutische Distanz

Um den Klienten in seiner Eigendynamik zu begleiten, um den Prozeß zu strukturieren und dem Klienten Grenzen vorzugeben, muß der Therapeut klar konturiert sein, das heißt, er braucht eine gewisse Distanz.

Ein Körpertherapeut hat gelernt, sich seiner feinen oder heftigen inneren Reaktionen bewußt zu sein und gleichzeitig Distanz zu ihnen einzunehmen. Je reifer der Therapeut ist, umso mehr hat er die Fähigkeit, zu entscheiden, wie weit er sich mit seinen Gefühlen identifizieren oder des-identifizieren will. Des-Identifizierung bedeutet nicht, seine Gefühle zu unterdrücken oder sie abzustellen. Es bedeutet vielmehr, emotionale Reaktionen zwar bewußt wahrzunehmen, von ihnen aber nicht überschwemmt oder beherrscht zu werden. Ein Therapeut muß manchmal die Spannung in sich ertragen können, Gefühle oder Impulse zu *empfinden,* sie aber nicht einfach direkt *auszuleben.*

Er muß bei einem bedrohlichen, provokativen, bedürftigen oder verführerischen Klienten seine eigenen Gefühle von Angst, Ärger, Fürsorglichkeit oder Erotisiertheit klar wahrnehmen können, ohne sie zu vertuschen, zu dämpfen oder zu entschärfen. Er darf sich aber nicht von ihnen überwältigen lassen und reflexartig weglaufen, zurückschlagen, den Klienten versorgen oder mit ihm eine private Beziehung anfangen. Er hat einen inneren Kontakt zu seinen reaktiven Gefühlen, aber er ist nicht gezwungen, diese Empfindung in Handlungen umzusetzen, indem er schreiend wegläuft, den Klienten wütend hinauswirft, ihn zum Essen einlädt oder mit ihm ins Bett geht. Er muß die energetische Ladung der Emotionen in sich „halten" können. Er muß seine Reaktionen verstehen und für den therapeutischen Prozeß fruchtbar machen können. Die Fähigkeit, Gefühle, Impulse und Spannungen innen „halten" zu können, bezeichnen wir als *Containment* .

Die Fähigkeit zur Des-Identifizierung, die relative innere Unabhängigkeit von den eigenen emotionalen Reaktionen bezeichnen wir in Anlehnung an die buddhistische Terminologie auch als *Detachement* ("Nicht-Anhaften"). Containment und Detachement bilden den Kern der oft so mißverstandenen „therapeutischen Distanz": der Fähigkeit, selbst in einer hoch geladenen emotionalen Beziehung innere Bewegungsfreiheit zu bewahren. Diese Haltung ist etwas ganz anderes als steife Zurückhaltung oder maskenhafte Unberührtheit. Die therapeutische Distanz ist die Kunst, die Beziehung zum Klienten in all ihrer Widersprüchlichkeit *ganz* zu erleben und wahrzunehmen und *gerade dadurch* nicht an ihr zu haften.

Der Therapeut muß in seiner eigenen Entwicklung so weit und in seinem Privatleben so gut verwurzelt sein, daß er die symbiotische Verschmelzung mit

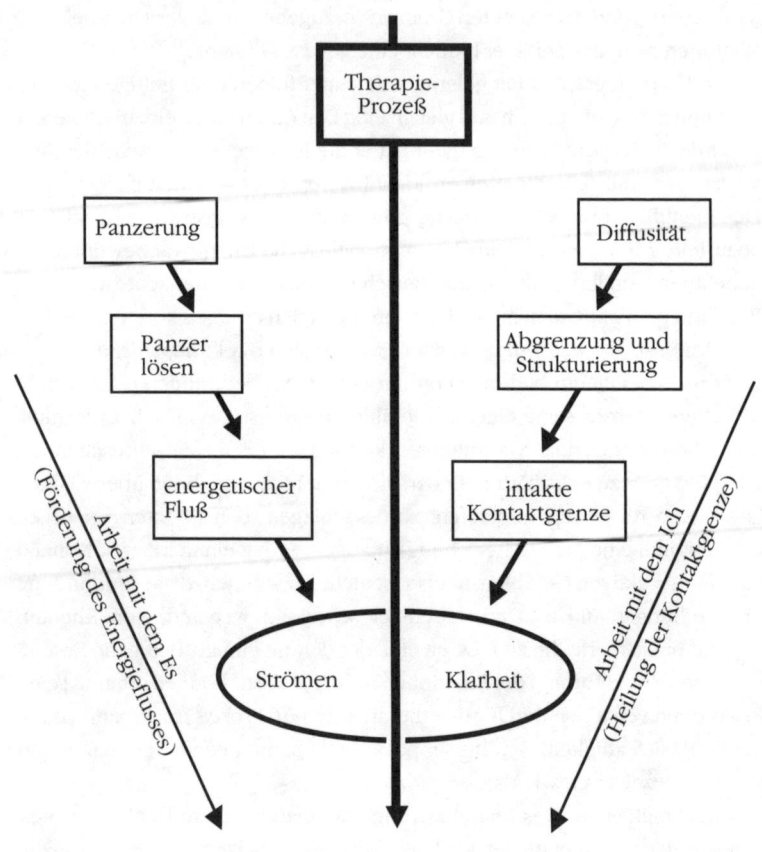

Abb. 20: Die Richtung der therapeutischen Arbeit

dem Klienten nicht braucht. Wenn der Therapeut nicht genügend abgegrenzt ist, dann entsteht eine Kollusion, ein verwirrendes Verschwimmen der Grenzen.

- Kollusion entsteht durch unbefriedigte regressive Wünsche.
- Symbiose entsteht durch mangelnde Selbstbegrenzung.
- Mangelnde Distanz entsteht durch Unbewußtheit.
- Anhaften entsteht durch Abwehr.
- Agieren entsteht durch Angst.
- Verstrickung entsteht durch Vermeidung.

Es bedarf Jahre des Trainings, um eine optimale therapeutische Distanz zu entwickeln und auch in „heißen" Momenten der Interaktion aufrecht erhalten zu können. Wenn der Klient sich auf die höchst prekäre Situation einläßt, daß seine gewohnte Schutzhülle weich wird, wenn er ein Stück Halt und Sicherheit aufgibt - wer wird ihn dann halten und vor Schaden bewahren? Dort, wo er sich noch kontrollieren kann, wo er noch weiß, was los ist, wer er ist, wo er den Weg noch klar sieht, da steckt die Neurose nicht. Mit ihr nimmt der Klient erst in den dunklen, unheimlichen Räumen Fühlung auf, wo die abgestorbenen Beziehungen wohnen, wo er verwirrt ist, wo die Gefühle heiß und glühend werden, wo der Kopf sich dreht und Abgründe sich auftun. Er weiß dann nicht mehr so genau, was er will oder wer er ist. Dann braucht er jemanden, der vorübergehend zu seinem Kopf wird, damit er in seinen Körper tauchen kann, jemanden, zu dem er Kontakt halten und zu dem er zurückkehren kann, nachdem er das Unbewußte besucht hat.

Der Therapeut hat Zeit für den Klienten im Rahmen des vereinbarten Vertrages. Er handelt nicht unmittelbar eigennützig. Er muß nicht gerade etwas Wichtiges erledigen, wenn der Klient ihm etwas über sich erzählen will (wie das im Alltag leicht vorkommen kann). Das Wichtigste ist aber: der Therapeut hat keine Alltagsbeziehung zu dem Klienten. Ein Partner, Freund oder Kollege ist unweigerlich mit seinen eigenen Interessen dem Klienten gegenüber im Spiel. Durch die Begrenztheit der therapeutischen Beziehung ist der Therapeut weitgehend frei von solchen Verflechtungen. Er kann ein gewährendes Du sein. Er kann, wenn er distanziert genug ist, den Klienten auch provozieren, ohne daß dieser das als einen bedrohlichen Angriff erlebt. Der Therapeut ist (idealtypisch) ein Du, das in seinem So-Sein ruht.

Die Beziehung zum Therapeuten kann sehr nah werden. Sie kann zu der intimsten Beziehung werden, die der Klient bis dato je hatte. Sie kann zeitweise dichter werden als die Beziehung zum Partner, zu Kindern und Eltern. Dennoch hat sie eine völlig andere Struktur als die Beziehungen des Klienten im Alltag. Therapie ist eine ungleiche Beziehung, in der die Tiefendynamik der einen Person (des Klienten) sich entfaltet, während die andere

Person (der Therapeut) sie als persönliches Gegenüber begleitet, widerspiegelt, unterstützt und manchmal herausfordert.

Wir haben hier noch ein Paradoxon: Die therapeutische *Distanz* ermöglicht erst die außerordentliche emotionale und körperliche *Nähe*, die der Körpertherapeut mit dem Klienten eingeht. „Distanz" bedeutet nicht die kalte Maske eines versierten Fachmanns, sondern eine respektvoll gewährende Haltung, eine klare und abgegrenzte, personale Präsenz, die der Eigendynamik des Klienten allen Raum gibt, die sie braucht.

Auch die Distanz im räumlichen Sinne ist ein wichtiger Aspekt in der Körpertherapie. Der Therapeut sucht in jedem Moment diejenige räumliche Distanz zu seinem Klienten, die den „dynamischen Moment" realisiert und den Zugang zum Unbewußten ermöglicht. Der Therapeut darf dem Klienten weder zu nah kommen, noch darf er zu weit von ihm entfernt sein. Die „richtige" Nähe hängt von der momentanen Ausdehnung des Intimraumes des Klienten und des Therapeuten und von der aktivierten Beziehungs- und Übertragungsdynamik ab.

Es gibt Klienten, die ich in den ersten zwei Therapiejahren niemals berührt habe, und andere, die ich schon in der dritten Stunde massiert habe. In einem Moment kann ein Klient die Hand des Therapeuten auf dem Herzen als weit entfernt wahrnehmen, eine Viertelstunde später kann es demselben Klienten

Abb. 21: Nähe und Distanz: Klientin bei Therapeutin im Arm

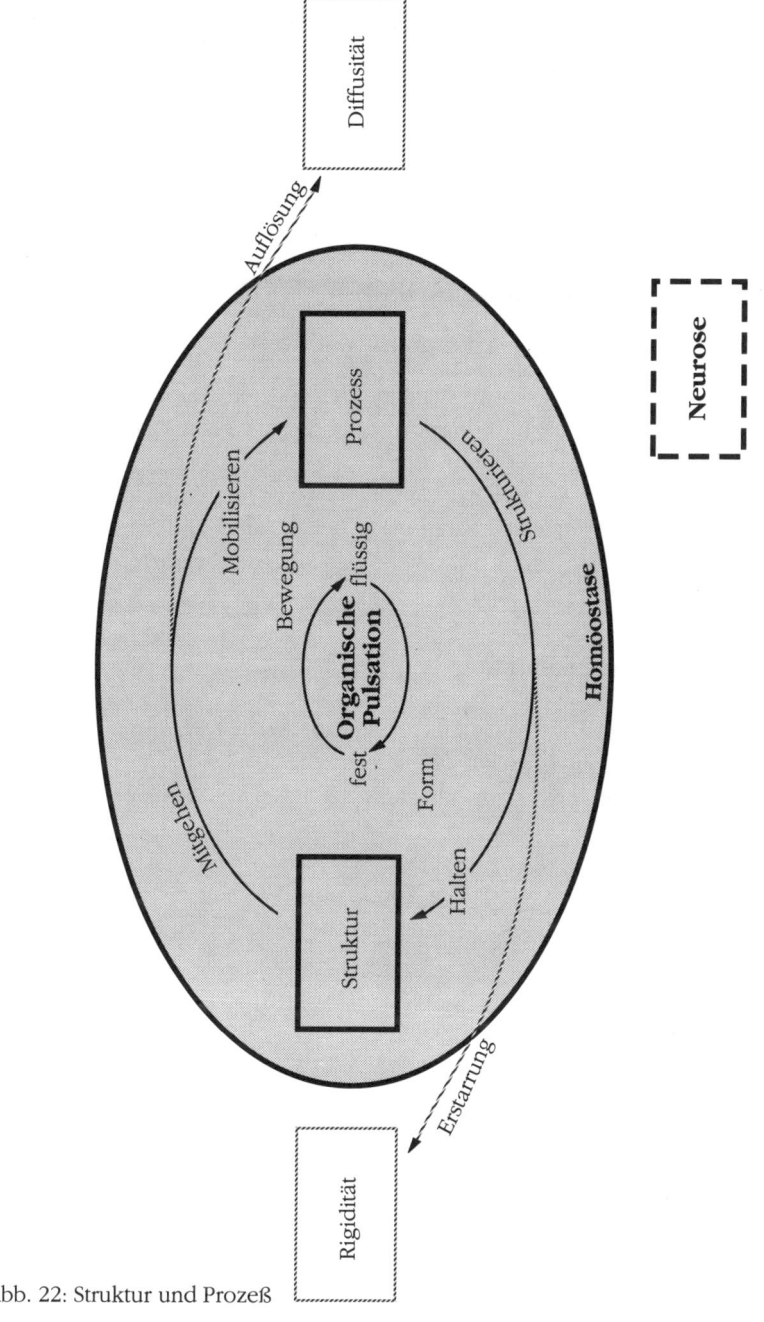

Abb. 22: Struktur und Prozeß

schon zu nah sein, wenn der Therapeut bloß in der entgegengesetzten Ecke des selben Zimmers sitzt.

Ebba Boyesen unterscheidet vier Stufen der räumlichen Nähe in der Therapie:

- *Analytische Distanz* (3-1 Meter): der Kontakt geschieht mit den Augen und durch Sprechen; jeder von beiden kann den anderen ganz sehen; dies geht mit einem Gefühl von Abgegrenztheit einher.
- *Persönliche Distanz* (auf Armeslänge): ein Kontakt wie in einem persönlichen Gespräch; Berührung ist möglich; man fühlt sich als Person gemeint; direkter Augenkontakt.
- *Intime Distanz* (etwa 10-60 cm): Kontakt innerhalb der Intimzone des Körpers, so daß die Ausstrahlung des anderen Körpers fühlbar wird; Berührung ist fast unvermeidbar; tiefer Augenkontakt; Gefühl von Nähe, Abgestoßenheit oder Erotisiertheit.
- *Symbiotische Distanz* (enger, inniger Haut- und Körperkontakt): Austausch von Körperwärme und Nähe; wie zwischen Mutter und Baby; der andere kann mit den Augen nicht mehr klar fokussiert werden; Gefühle von Verschmelzung; Ich und Du verschwimmen.

Der innere Beobachter

Die Instanz im Therapeuten, die die therapeutische Distanz aufrecht erhält, und der Anteil im Klienten, der mit dem Therapeuten bei aller regressiven Verstrickung in einem erwachsenen, kooperativen Kontakt bleibt, nennen wir den „inneren Beobachter".

In der buddhistischen Psychologie versteht man darunter das Bewußtseins-Zentrum, das alle psychischen Vorgänge wahrnimmt. Es wird von ihnen durchströmt, ohne selbst davon berührt oder verändert zu werden. Es ist der Kern des Gewahrseins, das allen Bewegungen und Vorgängen der Psyche folgt, die sich in ihm spiegeln, ohne daß es selbst darin verwickelt wird. Es ist das „reine Sein", das alles wahrnimmt, was innen oder außen geschieht, in dem alles geschehen kann, ohne daß es aus seiner in sich ruhenden Bewußtheit geworfen wird.

Tiefe Körperarbeit ähnelt ja in gewisser Hinsicht den Erscheinungsformen einer Psychose:

- der Klient „hört Stimmen" (zum Beispiel seine „innere Stimme" oder die Stimmen seiner Eltern),
- er spricht mit den „Geistern der Toten" (etwa in einem phantasierten Dialog mit lange verstorbenen Verwandten oder Freunden),

- er fühlt innere und äußere Energieströme, die ihn beeinflussen,
- er hat spontane, unvorhersehbare emotionale Ausbrüche,
- er strampelt und brabbelt wie ein Säugling,
- er sieht Dinge und Menschen um sich herum, die nicht da sind,
- er hat das Gefühl, aus mehreren Anteilen zu bestehen, die miteinander im Kampf liegen.

Dies sind Erlebnisse, die auch aus akuten Psychosen bekannt sind. Wenn jemand, der von Körpertherapie noch nie etwas gehört hat, plötzlich in eine regressive körpertherapeutische Sitzung hineinplatzte, dann würde er wahrscheinlich denken, „die sind ja wohl völlig verrückt geworden".

Wir arbeiten in der Körpertherapie mit transparenten Ich-Grenzen und dem unmittelbar belebten Unbewußten. In einer Psychose geschehen diese Prozesse jedoch unkontrolliert. Das Ich des Psychotikers ist zu schwach, um die Impulse von innen integrieren zu können, und die im Unbewußten aufgestaute, explosive Ladung ist so stark, daß sie das Ich überfordert. Der dynamische Auftrieb überschwemmt das Ich, das unter dem Ansturm des Unbewußten zusammenbricht. Der Psychotiker verliert den Boden unter den Füßen. Sein Ich geht in eine unkontrollierte Regression und identifiziert sich mit den Figuren aus dem Schatten. Der „Verrückte" ist mit Elementen seiner Innenwelt identifiziert und bringt die Bedeutungen der Welt durcheinander. Der Ich-Kern, der innere Beobachter, wird oft abgespalten und als äußere Kontrollinstanz projiziert, die beobachtet und verfolgt, Gedanken beeinflußt oder aus den Heizungsrohren heraus Befehle erteilt. Das Ich ist fragmentiert.

Es ist daher der wichtigste Schritt in der Einleitung einer Therapie, den inneren Beobachter zu installieren, beziehungsweise ihn als etwas schon immer da Gewesenes zu finden. Der innere Beobachter ist derjenige, der - im Therapeuten wie im Klienten - die therapeutische Distanz hält und dadurch das Erfahrungsfeld „Therapie" überhaupt erst ermöglicht.

Wir können einem spannenden Kinofilm so folgen, daß wir „drin" sind. Wir erleben die Handlung mit und sind uns unserer eigenen Existenz außerhalb der Filmhandlung nicht mehr bewußt. Wir sind „gefesselt" und „eingenommen" von der Handlung, wir sind mit ihr identifiziert. Wir können uns den Film aber auch in dem Bewußtsein ansehen, daß wir in einem Kinosessel sitzen und daß bloß Zelluloid vor unseren Augen vorüberzieht. Dann sind wir nicht so „mitgenommen" von dem Film, wir bleiben wir selbst, wir halten Abstand und sind von dem Geschehen distanziert. Auf dieselbe Weise können wir mit jedem inneren oder äußeren Geschehen eher identifiziert oder eher des-identifiziert sein. Es ist möglich, in einem inneren Raum zu ruhen, von dem aus die Gedanken, Gefühle und Ereignisse wie Gäste kommen und gehen. Sie fließen durch uns hindurch, während wir von ihnen im Wesen unberührt bleiben.

Es gibt Menschen, die mit ihren Gedanken, Gefühlen und Aktivitäten chronisch verstrickt sind, die keinen „Abstand zu sich selbst" und keinen inneren Ruhepol haben, von dem aus sie in Sicherheit auf die Welt blicken. Für sie ist es hilfreich, diesen stillen Bewußtseinsraum jenseits allen Geschehens zu finden, der immer unverändert bleibt, wie ein Fernglas, das die Lichtstrahlen hindurch läßt, ohne selbst von ihnen verändert zu werden, oder wie die Edelgase beim Atmungsprozeß.

Andere Menschen sind chronisch von sich gespalten und schauen wie von außen auf sich herab. Für sie ist es umgekehrt wichtig, ihre „Nicht-Zweiheit" mit dem Körper und den Gefühlen zu erfahren, um sich in der Realität ihres Selbst zu verankern. Die Dynamik zwischen dem Wahrnehmenden und dem Wahrgenommenen, zwischen Identifikation und Des-Identifikation, macht die ganze Dialektik der erlebnisorientierten Psychotherapie aus.

Ob wir vom inneren Beobachter, von Bewußtheit oder Erleben, von Gewahrsein (Perls), von Präsenz (Speyer), von innerer Achtsamkeit (Kurtz), vom Zeugen (Smith) oder von freundlicher Aufmerksamkeit (Büntig) sprechen, immer ist eine Ebene von Subjektivität gemeint, die tiefer und umfassender ist als das Erfassen des offenbar Faktischen und direkt Greifbaren. Der schöne und passende englische Begriff „Awareness" läßt sich leider nicht genau ins Deutsche übersetzen. Er meint das existenzielle In-der-Welt-Sein, das ganzheitliche, erfüllte Gewahrsein der inneren wie der äußeren Welt. Es schließt Ebenen des Empfangens und des Handelns jenseits des bewußt Kontrollierbaren ein. Die Entwicklung, Erweiterung und Sensibilisierung von „Awareness" für uns selbst und für andere ist ein Hauptziel erlebnisorientierter Therapie.

Wenn sich der Klient des „inneren Beobachters" bewußt wird, dann teilt sich sein Gewahrseinsfeld in den ruhigen, klaren Zuschauenden und in den Anteil, der mit der psychischen Aktivität identifiziert ist. Es entsteht eine Verdopplung des Bewußtseins, aber nicht als verwirrende Spaltung, sondern mit einem vermehrten Gefühl des Einsseins. Der Klient hat sich selbst „im Zentrum des Zyklons" (Lilly) gefunden. Das Doppel-Bewußtsein ist paradox, damit ermöglicht es paradoxes Geschehen. Die Verdopplung des Bewußtseins in eine Ebene, die „in" den Gefühlen ist, und in eine, die unverstrickt wahrnehmend bleibt, ist eine Voraussetzung für die therapeutische Arbeit mit Emotionen. Sie macht es möglich, unkontrollierbare, autonome Prozesse kontrolliert und begrenzt zu durchleben. Sie ermöglicht es, Unbewußtes bewußt zu machen, ganz im Hierjetzt und doch reflektiert, gespalten und dennoch eins, und dadurch Seele und Körper zu heilen.

Blinde emotionale Aktivität allein heilt nicht. Wenn das Unbewußte empor-schießt und das Ich sich davon mitreißen läßt, wenn der Bewußtseinskern in die projizierte Realität alter Filme verstrickt ist, dann wird die Neurose bloß ausagiert, nicht durchgearbeitet. Der innere Beobachter ist außer Funktion. Es geschieht etwas, aber der Klient ist sich desen nicht bewußt. Er ist nicht wach, sondern in seinen Gefühlen verwickelt. Ein solcher Bewußtseinszustand herrscht zum Beispiel bei einer hitzigen Auseinandersetzung, bei der jeder der beiden Streithähne dem anderen lautstark die alleinige Schuld zuschreibt. Es kommt zu einer Entladung, die im besten Fall beide Beteiligten erleichtert, zu einem Gewitter, das die Atmosphäre reinigen kann, das aber noch nicht zu neuem Lernen führt.

Therapeutisches Wachstum ist erst dann wahrscheinlich, wenn etwa solche Entladungen in einem Zustand innerer Wachsamkeit und aufmerksamer Bewußtheit erlebt werden. Die Gefühle sind ganz da und dennoch ist sich der Klient gewahr, was geschieht. Wenn auf der anderen Seite die innere Spaltung zwischen wahrnehmendem Beobachter und den wahrgenommenen Prozes-sen zu einem Dauerzustand von übermäßiger Des-Identifikation geworden ist, so daß sich der Betreffende von seinen Emotionen abgetrennt erlebt, als ob er „über sich" oder „neben sich" stünde, dann ist er überkontrolliert und von sich selbst abgespalten. Ein solcher Mensch (wie er in dem kürzlich verfilmten Roman „Die Reisen des Mr. Leary" vorgestellt wird) ist emotional reaktions-unfähig und in seinen Kopf eingesperrt, ohne zu wissen, wie er in sich hinein - oder aus sich herauskommen könnte.

- Das reine Agieren ohne Bewußtheit heilt nicht, weil der Betreffende dabei nichts über sich selbst lernt.
- Abgespaltenes Theoretisieren heilt auch nicht. Wenn die Verbindung zwi-schen Gedanken und Gefühlen, zwischen Kontakt und Existenz zu dünn ist, dann bleibt das Sprechen und Denken wirkungslos, weil es die Seele nicht berührt.

Der Therapeut muß genau wissen, welche Bewußtseinsebene des Klienten sich gerade äußert und auf welche Weise er sie ansprechen kann.

Einer meiner Klienten mit starken masochistisch-depressiven Tendenzen klagte in den Therapiestunden immer wieder darüber, daß er sich „nieder-gedrückt" fühle. In einer Stunde fragte ich ihn, *wo* in seinem Körper er diese Niedergedrücktheit am stärksten wahrnehmen könne. Er sagte, er fühle sie vor allem im Nacken, der wie von einem schweren Gewicht nach unten gedrückt würde. Daraufhin legte ich meine Hände auf seinen Nacken und übte einen allmählich zunehmenden Druck aus. Plötzlich rief der Klient laut: „Hör auf! Hör auf!". Ich war mir für einen Moment nicht im klaren, welcher Anteil des Klienten da sprach. Es war möglich, daß der von mir ausgeübte Druck dem Klienten tatsächlich zu viel wurde und er mich schlicht auffordern wollte, damit aufzuhören (dann hätte ich sofort aufhören müssen!) - oder daß der Klient in eine Regression gegangen war, sich in seiner Phantasie in einer alten Situation befand und daß sich „das Kind" im Klienten mit einem Protest gegen Unterdrückung äußern wollte (dann hätte ich den Druck vorsichtig fortsetzen können). Ich versicherte mich, indem ich kurz mit dem „erwachsenen" inneren Beobachter im Klienten Kontakt aufnahm und ihn fragte, wie er erlebte, was wir gerade taten und wo er gerade war. Der Klient sagte, er sehe in seiner Phantasie seinen Vater hinter sich, der ihm in einen Rucksack immer mehr Kohlen auflud, und er wolle zu ihm sagen: „Papa, hör doch auf, ich kann nicht mehr!" Als er das gesagt hatte, begann er zu weinen. Am Ende der Stunde sagte der Klient, es sei eine große Erleichterung für ihn gewesen, endlich einmal gegen die Überforderung protestieren zu dürfen, die er als Kind oft empfunden habe. Als Kind habe er immer nur still leidend aushalten und durchhalten müssen. Er sei sehr froh gewesen, daß ich den Druck fortgesetzt hatte, als er „Hör auf!" gebrüllt hatte. Hätte ich das „Hör auf!" wörtlich und unmittelbar genommen, dann wäre ich an den tieferen Wünschen des Klienten vorbei-gegangen und hätte das heilsame Durchleben eines alten Traumas verhindert.

Die Möglichkeit, auf die eine oder andere Art den erwachsenen Anteil des Klienten anzusprechen, auch wenn er sich in einer Regression befindet, macht die Kontrollierbarkeit und damit die heilende Potenz der Therapiesituation aus. Das Ansprechen des Ich kann sehr schwierig werden bei psychotischen Klienten sowie bei Menschen mit Frühstörungen oder Suchtstrukturen, die dazu neigen, in spontane Regressionen zu gehen und darin zu versinken. Ihr innerer Beobachter wird leicht vom Unbewußten überflutet. Daher ist regressive Arbeit mit solchen Klienten nicht ratsam, solange ihr Ich zu schwach ist, um die therapeutische Regression als eine „als-ob-Situation" zu verarbeiten.

Körper-Rituale und Doppelbewußtsein

Es ist ein wichtiger Teil der Ausbildung von Körpertherapeuten, Kontrolle über das scheinbar Unkontrollierbare zu gewinnen. Der Therapeut muß die hinter dem weich gewordenen Panzer aufwallenden Emotionen regulieren und kanalisieren können. Ein wichtiges Instrument der Eingrenzung und Formgebung ist die Ritualisierung.

Ein Ritual ist ein symbolischer Ausdruck für einen psychoenergetischen Prozeß. Die Gestalten des Unbewußten sind oft in der Realität nicht zu verwirklichen und meistens auch gar nicht unmittelbar als Realität gemeint.

Abb. 23-25: Ritualisiertes Kämpfen

Wenn ein Klient in seinem Magen eine Bombe fühlt, die explodieren will, dann wäre es ihm nicht angeraten, das im Alltag mit einer wirklichen Bombe zu realisieren. Auch in der Therapie ist das natürlich nicht möglich. Aber die emotionale Energie der „Bombe" muß heraus, wenn sie nicht somatisiert bleiben soll. Hier hilft uns das Instrument der Ritualisierung.

Wir arbeiten mit Phantasie-Objekten. Wir brauchen keine wirkliche Bombe, es reicht die Phantasie einer Bombe. Der Klient könnte zum Beispiel die enorme, gehaltene Spannung, die in der Phantasie der Bombe steckt, durch seine Körperhaltung ausdrücken. Mit der Unterstützung des Therapeuten können sich sodann ungehemmt all die Emotionen körperenergetisch entfalten, die in der „Bombe im Magen" gebunden sind, aber so, daß niemand zu Schaden kommt. Der Klient kann durch seinen emotionalen Ausdruck „explodieren", ohne dabei sich oder jemanden anders zu schädigen.

Ritualisierung ist das Spielen mit emotional geladenen Phantasien. Der Klient wird wieder zum Kind, das auf einem Ast reitet und sich fühlt wie auf einem Pferd. Die Möglichkeit zu spielen ist in jedem von uns angelegt. Wir haben das als Kinder alle getan. Es braucht einige Zeit, bis sich der Klient daran gewöhnt hat, seine Aggressionen gegen ein Kissen zu richten statt gegen die Person, die er zu meinen glaubt. Er findet es zunächst peinlich und unpassend. Er denkt vielleicht: „Ich habe doch gar nichts gegen das Kissen!", oder „Ich glaube, meine ganz berechtigte Wut soll hier verharmlost und abgelenkt werden!" Aber nach einiger Zeit lernt er die befreiende Wirkung der Ritualisierung schätzen. Und dabei stellt sich oft heraus, daß der ursprünglich angezielte Mensch in Wirklichkeit nie gemeint war, sondern andere, viel ältere Personen. Er sieht, daß seine Gefühle voller regressiver Verstrickungen sind und daß die vermeintlich aktuellen Verursacher von Verletzungen Objekte von Übertragungen waren.

In der Körpertherapie wird manchmal die Kopplung der Emotionen an ihr unmittelbares Objekt gelöst. Die Gefühle werden auf ein bloß vorgestelltes oder ein symbolisches Objekt gerichtet, das sich mit Erinnerungen an alte Situationen verbindet und dadurch oft viel wahrhafter gemeint ist. Wenn eine Klientin ihrem Mann endlich mal sagen möchte, daß sie die öde gewordene Beziehung mit ihm gründlich satt hat, das aber in der Realität nicht sagen kann, weil sie sich Sorgen um die gemeinsamen Kinder macht und schreckliche Angst vor dem Alleinsein hat, dann kann sie diesen Dialog in der Therapie zuerst einmal probeweise führen, während sie ihren Mann nur in der Phantasie vor sich hin stellt. Dabei kann sie all die widersprüchlichen Emotionen ihrem Mann gegenüber ohne sofort folgende Reaktionen des Mannes erst einmal äußern und sich dabei klar werden, was sie eigentlich will und worum es ihr geht. Sie kann unterscheiden lernen, wo sie projektive Auseinandersetzungen mit ihren Eltern führt und wo sie wirklich ihren Mann meint. Sie kann dann klarer und definitiver in das wirkliche Gespräch mit ihrem Mann gehen.

Man könnte vermuten, daß die Arbeit mit der Befreiung des Schattens langfristig irreale destruktive Phantasien eher noch fördert, ähnlich wie bei Kindern, die pausenlos Karate-Filme sehen. Dies ist aber in der Praxis nicht der Fall, vor allem deshalb, weil unser eigentliches Ziel die Kernschicht von Liebe und Lust *unter* dem Haß und dem Schmerz ist. Der Haß verkapselt die Primärimpulse. Wenn ein Klient die Möglichkeit hatte, sich energetisch zu entladen und die dabei auftauchenden Inhalte therapeutisch zu verarbeiten, dann tritt immer stärker ein Gefühl von Ausgeglichenheit und liebevoller Entspanntheit hervor, zusammen mit der ganz realen Fähigkeit, sich im Alltag selbst besser abzugrenzen und die eigenen Interessen besser zu vertreten. Der neurotische Haß ist ein Haß nach *innen* gegen alte, verinnerlichte Objekte. Wenn der Haß nach außen kommt, und wenn die energetische Katharsis von einem transformativen Bewußtseinsprozeß begleitet ist, dann kommt der Klient allmählich durch den Stau hindurch, und der Knoten verliert an Ladung. Die Ladung des Hasses geht in Trauer und dann in Liebe über. Der Druck nimmt ab, und der Klient braucht die Katharsis nicht immer wieder zu wiederholen. Ein Knoten ist durchgearbeitet.

Alle aufdeckenden therapeutischen Methoden arbeiten mit einem therapeutischen Doppelbewußtsein, um dem Klienten und auch dem Therapeuten zu ermöglichen, unbewußt und bewußt zugleich zu sein und tiefe Ambivalenzen durchleben zu können. Das Doppelbewußtsein ist ein Mittel zum Zweck der Integration.

Auch die freie Assoziation, die Hauptmethode der Psychoanalyse, kann als ein therapeutisch legitimiertes Sonderfeld der Kommunikation verstanden werden, wo man Phantasien ausdrücken und Dinge sagen kann, die eigentlich nicht wörtlich so gemeint sind und mit denen man sich im Alltag mindestens eine Ohrfeige einhandeln würde. In der Arbeit mit Übertragungsphantasien oder mit der Botschaft der Träume geht auch der Psychoanalytiker in einen zweiten, „uneigentlichen" Bewußtseinszustand, in dem sich das Unbewußte bewegen darf und kanalisiert wird. Der Klient liegt ruhig auf der Couch, aber seine Gedanken fliegen und schweben und gehen aus dem Raum hinaus und in der Zeit vor und zurück, sie vermischen Realität mit Phantasie. Der Klient darf seine alten Konflikte in perverse Phantasien mit dem Analytiker umsetzen, ohne daß er dafür getadelt oder bestraft wird. Auch hier wird mit einem erlaubend-begrenzenden Ritual gearbeitet, das auf einer erweiterten Bewußtseinsebene den Zugang zum Unbewußten ermöglicht. In der Psychoanalyse geschieht dies jedoch nur als Bewußtseinsprozeß, während wir in der Körpertherapie direkt mit der Körperenergie arbeiten.

Therapeutische Rituale geben Erlaubnis und Grenzen. Grenzen geben Sicherheit, Sicherheit gibt dem Unbewußten Raum, um seinen Tanz zu entfalten und nach neuen Lösungen zu suchen.

Konfrontation

Ein Therapeut in einem guten Kontakt ist unabhängig von dem Klienten, und kann sich deswegen weit auf ihn einlassen. Er muß weder drängen noch verschmelzen. Er ist präsent in der Beziehung und ruht in seiner Mitte.

Jeder Therapeut hat seine Vorlieben und Abneigungen, und es wäre ein schwerer Fehler, dies zu verleugnen, zu vertuschen oder zu bestreiten. Er kennt auch Gefühle von Angst, Ablehnung, Haß oder Abwehr seinen Klienten gegenüber. Jeder Therapeut spürt manchmal Impulse, einen Klienten schieben oder drängen, abschieben, etwas nicht sehen oder fühlen zu wollen. Haßgefühle, Vernichtungswünsche oder Manipulationstendenzen dürfen nicht verleugnet werden, denn dann würde das Verleugnete nur am Bewußtsein vorbei unterschwellig die Beziehung vergiften. Der Therapeut muß solche Impulse bewußt wahrnehmen und sie in seine Arbeit kreativ einbringen. Er kann sie benutzen, um die Dynamik der Übertragung und Gegenübertragung zu enthüllen und in analytische Deutungen zu übersetzen. Er kann solche Empfindungen und Impulse auch in einem Rollenspiel kontrolliert als Intervention einsetzen oder als Feedback dem Klienten respektvoll mitteilen. Der Therapeut darf sich aber nicht von seiner Gegenübertragung überwältigen lassen wie ein Reiter von einem zügellosen Pferd.

Die therapeutische Kunst besteht darin, den Gegenübertragungswiderstand kreativ zu nutzen, um auch mit der abgewehrten, sekundären, destruktiven Schicht des Klienten in Resonanz zu kommen. Die Abwehr des Klienten wird immer früher oder später zu einem Widerstand. Dann richtet sich die Abwehrkraft auch gegen die aufdeckenden Bemühungen des Therapeuten und wird dadurch zum Übertragungswiderstand. Dieser ruft systematisch beim Therapeuten einen Gegenübertragungswiderstand hervor, der nun zum entscheidenden Hindernis und Werkzeug des Therapeuten im Prozeß wird. Der Umgang des Therapeuten mit seinen eigenen Abwehrmechanismen wirkt auf den Widerstand des Klienten zurück: „Wie ich mir, so du dir!"

Aggressive Veränderungsimpulse des Therapeuten müssen nicht krampfhaft zurückgehalten werden. Ich säusele nicht immer honigsüß, ich packe meine Klienten nicht in Watte. Ich bin manchmal ungemütlich penetrant, herausfordernd, beharrlich, provokativ. Aggressive Impulse des Therapeuten können Teil einer heilsamen Begegnung auf der Tiefenebene sein, wenn sie kontrolliert sind und nicht einfach überschießen. Selbst sadistische oder masochistische Tendenzen müssen nicht destruktiv ausagiert werden. Als lustvolles Spiel (wie in der Liebe) können sie tiefe Ambivalenzen von Liebe und Haß amalgamieren und dadurch zur Heilung beitragen. Der Therapeut muß kein Softie sein. Wenn die Aggression und die Impulsivität des Therapeuten auf dem Boden der Liebe steht dann können sie heilen. Ich versuche nicht, alles zu vermeiden, was dem Klienten Probleme bereitet. Ich tue nicht einfach mit ihm zusammen das, was er sowieso immer schon macht. Würde ich den manifesten Charaktertendenzen eines neurotischen Klienten immer nur hinterherlaufen, dann würde der Klient immer „unrunder". Seine Eingeschränktheit und Einseitigkeit würden sich immer mehr verstärken. Oft betone ich daher gerade das Gegenteil dessen, was an der Oberfläche des Klienten dominiert, um das vermiedene Gegenstück, „die hintere Seite des Mondes" hervorzulocken.

Ein Teilnehmer einer Therapiegruppe sprach fast immer wie zu sich selbst, als ob die anderen Teilnehmer gar nicht anwesend seien. Er schaute, wenn er redete, die anderen Teilnehmer niemals an. Anschließend klagte er darüber, daß er sich einsam und ausgeschlossen fühle und daß niemand Interesse für ihn zeige. Es war meine Aufgabe als Therapeut, ihn damit zu konfrontieren, daß er Augenkontakt vermied. Ihn einfach „gewährend" darin zu belassen, hätte ihn in seinem Muster bestätigt und darin schmoren lassen. Ich forderte seine Gewohnheit heraus, indem ich ihm vorschlug, Augenkontakt zu suchen, *während* er sprach. Das war für den (schizoiden) Teilnehmer eine höchst unbehagliche und brenzlige Konfrontation mit uralten Ängsten. Es war im ersten Moment schmerzhaft, machte ihn ärgerlich und rief weitere Vermeidungsprozesse hervor. Dennoch war meine Intervention letztlich heilsam und förderlich, und nachher bedankte er sich dafür. Irgendwann mußte der Klient durch seine Abwehr hindurch gehen. Das grundsätzliche Annehmen des Klienten reicht tiefer als zum bloßen Unberührt-Lassen all dessen, was er tut. Es meint den Menschen in seinem Grund, seinem Kern.

„Gewährend" zu sein bedeutet nicht, den Klienten in seiner Neurose hängen zu lassen. Wenn ich sehe, wie ein Mensch vor ein Auto läuft, darf ich dann warten, bis er die Erfahrung gemacht hat? Wenn der Therapeut den Klienten in einem simplifizierten Sinn einfach so läßt, wie er ist, dann würde das die Veränderungswünsche des Klienten ignorieren. Der Klient wünscht sich Impulse von außen und eine Herausforderung, die ihn weiterbringt. Der Anstoß soll so stark sein, daß er ihn bewegt, aber behutsam genug, um ihm nicht zu schaden. Wenn ich den Klienten genau so ließe, wie er ist, müßte ich meine Augen vor seiner Veränderungsmotivation verschließen, und es entstünde ein krampfhaft statischer, erstarrter Zustand, eine „follie a deux".

Einen Klienten so lange in einer resignativen Erstarrung zu belassen, bis er enttäuscht die Therapie abbricht, wäre nicht hilfreich. Die Natur besteht nicht nur aus weißen Schäfchenwolken und lauem Sommerwind. Wenn das Unbewußte belebt wird, dann entstehen manchmal heftige Stürme und Gewitter, und diese sind ein fruchtbarer Teil des Therapieprozesses.

Wo die Energie ist, da geht der Weg lang!

An manchen Stellen des Therapieprozesses hängt der Klient fest wie ein Wanderer, der sich mit seinem Hosenbein in dornigem Gestrüpp verfangen hat. Manchmal kann ein kleiner Ruck ihn wieder befreien, sonst würde er an dieser Stelle ewig steckenbleiben. Selbst Gifte können heilen, wenn sie in homöopathischen Dosen gegeben werden. Selbst Grenzen können befreien, wenn sie klar und respektvoll gesetzt werden. Ein Therapeut, der immer nur lieb und nett ist, kann äußerst frustrierend sein. Er ist kein Partner, wenn er Auseinandersetzungen verweigert. Der Klient braucht einen realen Menschen als Gegenüber. Die Brutalität und Explosivität der somatisierten Neurose läßt sich nicht befreien, wenn sie bloß auf Pudding oder einen parfümierten rosa Wattebausch trifft.

Jeder Klient hat den Wunsch, manchmal auch *gegen* sein unmittelbares Abwehrinteresse berührt, getroffen und bewegt zu werden. Wo das Ich des Klienten mit der Abwehr identifiziert ist, dort ist es sich selbst im Wege. Dort steht manchmal ein ausgesprochenes „Nein" einem signalisierten „Ja" gegenüber. Der Klient hofft, daß der Therapeut zu ihm vordringt, selbst wenn er alles tut, um ihn sich vom Leibe zu halten. An Stellen, wo die Abwehr stark und Ich-synton (mit dem Ich übereinstimmend) ist, kommt der Therapeut oft auf sanfte Weise nicht weiter. Wenn er zu symbiotisch mit dem Klienten ist, prallt er an der Abwehr ab und bekommt die tieferen Schichten des Klienten nie zu Gesicht – der Prozeß bleibt oberflächlich. An solchen Stellen können provokative und konfrontative Methoden (wie Encounter-Arbeit, Atemförderung, bioenergetische Übungen, Deep-Draining-Massage oder Gestalt-Kontakt-Experimente) angemessen sein. Sie werden von vielen Klienten explizit oder implizit gewünscht, und *nicht* als Angriff oder Überforderung, sondern als Erlösung und Befreiung erlebt.

Ich gehe mit dem Klienten nicht von „a" nach „b", ich versuche nicht, ihn vorwärtszuzerren wie einen störrischen Ochsen. Ich gehe mit ihm von „a" nach „A", in die Tiefe dieses Augenblicks, zur Wesentlichkeit des Hierjetzt, des Ich-

Du, oft in die Regression, zu den alten Mustern, und von dort aus zur Transformation, zu neuen Möglichkeiten des Seins.

„Kennen seine Mannheit,
wahren seine Weibheit,
kehrt man wieder zum Kindsein;
und wird zum Strombett der Welt."
(Tao-Te-King)

Ich bin kein schweigender Schatten, sondern ein unterhaltsamer Partner, ein aktiver und kommunikativer Begleiter. Ich gebe Rückmeldungen, kommentiere und deute, ich vermute, frage und denke laut. Ich ermutige und lade ein, ich beharre auf einem Punkt, an dem der Klient lieber das Thema wechseln würde. Ich provoziere oder konfrontiere den Klienten gelegentlich, wenn ich fühle, daß ich dadurch etwas aufschließen kann, was reif ist. Ich begnüge mich nicht mit seiner Oberfläche. Ich gehe auch zu seiner Gegenseite und suche ihn in seinem Schatten heim. Aber ich konfrontiere nur dann, wenn ich das Gefühl habe, daß der Klient eigentlich konfrontiert werden will!

Es geht hier implizit um die Frage der Verantwortung. Der Umgang mit der Selbstverantwortlichkeit ist der entscheidende Unterschied zwischen Psychotherapie und Pädagogik. Der Therapeut hat die Verantwortung für das, was *er* tut oder nicht tut, nicht aber für das, was *der Klient* tut oder nicht tut. Der Therapeut ist nicht der Erzieher, der Lehrer oder der Guru des Klienten, selbst dann, wenn der Klient sich das sehnsüchtig wünscht. Oft ist es bereits eine harte Konfrontation für den Klienten, wenn der Therapeut ihm *nicht* sagt, was er tun soll, wie er es von allen bisherigen Autoritätspersonen seines Lebens gewohnt ist. Eigentlich liegt das ganze Geheimnis therapeutischer Wirksamkeit darin, daß der Therapeut sich konsequent weigert, sich für den Klienten den Kopf zu zerbrechen oder für ihn die Kastanien aus dem Feuer zu holen. Die therapeutische Zurückhaltung, die Weigerung, als Neuauflage „allwissender" Elternfiguren die Verantwortung für das Leben des Klienten zu übernehmen, ist eine unvermeidbare und heilsame Frustration für den Klienten. Er lernt, sein Leben selbst zu gestalten, *weil* der Therapeut es nicht für ihn tut.

„Gib einem Hungernden einen Fisch, und er wird einen Tag lang satt sein.
Lehre ihn Fischen, und er wird sein Leben lang satt sein.
Lehre ihn, wie man lernt, und er wird keine Hilfe mehr brauchen."
(Sprichwort)

Eine konsequente Weigerung des Therapeuten, den Hunger des Klienten nach

Führung, Hilfe und Versorgung zu stillen, löst oft massiven Ärger aus. Mancher Klient fragt sich, wofür er den Therapeuten überhaupt bezahlt, wenn er ihm gar nicht „hilft". Aber an dieser Stelle entscheidet sich, ob die Theapie ein wirkliches Wachstum bewirken wird oder ob der Therapeut nur seine Machtwünsche agiert und seinen Narzißmus füttert.

Es ist nicht bloß hilfreich, sondern *unvermeidlich*, dem Klienten ein gewisses Maß an Frustration zu bereiten und gelegentlich mit ihm in Konfrontation zu kommen. Die regressiven Bedürfnisse, die Übertragungswünsche, Idealisierungen und Wunderheilungserwartungen des Klienten müssen verständnisvoll angenommen werden, aber sie *können* nicht erfüllt werden. Der Therapeut kann für eine Weile den Wünschen des Klienten weitgehend folgen und innerhalb bestimmter Grenzen tun, was der Klient sich wünscht. Der Klient kann sich dann vielleicht erstmals als jemand erleben, der Wünsche äußert, die erfüllt werden, und Grenzen setzt, die respektiert werden. Aber früher oder später tauchen widersprüchliche und regressive Wünsche auf, die der Therapeut beim besten Willen nicht erfüllen *kann* . Spätestens dann wird der Klient frustriert. Irgendwann muß sich der Klient der Frustration stellen, daß der Therapeut *nicht* der Beziehungspartner ist, den er sich wünscht. Er muß lernen, re-inszenierte alte Traumen zu verarbeiten, er muß nachreifen und auf seinen eigenen Füßen zu gehen lernen. Wie in der Erziehung von Kindern wäre der Versuch, Frustration und Konfrontation völlig zu vermeiden, weder förderlich noch möglich. Was dem Klienten hilft, ist ein optimales Maß sowohl von gewährendem Mitgehen und freundlich zugewandter Unterstützung als auch von klarer Abgrenzung, Konfrontation und Herausforderung. Freundliche Aufmerksamkeit ermöglicht ihm, sich zu öffnen, optimale Frustration fordert seine Wachstumskräfte.

In gewisser Weise besteht die ganze Funktion des Therapeuten darin, durch seine herzliche Präsenz beharrlich an der Seite des Klienten zu sein, während dieser sich mit sich selbst auseinandersetzt, damit der Klient nicht in Panik vor der Verantwortung seiner Freiheit immer wieder in die alten neurotischen Muster hinein kollabiert.

Therapeutische Leitlinien und Gegen-Sätze

Ich möchte die biodynamische Grundhaltung nun in Form einiger Leitlinien und Gegen-Sätze zusammenfassen.

Eine therapeutische Leitlinie wäre keine biodynamische, wenn sie gerade wäre wie ein Stock, der in eine immer richtige Richtung weist. Im Einklang mit unserer dialektischen, nicht-dogmatischen Grundhaltung und unter Verzicht auf bequeme Eindeutigkeiten möchte ich den folgenden Leitsätzen daher jeweils Gegen-Sätze gegenüberstellen, die sich mit ihnen reiben. Die gegeneinandergestellten Leitsätze gehören zusammen wie zwei Ruder, die gemeinsam ein Boot voranbringen. Es könnte mehrere oder beliebig viele solcher Gegen-Sätze geben, die Spannungsfelder bilden, in denen der therapeutische Prozeß sich bewegt.

1. Leitlinie: *„Folge dem Lustprinzip!"*
Das ist nicht so oberflächlich gemeint, wie „Tue immer das, wozu du eben gerade mal Lust hast!". Therapie soll die tieferen Strömungen der Libido aufspüren, ihnen folgen, sie befreien und kanalisieren helfen. Ein wichtiges Ziel der Therapie ist es, Lebensenergie aus den verinnerlichten Klauen einer lustfeindlichen Erziehung zu befreien. Auch die Therapie selbst soll Spaß machen. Erlaube so oft wie möglich dem Klienten, zu tun, was er möchte. Laß ihn mit seiner Freiheit experimentieren!

Jedoch: Der direkte Weg zum Glück ist oft verstellt. Das Feld ist nicht immer bereit. Der neurotische Klient leidet und ist nicht in der Lage, zufrieden zu sein. Daher ist es unerläßlich, zuerst den Boden umzugraben, von Steinen und ausgetrockneten Wurzeln zu befreien und ihn zu bewässern, damit neue Früchte darauf wachsen können. Vorschnelle Positivität kann zur Maskerade im Dienste einer narzißtischen Abwehr werden. Dann steht ein falsches Selbst auf tönernen Füßen, das mißtönend parliert: „Schau, wie gut es mir geht, und überhaupt, es ist so eine tolle Energie hier ...!" Manchmal kann die Gier nach Liebe und Glück dazu führen, sich selbst und die Welt nicht mehr zu erkennen, wie sie ist.

Daher der Gegen-Satz: *„Schau auch nach der hinteren Seite des Mondes!"*

2. Leitlinie: *„Weniger ist mehr!"*
Das ist das „homöopathische Prinzip", der Grundsatz der kleinen Dosis in der Psychotherapie. Eine sanfte Berührung kann tiefer gehen als eine bohrende, weil sie die Abwehr nicht provoziert. Tue nie mehr als nötig! Überfrachte den Klienten nicht mit deinem Aktivitätsdrang! Gewaltige Ausbrüche und beein-

druckende Erlebnisse bringen therapeutisch oft gar nicht besonders viel weiter. Erlebnisfördernde Therapie kann leicht zum Sklaven einer reizhungrigen Konsumkultur werden. Der Klient wird süchtig nach tollen Erfahrungen und ignorant gegen die Feinheiten des alltäglichen Lebens. Oft wirkt eine kleine, sanfte Intervention längerfristig tiefer als ein grober, kräftiger „Push".

Aber: Manchmal ist der Ausdruck des Klienten künstlich minimiert, eingeklemmt und festgehalten. Dann kann der Therapeut ihn ermutigen, fester, schneller, größer, lauter, weiter zu werden. Ein Zucken des kleinen Fingers kann sich zu einer heilsamen Katharsis ausweiten, wenn es gesehen, gefördert und begleitet wird.

Auch der Therapeut geizt nicht mit seiner Präsenz. Er macht sich nicht klein, sondern ist vollständig anwesend. Er gibt alles, was er hat. Er ist nicht zur passiv grauen Maus geschrumpft. Er geht in die therapeutische Interaktion mit all seiner Energie und all seinem Gewahrsein hinein.

Gegen-Satz: *„Erlaube die Fülle!"*

3. Leitlinie: *„Wenn du dich bei der Arbeit gut fühlst, ist die Arbeit gut!"*
Wenn der Therapeut in Resonanz mit der Libido arbeitet, werden er und auch der Klient sich gut fühlen. Die subjektive Befindlichkeit des Therapeuten ist das Hauptinstrument seiner Orientierung im Therapieprozeß. Wenn sich der Therapeut mit einem Klienten unwohl fühlt, dann stimmt etwas nicht am Kontakt. Dann liegt wahrscheinlich ein verdeckter Konflikt vor, der thematisiert und durchgearbeitet werden muß.

Aber: Therapeutische Arbeit dient nicht hauptsächlich dem Wohlgefühl des Therapeuten und auch nicht der bloß momentanen Zufriedenheit des Klienten. Das Ziel der Therapie ist die Befähigung des Klienten zum Wachstum, nicht die unmittelbare Befriedigung seiner Wünsche in der Therapie. Der Therapeut muß bereit sein, den Klienten optimal zu frustrieren und den Ärger auf sich nehmen, den er damit auslöst. Er muß bereit sein, das Leid des Klienten anzuschauen und in gewissem Umfang an dem Klienten und mit ihm zu leiden. Erst dadurch kann die Wiederholung des alten Traumas verhindert werden, daß der Klient von den Eltern abgeschoben wurde, wenn es ihm schlecht ging oder wenn er „böse" war.

Auch psychopathische oder narzißtische Tendenzen des Therapeuten, wie das Streben nach Macht oder Bewunderung, dürfen nicht blind agiert werden, selbst wenn sich der Therapeut dann gut fühlt. Das wäre ein Mißbrauch des Klienten zur Bestätigung der Neurose des Therapeuten.

Erster Gegen-Satz: *„Stelle dich dem Leiden!"*
Der Therapeut sollte auch nicht abhängig werden von dem Klienten oder dem,

was er tut oder nicht tut. Er soll sich, wenn möglich, gut fühlen, ganz gleich, was der Klient tut oder wie es ihm geht. Er soll in seinem Leben so weit zentriert sein, daß der Klient sich frei von dem subtilen Druck fühlen kann, den Therapeuten schützen oder zufriedenstellen zu müssen.

Zweiter Gegen-Satz: *„Sorge dafür, daß es dir gut geht, unabhängig von dem Klienten!"*

4. Leitlinie: *„Freunde dich an mit den Widerständen!"*
Die Widerstände haben ihren Sinn, um den Klienten vor Verletzungen zu schützen. Sie dürfen nicht gewaltsam durchbrochen werden. Sie können nur allmählich schmelzen. Sie müssen in ihrer Funktion und Herkunft verstanden werden. Ein Versuch, Widerstände im Handstreich wegräumen zu wollen, wäre antitherapeutisch. Frontalangriffe auf die Widerstände treiben diese nur in schwer erreichbare Tiefen hinunter.

Ganz fatal ist es, wenn ein Therapeut einen Klienten drängen, bearbeiten, belehren oder bekehren will und dessen ganz berechtigte Verteidigung dagegen dann als Widerstand deutet. Solcher Art Therapie macht verrückt, statt zu heilen.

Dennoch: Die Widerstände sind die Stabilisatoren der Neurose. Widerstand zu bearbeiten ist die Hauptaufgabe des Therapeuten. Wenn der Therapeut mit den Widerständen des Klienten soweit Freundschaft geschlossen hat, daß er sich gar nicht mehr von ihnen trennen möchte, dann ist er in eine Kollusion verstrickt.

Wenn der Widerstand auch kein Feind ist, der besiegt werden muß, so ist er doch eine Selbstschädigungstendenz des Klienten, die durch energetische und Bewußtseinsarbeit durchgearbeitet und transformiert werden muß.
Gegen-Satz: *„Bleib dran am Widerstand, bis er schmilzt!"*

5. Leitlinie: *„Nur was Du wirklich bist, hat heilende Kraft!"*
Methoden und Techniken sind sekundär gegenüber der persönlichen Wirkung und Ausstrahlung des Therapeuten. Unintegrierte, angelernte, kalte Techniken sind eine bloße Fortsetzung von Beziehungspathologie mit anderen Mitteln. Techniker mit Therapeutenmaske arbeiten nicht wirklich tief. Sie ersetzen nur die eine Entfremdung durch die andere.

Andererseits: Nicht alles, was der Therapeut ist, wirkt heilend. Seine eigenen Neurosen sollte er dem Klienten so gut es geht vom Leibe halten. Manchmal kann Ehrlichkeit und persönliche Sichtbarkeit des Therapeuten den Klienten weit überfordern. Ein überaus wichtiger Aspekt der therapeutischen Kunst ist das rechte Maß an Zurückhaltung. Manche Seiten der wahren Person des Therapeuten können, taktlos agiert, viel Unheil anrichten.

Erster Gegen-Satz: *„Stiehl dem Klienten nicht seinen Raum!"*

Und manche Teile der therapeutischen Arbeit bestehen tatsächlich aus den Konventionen therapeutischer Techniken, die aus Erfahrung gewachsen für geeignet befunden und technisch erlernbar sind. Der Therapeut muß sich der Wirkungen seiner Person und seiner Methoden so klar wie möglich sein.

Zweiter Gegen-Satz: *„Du mußt dein Handwerk beherrschen, du mußt klar sein und wissen, was du tust."*

6. Leitlinie: *„Wenn der Klient seine Abwehr öffnet, muß er geschützt werden!"*
Eine Konfrontation, die erfolgt, wenn der Panzer offen ist, kann zu schlimmen Schockzuständen führen und den Klienten in seinem Prozeß weit zurückwerfen. Wenn der Therapeut mobilisierend und öffnend arbeitet, muß er auch für einen sicheren Schutzraum sorgen, bis der Klient wieder integriert und restabilisiert ist.

Jedoch: Es gibt Klienten, die übermäßige Offenheit, Empfindlichkeit und Verletzbarkeit manipulativ gebrauchen, um Kontrolle über andere auszuüben. Der Therapeut soll kein Dauerersatz für die Fähigkeit des Klienten zu klarer Selbstabgrenzung werden. Der Therapeut ist im Alltag auch nicht immer da wie eine gute Mutter, die jede Minute aufpaßt, daß dem Klienten nichts passiert.

Gegen-Satz: *„Ermutige den Klienten, gut für sich selbst zu sorgen!"*

7. Leitlinie: *„Arbeite zuerst mit dem, was dem Ich am nächsten ist."*
Der Therapeut bohrt nicht penetrant durch alle Widerstände hindurch bis weit in Ich-fremde Tiefen. Er arbeitet mit dem, was kommt. Warte, bis die Pflaumen reif sind, dann fallen sie fast von selbst vom Ast! Der schmelzende Stil baut die Neurose von oben nach unten ab, er rührt nicht ziellos im Unbewußten herum, weit ab von der Integrationsfähigkeit.

Jedoch: Was dem Ich an nächsten ist, ist dem Unbewußten am fernsten. Wenn der Knoten tief sitzt, wenn gehaltene Energie weit unten blockiert ist, dann fühlt sich der Klient durch Ich-nahe Arbeit nicht erreicht. Dann ist die Arbeit heilsamer, wenn sie bis weit in die Abgründe einsinkt.

Gegen-Satz: *„Wo die Energie ist, geht der Weg lang."*

8. Leitlinie: *„Kein Druck!"*
Der Klient soll nicht tun, was der Therapeut ihm sagt, weil er es ihm sagt. Wenn es nicht stimmt, was der Therapeut dem Klienten vorschlägt, dann ist es besser, er läßt es. Der Therapeut soll nicht „pushen" (drängen, drücken, schieben). Er macht Vorschläge, aber er erteilt keine Anordnungen. Der Klient soll tun, was

er fühlt, nicht sich den Anweisungen des Therapeuten beugen, sonst bleibt er ein Untertan und künstlich. Er hat ein Recht auf seinen eigenen Weg und auch auf Widerstand. Wenn der Therapeut oder der Klient versucht Autonomie und Spontaneität zu erzwingen, dann geht es nicht.

Jedoch: Wenn der Klient in seiner neurotisch verbauten Weltsicht hängen bleibt, dann kommt er nicht weiter. Wenn er in alten Ängsten feststeckt und deshalb gar nicht sehen kann, daß die Gefahr vielleicht längst vorbei ist, dann braucht er eine Herausforderung. Eine neue Erfahrung kann Wunder wirken.

Daher der Gegensatz: *„Probiere auch einmal etwas Neues!"*

9. Leitlinie: *„Wir müssen wieder werden wie die Kinder!"*
Als Erwachsene sind wir oft lügenhaft, angepaßt, kopfig und feige. Ein Kind sagt und tut noch, was es fühlt. Es ist ehrlich und direkt, bevor es lernt, „was sich gehört". Sofern Konflikte neurotisch sind, ist ihr Geheimnis hier und jetzt nicht zu entschlüsseln. Es liegt in alten Knoten mit den Eltern aus einer Zeit, als der Klient noch ein Kind war. Dorthin müssen wir zurück, um zu klären, was los ist.

Andererseits: Man kann in Regressionen auch versacken. Ab einem gewissen Lebensalter wird der ständige Verweis auf die Kindheit und die Fehler der Eltern zur Legitimation, zu einer endlosen Rückverweisung in die Vergangenheit, die bis in die Steinzeit und zum Urknall zurückreicht. Schließlich sind auch Kinder oft schon erschreckend neurotisiert. Die primären Emotionen sind oft primitiv oder gar antisozial. Sie müssen reguliert und kanalisiert werden. Einfaches Ausleben des Kind-Gebliebenen im Klienten führt in die Frustration.

Daher der Gegen-Satz: *„Therapie heißt, erwachsen zu werden!"*

Schließlich muß der Klient grundsätzlich selbst für sich sorgen. Der Klient fällt seine eigenen Entscheidungen, die Wirkungsmöglichkeiten des Therapeuten sind begrenzt. Die Orientierung des Therapeuten an gleich welchen Prinzipien muß früher oder später durch den inneren Kompaß des Klienten ersetzt werden.

Schluß-Gegen-Satz: *„Laß ihn sein eigenes Leben leben!"*

Kapitel 3

„Offene Weite" - Die Transformation der Identität

Ziele der Therapie

Auch eine Körpertherapie dauert oft Jahre, und diese Zeit ist für den Klienten durch die intensive Auseinandersetzung mit sich selbst meistens sehr ereignisreich. Die Atmosphäre der Therapiesituation und die emotionale Beziehung zum Therapeuten haben einen erheblichen Einfluß auf das Selbstgefühl und die Beziehungsgestaltungen des Klienten im Alltag. Daher sollte die Haltung des Therapeuten dem Klienten gegenüber von den Entwicklungszielen des therapeutischen Prozesses her bestimmt sein. Solche Ziele wären zum Beispiel:

- Direktheit, Ehrlichkeit, Authentizität und Taktgefühl;
- die Fähigkeit zu tiefem persönlichen Kontakt und zu klarer Abgrenzung;
- das Bemühen, die eigenen Schattenseiten anzuerkennen, kreativ zu nutzen und fortgesetzt zu transformieren;
- Toleranz gegenüber anderen Menschen und die Bereitschaft, sie in ihrem Anders-Sein und ihrer Freiheit zu respektieren,
- eine innere Verbundenheit mit der positiven Kernkraft, der Libido;
- die Fähigkeit, auch auf einer Ebene zu kommunizieren, die nicht direkt in Worte gefaßt werden kann,
- die Orientierung an den spontanen Impulsen von innen;
- Freude am Leben, Lust, Lachen und Begeisterung;
- die Bereitschaft, die Welt so zu sehen, wie sie ist, und dabei auch Schmerz, Schrecken, Grausamkeit und Einsamkeit ins Auge zu schauen;

... vor allem aber:
- echte Warmherzigkeit und die Fähigkeit, auf vielfältige Weise zu lieben.

Wer abgewehrte Anteile an sich herankommen läßt und diese Anteile in seine Persönlichkeit integriert, der wird allmählich ein anderer. Er wird zu dem, der er im Grunde immer schon war, der er sich aber nie getraut hat zu sein. Er verwandelt sich, indem er sich findet. Er entwickelt sich, indem er zuläßt. Er wächst über sich hinaus, indem er seinem Ursprung, seinem wahren Wesen näher kommt.

Viele Wege führen zum Selbst. Oft muß ein Konflikt in hundert Variationen und mit verschiedenen Methoden wieder und wieder durchgearbeitet werden, um ein altes Trauma schließlich zu lösen. Ein guter Therapieverlauf ist es, wenn im Ganzen betrachtet der Prozeß zwischen Therapeut und Klient sich in Richtung auf immer tiefere Ehrlichkeit, auf Wachstum und auf ein Leben aus dem lebendigen Kern heraus bewegt, wenn der Klient durch die neurotisierten Schichten hindurch mehr und mehr „Seinsfühlung" mit seiner Kern-Libido aufnimmt und sich das allmählich auch in seinem Alltag auswirkt.

Die *konkreten Ziele* der Therapie sind von der Symptomatik und der individuellen charakterlichen Struktur des Klienten abhängig. Wenn jemand Ängste, Depressionen oder psychosomatische Beschwerden hat, wird er sie loswerden wollen. Oft wird jedoch nach kurzer Zeit schon klar, daß sich hinter dem Symptom etwas verbirgt, was viel bedrohlicher ist als dieses. Dann würde die unmittelbare Arbeit an der Beseitigung des Symptoms bedeuten, in den äußeren Schichten der Abwehr verfangen zu bleiben. Wenn die grundlegende Charakterstörung in Bewegung kommt, dann gehen auch die zu Beginn der Therapie vom Klienten präsentierten Symptome in einen Transformationsprozeß ein. Wir begnügen uns nicht mit Verhaltensbeeinflussung, wir dringen in die Tiefen des organischen Unbewußten vor, wo der Körper, die Gefühle und die Beziehungen energetisch reguliert werden.

Die Ziele der Therapie sind nie eindeutig. Sie verändern sich während des therapeutischen Prozesses und können im Grunde erst definiert werden, nachdem sie schon erreicht sind. Das Unbewußte wartet immer mit Überraschungen auf. Häufig sind die Ziele und Auswirkungen von Therapie am besten als Widersprüche zu formulieren:

- „Ich kann meine Aggressionen besser ausdrücken und bin dadurch friedfertiger geworden."
- „Ich bin kontaktfreudiger geworden, weil ich mich besser abgrenzen kann."
- „Ich kann mehr lieben, weil ich mich traue zu streiten."
- „Ich habe gelernt zu genießen, weil ich das Leiden nicht mehr vermeide."
- „Ich habe meine Angst überwunden, indem ich gelernt habe, sie zu fühlen."

Zu einem Körpertherapeuten kommen vorwiegend Menschen, die sich gefühlsmäßig blockiert fühlen. Mit solchen Klienten steht die Ausdrucksarbeit im Vordergrund. Die Arbeit mit dem emotionalen Ausdruck ist jedoch nicht als direktes Modell für den Alltag geeignet. Bevor die Neurose schmelzen kann, muß sie befreit werden. Auch der biodynamische Weg der sanften Verwandlung setzt die Erlaubnis zu explosiven kathartischen Durchbrüchen voraus. Dann kann die Hingabe an die parasympatische Öffnung kommen. Das Ziel biodynamischer Therapie ist jedoch nicht einfach, „Gefühle herauslassen" zu lernen oder sich als offen und weich zu erleben. Das erfordert nämlich eine geschützte Situation, die im Alltag oft nicht vorliegt. Wer außerhalb der Therapie versucht, seinen Emotionen freien Lauf zu lassen und sein Herz ungeschützt zu öffnen, und die verstehende, erlaubende und behütete Reaktion erhofft, die er bei seinem Therapeuten erfahren hat, der wird nicht selten rüde enttäuscht werden.

Die Befreiung des emotionalen Ausdrucks durch Weinen, Trampeln, Schreien, ebenso wie das Erleben von tiefer Entspannung und von Loslassen sind kein Selbstzweck. Sie dienen dazu, emotionale Stauungen zu lösen, um den Zugang zu den tieferen, kraftvollen und lustvollen Schichten zu öffnen. Diese primären Schichten können sich dann im Alltag besser realisieren. Sich auszutoben allein genügt nicht, ebenso wenig wie das bloße Erleben tiefer Gefühle. Ich habe hitzköpfige und enthemmte Jugendliche kennengelernt, die zehnmal von der Schule geflogen sind, weil sie immer wieder ihre Lehrer verprügelt haben. Ich habe Drogenabhängige kennengelernt, die Hunderte von LSD- und anderen Trips genommen haben und phantastische Erlebnisse hatten, die aber dadurch keinen Millimeter in ihrer persönlichen Entwicklung weitergekommen sind. Ich habe Kiffer und symbiotische Charaktere kennengelernt, die ständig „relaxed" waren, aber dadurch lebensunfähig wurden.

Ziel der sanften Verwandlung ist nicht Impulsivität, die die anderen erschlägt, nicht eindrucksvolle Ausbrüche tobender Lebendigkeit und auch nicht ständige Verschmolzenheit mit dem ganzen Kosmos, sondern Pulsation und Geerdetsein, innengeleitetes Antworten, Zentriertheit und gerichtete Energie, die dem Bewußtsein zur Verfügung steht.

Diese Ziele sind keine Errungenschaften, die, einmal erreicht, für immer erhalten bleiben. Die Libido ist kein statisches Reservoir, in dem man baden kann, wie in einem Swimming-Pool. Sie ist im Fluß, sie erzeugt Bewegung und Wachstum. Sie existiert nur als fortgelebtes Leben, als unaufhörliche Entwicklung. Ein einmaliger Durchbruch mit einem momentanen Gefühl von Befreitheit ist nicht das Ende des Weges. Der Weg ist nie zu Ende. Wir machen uns auf, aber wir kommen niemals an.

„Eine Erleuchtung macht noch keinen Erleuchteten."
(Karlfried Graf Dürckheim)

An einem einmal erreichten Punkt stehen zu bleiben würde bedeuten, zu stagnieren und schnell zurückzufallen. Aus der Libido zu leben bedeutet, sich endlos weiter zu entfalten. Das Ziel des Wachstums ist die Fähigkeit zu fortgesetztem weiteren Wachstum. Das Leben bleibt spannend und voller Überraschungen, auch voller Konflikte und voller Leid. Nach jedem Gipfelerlebnis, wenn wir hoffen, „jetzt habe ich es geschafft", kommt wieder die Tiefe eines Tales. Es warten neue Herausforderungen, Aufgaben, Konflikte, Ängste, Beschränkungen, unbekannte Länder. Niemand ist endgültig gesund. Wir werden nur leichter und freier und stehen mehr im Leben. Selbst der Liebevollste ist nie vom Haß befreit. Vielmehr kann man wirklich liebevoll erst dann sein, wenn man sich auch als destruktives Wesen kennt. Ein Fehlen des Schattens ist immer bloß vorgetäuscht und sollte zu Mißtrauen Anlaß geben. Esoterische Säuseler, die selig lächelnd ihren Heiligenschein polieren, sind oft bloß Hyänen im Gänseflaum. In Situationen von starkem Streß fallen wir alle erstaunlich schnell wieder in längst überwunden geglaubte, alte Muster zurück.

Viele Probleme werden nie gelöst in dem Sinne, daß sie rückstandslos verschwinden. Man kann aber über sie hinauswachsen. C.G.Jung vergleicht den Prozeß des Überwachsens mit einer Wanderung in die Berge. Im Tal geht man vielleicht noch unter dunklen Wolken im Regen, die die Sonne verdunkeln. Aber je höher man steigt, desto lichter wird es. Es regnet noch immer unten im Tal, aber man ist auf einer Höhe angelangt, die über dem Regen liegt. Man ist in der Sonne, obwohl es unten vielleicht immer noch regnet. Andere Traumen werden weder gelöst noch überwachsen, sondern bloß relativiert. Eine körperliche Verletzung erscheint in dem Moment, in dem sie geschieht, als Totalität. Wenn man sich den Arm bricht, dann ist da nur Schmerz und sonst nichts. Zwei Jahre später jedoch ist daraus eine relativierte Erfahrung geworden, und man sagt etwa: „Ich habe mir damals den Arm verletzt." Ebenso kann das Leiden an den Eltern relativiert werden, wenn man selbst in das Alter kommt, in dem die Eltern waren, als man ein Kind war, und vielleicht nun selbst Kinder hat. Die Begrenztheit der Eltern wird verstehbarer, wenn man sie am eigenen Leibe erfährt.

Wie Wolf Büntig erzählt, wurde sein Onkel, der herzkranke Dürckheim einige Monate vor seinem Tod von einem Anhänger besorgt nach seinem Befinden gefragt: „Herr Dürckheim, ich habe gehört, Sie hatten einen Herzinfarkt." Darauf Dürckheim: „Was? Von wegen! Die Ärzte hatten einen Herzinfarkt, ich hatte eine *Erfahrung*. Ich habe gebrüllt, wie ein Löwe ... !"

Nicht der Schmerz selbst ist schon traumatisch, sondern vor allem die Art, wie er verarbeitet wird. Mit zunehmender innerer Stabilität und Reife, wenn sie echt ist und nicht nur spirituelle Angeberei, können Trauer, Schmerz, Wut, Angst und Scham anders verarbeitet werden. Sie müssen nicht mehr zu Verdrängungen führen. Sie werden „genommen" und in einem elastischeren und harmonisierten psycho-organischen Gefüge innen abgefedert. Das Selbst kann trotz schwerer Verletzungen intakt bleiben.

Wenn der Mensch aufhört zu wachsen, dann schrumpft er. Das Ziel der

Therapie ist es, die Wachstumskraft zu entfesseln, damit die Persönlichkeit sich endlos fortentwickeln kann. Therapie setzt keine Resultate, sie eröffnet Möglichkeiten, die vorher verstellt waren. Es entsteht kein heimeliger Altersruhesitz. Der Raum öffnet sich, und der Klient steht vor einer erweiterten Freiheit zur Wahl.

„Offene Weite, nichts von ‚heilig'!"
(Ausspruch eines Zen-Meisters über das Erlebnis seiner subjektiven Befreiung.)

Wie können frühe Traumen geheilt werden?

Wie können frühe Verletzungen oder Deprivationen therapeutisch transformiert werden? Schließlich ist die Versagung ja tatsächlich geschehen und es sind schon Jahrzehnte darüber vergangen. Psychische Heilung als von außen herangetragener Vorgang der Reparatur ist nicht möglich. Wir könnten nicht heilen, wenn der heile Zustand nicht innen im Klienten schon verborgen läge und auf Befreiung wartete. Das Trauma hat ja nur deshalb die Seele verletzt, weil etwas geschehen ist, das in eklatantem Widerspruch zu einem unabweisbaren grundlegenden Bedürfnis des Kindes stand. Dieses Grundbedürfnis, die primäre energetische Strömung zur „guten Welt" hin, muß aus den neurotischen Verkrampfungen gelöst werden, so daß eine reale Befriedigung im Alltag des Klienten möglich wird. Die Verwirklichung der primären Wünsche in reifer Form nimmt der Neurose die Ladung.

Die neurotischen Hemmungen und Inszenierungen sind Äußerungen natürlicher Grundbedürfnisse, die unbewußt in alten Beziehungsdramen verwickelt sind. Wenn es gelingt, in dem therapeutisch wiederentfalteten Urdrama den primären Antrieb zu enthüllen und ihn in seiner vorneurotischen Form auf die Ebene des erwachsenen Bewußtseins zu heben, dann ist das Trauma geheilt. Der Neurose ist die Energie entzogen, weil der Wunsch, der sie gespeist hat, nun direkt befriedigt werden kann.

Eine meiner Klientinnen war als Mädchen im Alter von acht bis zwölf Jahren von ihrem Vater sexuell mißbraucht worden. Alle ihre späteren Beziehungen zu Männern waren davon geprägt. Sie verhielt sich zwanghaft verführend, war aber gleichzeitig voller Haß und Abscheu gegen jeden Mann erfüllt, der sie begehrte. Ihr Beziehungsalltag und ihre sexuellen Phantasien waren von Angst- und Rachephantasien durchdrungen. Sie mußte ihre Liebe dem Vater/ Mann gegenüber abwehren und pervertieren, weil sie ihre Empörung über die

Verantwortungslosigkeit und Erbärmlichkeit des Vaters nie ausdrücken durfte. *Unter* der schweren Schädigung durch den Mißbrauch war in der Klientin jedoch das positive Wunschbild eines „guten Vaters" erhalten geblieben, der sie respektiert und als ein *Kind* und *seine Tochter* geliebt hätte. Es war das Bild von einem Vater, der ihr zärtlich und respektvoll über den Kopf streicht, der mit ihr Mensch-ärgere-dich-nicht spielt oder einen Schneemann im Garten baut. Unter dem Trauma lag eine heil gebliebene Schicht von Erwartungen, wie das Leben *hätte sein sollen*.

Wenn wir uns in der therapeutischen Regression an die heil gebliebenen, primären Wünsche ankoppeln, dann erzeugen wir einen „Bypass", eine energetische Überbrückung von den primären Wünschen an der Neurose vorbei zu den heutigen, realen Möglichkeiten. ("Bypass" heißt in der Chirurgie die Überbrückung des Blutstroms durch körpereigene Adern, zum Beispiel durch ein aus dem Bein entnommenes und ins Herz implantiertes Blutgefäß, das die Funktion eines ausgefallenen Herzgefäßes übernimmt.)

Ein „Bypass" kann zum Beispiel die symbolische Befriedigung eines primären Wunsches sein. Die oben erwähnte, sexuell mißbrauchte Klientin arbeitete lange Zeit an ihrem Ekel, ihrem Haß und ihrem Mitleid dem Vater gegenüber sowie an ihrer Enttäuschung und Verachtung für die Mutter. In einer späten Phase der Therapie, als schon viel Vertrauen zwischen der Klientin und mir bestand, habe ich einige Male den „guten Vater" gespielt, das heißt, ich habe in einem Rollenspiel die Rolle des Vaters übernommen, so, wie die Klientin ihn sich damals eigentlich gewünscht hätte. Ich spielte einen Vater, der von der sexuellen Beziehung zur Mutter ausgefüllt war und sich somit nicht an der Tochter zu vergreifen brauchte. Damit stellte ich der psychischen Realität der Klientin ein *Modell* zur Verfügung, das in Resonanz mit ihren vor-traumatischen Wünschen an den Vater trat. Sie erlebte im Nachhinein ihren kindlichen Wunsch, daß sich der Vater ihr liebevoll zuwendet, ohne daß sie Angst zu haben braucht, von ihm sexuell benutzt zu werden, als *befriedigbar.* Sie konnte ihre kindlichen Gefühle von Vertrauen und Zuneigung zeigen, ohne daß darauf eine Okkupation erfolgte. Dadurch verlor die neurotische Spannung an Ladung.

Die symbolische Befriedigung eines Primärbedürfnisses kann auch auf der Körperebene stattfinden. Wenn ein Klient sich in der Regression als sechsmonatiges Kind fühlt und das innige Bedürfnis verspürt, seine Mutter möge ihm sein Gesicht streicheln, dann kann der Therapeut diesen alten Wunsch unmittelbar erfüllen und damit möglicherweise ein erhebliches Quantum an alter, eingesperrter Lust befreien. Eine Ersatzbefriedigung auf der *erwachsenen* Ebene wäre therapeutisch wirkungslos. In einer *regressiven*

Abb. 26-28: Birth-Release nach Ebba Boyesen

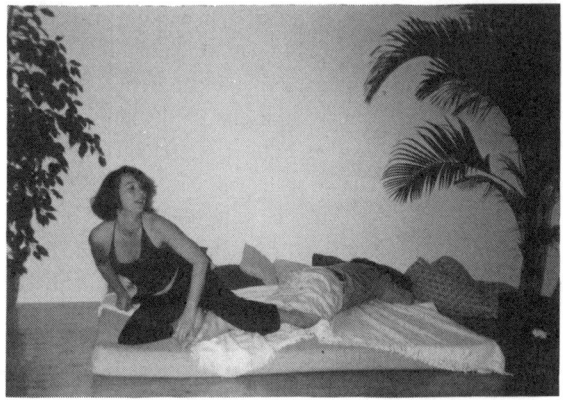

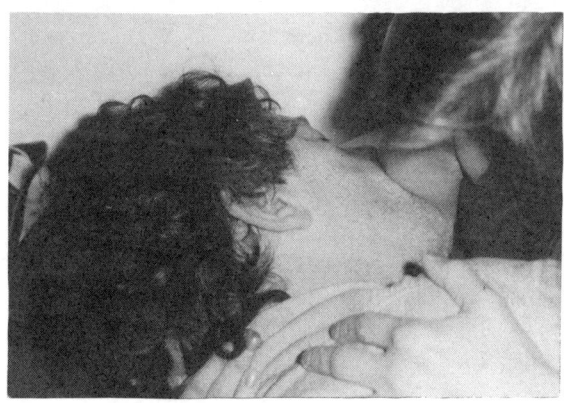

Abb. 29-31: Birth-Release nach Ebba Boyesen

Situation dagegen steht der Therapeut im Unbewußten des Klienten unmittelbar für die Mutter, und der regredierte Klient hat das Gefühl, daß seine *Mutter* ihm das Gesicht streichelt. Dadurch können uralte Berührungsängste/-wünsche sowohl verstehbar als auch lösbar werden. Das heißt, im Rahmen einer therapeutischen Regression kann auch eine unmittelbare Wunscherfüllung symbolisch sein und die unbewußten Knoten des Klienten katalysieren.

Wenn eine Bedürfnisbefriedigung durch den Therapeuten auf der Ebene des Alltagsbewußtseins erfolgt, kann sie das alte Trauma nicht heilen. Einen als Baby deprivierten Klienten auf einer alltäglichen Ebene zu streicheln und in den Arm zu nehmen kann angenehm und liebevoll gemeint sein, es bewirkt aber kaum etwas über den Moment hinaus. Das erwachsene psychische System kann die emotionale „Nahrung" nicht annehmen, die es im regressiven Zustand aufsaugt wie ein trockener Schwamm. Im Zustand der emotionalen Regression kann liebevolle Zuwendung therapeutisch sehr wirkungsvoll sein. Eine Bruchstelle im Selbst des Klienten, die der fernen Vergangenheit angehört und daher auf der Ebene des Alltagsbewußtseins nicht berührt werden kann, wird wieder zusammengefügt. Eine symbolische Befriedigung in der Regression kann große Energiebeträge, die jahrzehntelang verschlossen waren, in die Gegenwart holen und integrierbar machen. Die symbolische Befriedigung regressiver Bedürfnisse holt das Ur-Glück in die Welt, die begrabene Ahnung von einem erfüllten, befreiten, ekstatischen Sein. Wenn der Therapeut den Ur-Wunsch aufschließt und hilft, ihn in den Alltag zu transferieren, dann sucht der Wunsch sich dort Personen, mit denen er real gelebt werden kann.

Therapeutisch wirkungsvoll ist nur das, was hier jetzt gefühlt wird. Abgehobene Erkenntnisse und Einsichten bleiben meist folgenlos. Daher holen wir Vergangenheit und Zukunft sowie abwesende Personen durch gelenktes Phantasieren in die psychische Realität des Therapieraumes. Wir inszenieren alte Dramen und Zukunftsängste auf der Körperebene, wir holen den Partner, den Vorgesetzten, die Kinder, die Schwester oder den Kollegen in der Phantasie in die Therapie und arbeiten Konflikte mit ihm durch.

Einer meiner Klienten hatte nie an der Brust der Mutter getrunken, er mußte von Geburt an aus dem Fläschchen trinken. Seine Mutter hatte eine sehr schmerzhafte Brustdrüsenentzündung. Er hatte daher das Gestillt-Werden an der Brust nie erfahren. Nach zwei Jahren Therapie fühlte er sich während einer tiefen vegetotherapeutischen Arbeit als neugeborenes Kind, das mit aller Macht seiner Urerwartungen eine überwältigende Sehnsucht fühlte, auf dem Körper der Mutter zu liegen und an ihrer Brust zu trinken. Ich legte seinen Kopf auf meinen Bauch und schlug mein Hemd herauf, so daß er auf meiner bloßen Haut lag, und ließ ihn an der weichen Haut meiner Hüften saugen. Der Klient sah in diesem Moment genauso aus wie ein Säugling, er fühlte sich so an, er hielt seinen Körper so, hatte einen Gesichtsausdruck und gab Laute von sich wie ein Baby während des Stillens. Der Klient erlebte die Szene in seiner subjektiven Welt nicht mit mir als männlichem Therapeuten, sondern in aller Intensität als Trinken an der Brust der Mutter. Das Still-Erlebnis ging mit dem ekstatischen Gefühl eines „oralen Orgasmus" und einem anschließenden „ozeanischen" Alpha-Zustand einher. Der Klient fühlte sich, als ob er „in einem Meer von Energie baden würde", wie er später sagte. Diese Sitzung war eine Schlüsselszene im Therapieprozeß des Klienten. Sein vorher schier unstillbarer Hunger nach Nähe fand in den Monaten nach dieser Sitzung reale Erfüllung in seinen Beziehungen, vor allem im Kontakt mit seiner Freundin. Ich habe das regressive Urbedürfnis des Klienten nach der Mutter symbolisch befriedigt und damit das ewige Beharren seines Unbewußten auf etwas nicht mehr real Erreichbares im Nachhinein „gestillt". Er konnte erstmals fühlen, was er eigentlich brauchte, und es sich danach auch in einer Form holen, die ihm als Erwachsenem angemessen war.

Wenn der Klient in der therapeutischen Regression bekommt, was ihm in der Ursituation gefehlt hat, dann wendet sich retroflektierte (nach innen gerichtete) Energie wieder nach außen. Auf der Ebene der organischen Energiesteuerung stellen sich die Strömungsweichen neu. Die Lebensenergie findet heraus in die Welt. Das Selbst wächst.

Die Lebensgeschichte des Klienten darf jedoch durch Wunsch-Inszenierungen nicht mechanisch suggestiv verändert werden. Ein zudeckendes Vorgehen erzeugt lediglich eine Nachverdrängung, die das Trauma weiter in die Tiefe schiebt. Es legt einer aufdeckenden Arbeit, die irgendwann schließlich doch kommen muß, nur weitere Steine in den Weg. Ein Pflaster auf eine schmutzige Wunde zu kleben reicht nicht aus, damit sie heilen kann. Aber die Wunde bloß zu öffnen und zu hoffen, daß die Natur ihre Heilkraft schon entfalten wird, genügt oft auch nicht. Das Trauma braucht Öffnung, Reinigung, heilsame Kräuter und dann erst ein schützendes Pflaster.

Der Therapeut darf den Klienten nicht durch fortgesetzte Zufuhr von primärer Zusendung in einer regressiven Bindung an sich festhalten. Therapie ist keine Dauerprothese – wie ein künstliches Hüftgelenk – für zerstörte Anteile der Psyche. Der Therapeut muß frei und unabhängig genug sein, um den Klienten aus der intimen Übertragungsbindung wieder entlassen zu können. Das Tiefenselbst ist sehr regenerationsfähig, vergleichbar mit bestimmten Echsen und Würmern, die verlorene Gliedmaßen selbst nach schweren Verletzungen wieder neu bilden können. Die Information über das Erstrebte ist, ebenso wie die Fähigkeit zum Wachstum nie völlig zerstört. Wir koppeln uns in der Therapie an das *Urwissen* an, an die primäre Bedürftigkeit, an die inneren Erwartungsbilder, und entwickeln aus ihnen mit dem Klienten Entwürfe für ein gutes Leben in seinem heutigen Alltag.

Während einer Körper-Psychodrama-Sitzung fühlte sich eine Teilnehmerin einer von mir geleiteten Therapiegruppe in den Bauch ihrer Mutter zurückversetzt. Es war aber weiter möglich, mit ihrem erwachsen gebliebenen Ich-Anteil zu sprechen und Vereinbarungen zu treffen. Das Problem war: Die Klientin steckte in der Gebärmutter fest und wollte nicht herauskommen, obwohl ihre Geburt eigentlich längst „reif" war. Sie fühlte sich sehr beengt und wollte eigentlich heraus, aber sie weigerte sich beharrlich, geboren zu werden, weil es „draußen nicht warm genug" sei, wie sie sagte.

Diese Situation symbolisierte einen wichtigen Aspekt ihres Lebensdramas. Die Klientin hatte in der Therapie oftmals einen Zustand von „Ungeborenheit" beschrieben als das Gefühl „nicht richtig in der Welt anwesend" sein zu können. Sie fühlte sich „fremd unter allen Menschen". Sie wirkte oft abwesend, wie unerwünscht in der Realität. Die Kälte-Phantasie in der Geburtsarbeit symbolisierte wahrscheinlich, daß in der Familie keine ausreichend warmherzige, empfangende Atmosphäre für die Klientin geherrscht hatte. Wäre ich mit dieser Klientin bloß in das (schizoide) Trauma der mangelnden Nestwärme hineingegangen, dann hätte sie die Welt lediglich noch einmal so kalt und unheimlich erlebt wie damals, und an ihrer frühen Entscheidung, den emotionalen Kontakt mit der Realität fortan lieber zu meiden, hätte sich nichts geändert.

So versuchte ich stattdessen alles, um für die Klientin in der Regression eine befriedigende Atmosphäre außerhalb der „Gebärmutter" zu schaffen, in der sie sich willkommen fühlte, so daß sie diesmal auf eine angenehme, „stimmige" Weise geboren werden konnte. Ich bat die ganze Gruppe, für Wärme im unmittelbaren und symbolischen Sinne zu sorgen, und versuchte, als „gute Mutter" auf psychodramatische Weise ein warmes, weiches, empfangendes Nest für die Klientin herzustellen. Auf diese Weise entstand ein „Birth-Release", eine positive Geburt, ein Stück Erlösung und Versöhnung mit ihrer Vergangenheit, mit der Mutter, der Familie und der Welt schlechthin. Eine rein passiv-begleitende, kathartische Arbeit hätte in diesem Fall nur zu einer Re-Traumatisierung geführt, nicht zu einem transformatorischen Fortschritt. Als Baby war die Ur-Erwartung, auf der Welt freudig empfangen zu werden, frustriert worden. Die inszenierte symbolische Befriedigung dieses Bedürfnisses im Zustand der Regression wirkte heilend auf das Trauma. Ich mußte in dieser Sitzung eine genau stimmige „gute Welt" aufbauen, um das traumatische Muster zu transformieren und um einen katalytischen Entwicklungsschritt zu bewirken. Der Klient ist von seinen Introjekten besessen. Die alten Bilder und

Zuschreibungen der Eltern („Du bist egoistisch!", „Aus dir wird nie etwas werden!", „Du bist schuld, wenn ich leide!") werden durch Ausdrucksverbote im Körper festgehalten. Wenn das Verbotene virulent wird, dann symbolisiert es sich als Schreckgestalt. Der Klient fühlt sich als „schreckliches Kind", als Vampir, als Dämon, Teufel, Drache, Wolf, Hexe, Haifisch, Nazi oder Folterknecht. Die Energie der Aggressivität, die den Konflikt im Unbewußten festgenagelt hatte, wird in der Therapie dazu verwandt, das Introjekt aus dem Körper hinauszuwerfen. Wenn das dabei auftauchende Monster den Therapeuten nicht erschreckt, dann kann der Klient sich von monströsen Anteilen befreien und seine Selbstgrenze wieder von innen nach außen schieben. Der starre Abwehrpanzer verwandelt sich in eine flexible Kontaktgrenze zurück. Oft ähnelt eine solche Körpertherapiesitzung einer exorzistischen Beschwörung, in der nebulöse dunkle Mächte und die Geister der Verstorbenen aus dem Körper herausgetrieben werden.

Die alten Traumen sind oft umhüllt von „kognitiven Panzerungen", von unbewußt gewordenen neurotischen Verträgen mit den Eltern. In der Therapie werden die alten Schwüre ("Nie wird jemand mein Herz kriegen!", „Wenn ich mich zu Holz mache, kann niemand mich verletzen!", „Wenn ich dem Mann/ Papa meine Liebe zeige, fällt er über mich her!") darauf überprüft, ob sie noch adäquat sind. Sie können dann transformiert und durch eine bewußte Selbstbegrenzung ersetzt werden.

Es ist nicht immer nötig, die Ursituation in der Therapie direkt zu thematisieren. Oft wird das ursprüngliche Drama *implizit* bearbeitet, während es in gegenwärtigen Konfliktmustern oder Übertragungen des Klienten eingebunden ist. Einer meiner Klienten erzählte mir, daß er oft, wenn er mit seiner Freundin zusammen war, das Gefühl hatte, mit ihr zu „verschwimmen". Es kam ihm die Phantasie von zwei Flüssigkeiten, die sich untrennbar miteinander mischten, „wie wenn Rotwein und Weißwein sich zu Rosé vereinigen". Er habe mit seiner Freundin oft das Gefühl, seine Individualität gehe ihm verloren, und er wisse nicht mehr, wer er sei und wer sie sei. Während er mit das erzählte, lag er auf einer Matratze, und ich hielt seinen Kopf in meinen Händen, vorsichtig und schützend, so, wie man den Kopf eines Säuglings hält. Das Bewußtsein des Klienten war mit seiner Freundin beschäftigt, aber auf der Körperebene hatten meine Hände bereits ein viel früheres Interaktionsmuster mit seiner Mutter eingeführt. Auf der erwachsenen Ebene war ich der verstehende Therapeut, der ihm zuhörte, während er ein aktuelles Problem schilderte. Auf der regressiven Ebene dagegen war ich die Mutter, die ihn als Baby auf den Armen hielt. Die Mutter war in der Sitzung *implizit* präsent, auch wenn sie nicht bewußt auftauchte. Das Bild der zusammenfließenden Flüssigkeiten entsprach einer frühen, symbiotischen Phase der Ich-Entwicklung und der Mutterbeziehung, die durch meine regressionsfördernde Berührung mobilisiert worden war. Auf diese Weise konnte ein Zugang zu einem Bereich der Mutterproblematik des Klienten gebahnt werden, der seinem Bewußtseinszentrum noch ziemlich fern war. Er dachte an und sprach von seiner Freundin, aber er arbeitete faktisch schon an seiner Mutterbeziehung.

Durch die Schichten des Charakters

Wenn alte Traumen durchgearbeitet sind, dann eröffnen sich neue Kanäle zur Kernlust. Der Kontakt zu den lustvollen Strömungen in den Körpertiefen ist dann fühlbar als *Freude*, als lustvolle, prickelnde Dankbarkeit für das Leben. Der Freude an sich selbst entspricht im Kontakt mit anderen Menschen die Freude an der Begegnung, die als erfüllende und beglückende Strömung von Wärme und Zuneigung empfunden wird. Eine solche kernenergetische Verbindung mit dem Wunsch nach gegenseitiger Befruchtung ist *„Liebe"* in dem Sinne, von dem Fromm in der „Kunst des Liebens"spricht (Fromm 1980). Die Vertiefung der Liebesfähigkeit im existenziellen, personalen, erotischen, transzendenten wie sexuellen Sinn ist eine der wichtigsten Auswirkungen einer erfolgreichen Therapie.

In dem Umfang, wie der Panzer geschmolzen ist, kann der Klient auch sexuell verschmelzen. Je stabiler sein Selbst ist, umso höhere erotisch-sexuelle Ladungen kann es in sich halten. Die liebevolle sexuelle Verschmelzung ist die ergreifendste psycho-energetische Strömung, die es gibt. Wenn die Liebe dagegen in alten bösen Erfahrungen verstrickt ist, dann nehmen die Liebenden eine regressive Haltung zueinander ein. Sie sind einander Mutter und Vater, Bruder und Schwester, Tochter und Sohn, Herr und Knecht, Henker und Opfer. Die Beziehung ist „überbildet" mit alten Fixierungen, die energetische Strömung ist gehemmt. Statt einer erwachsenen Sehnsucht, statt reifem Austausch, Nähe, Geborgenheit, Gespräch, Liebe, Zärtlichkeit und erfüllter Sexualität fühlen sich die Liebenden als hungrige und hilflose Kinder oder als aufeinander gehetzte Kämpfer in einer unsichtbaren Arena und stülpen dem Partner ihre Übertragungs-Erwartungen über. Wenn die Ladung des Willens zu lieben in alten „Filmen" feststeckt, entsteht gerade am Ort des größten Glücks die größte Qual. In der intimen Nähe zum Geliebten wird der neurotisch Liebende regressiv. Die innige Nähe weckt Erinnerungen an die frühe Beziehung zu den Eltern. Seine Wünsche sind die eines Kindes, und sie stehen teilweise miteinander in Widerspruch. Es vermischen sich alte Wünsche aus verschiedenen Lebensaltern, und er sucht im Partner Mutter und Vater zugleich. Wenn man die Eltern wie in zwei großen Koffern mit sich herumschleppt, dann übt dieses Gewicht einen beträchtlichen Druck auf die Beziehung zum Partner aus.

Das Geheimnis einer glücklichen Beziehung besteht weniger darin, jemanden zu finden, in den man sich verlieben kann, sondern darin, die aufkeimende Liebe nicht kaputtzumachen. Das Problem, an dem die meisten Beziehungen scheitern, ist, daß die Partner nicht auf Dauer mit dem eigenen Schatten zurechtkommen, der sich im Partner spiegelt. Wenn sie mit ihren Projektionen kämpfen, sind sie nicht in der Lage, ein stimmiges, erwachsenes Verhältnis von Nähe und Distanz zu regulieren. Die Kunst des Liebens (die man niemals endgültig erlernt) besteht vor allem darin, einem anderen Menschen ganz nah zu sein und trotzdem man selbst zu bleiben.

Je mehr die animalische Seite der Sexualität verbunden ist mit einer liebevollen Beziehung, umso ekstatischer kann die sexuelle Vereinigung sein. Sexuelle Erfüllung ist nur möglich, so weit eine Person der Erregung erlauben kann, sie aufzuwühlen und zu durchrieseln. Es liegt weniger am Partner, ob die Sexualität erfüllend ist, sondern mehr an der Befreitheit der eigenen erotischen Potenz und der Integriertheit der Liebe mit der Sexualität. Wenn sich dieses gefährliche Glühen tief dort unten im Becken vereinigen kann mit der Wärme und Liebe im Herzen, sich ausdehnt, ein gemeinsames Feld und eine sich vereinigte Strömung bildet mit der Erregung des Partners, wenn beide eins werden und jeder gerade dadurch in sich selbst ruht und sich spürt, wenn inniglich zärtliche Worte der Liebe die Seelen und Körper verbinden, dann sind die Liebenden Tier und Engel zugleich, dann kommt die Libido „zur Welt". Sie kann pulsieren und sich wirklich entladen, ohne daß sich Überreste gestauter Lebendigkeit im Körper einnisten und ihn krank machen.

Die aus dem Kern hervordrängende, primäre Libido ist die Trägerin von Hingabe und Genuß. Die neurotische, sekundäre Form der Lebensenergie dagegen ist verbunden mit Schmerz, Wut und Leiden. Wenn wir uns in der Therapie durch die kompliziert verschachtelten Schichten der Abwehrmanöver hindurcharbeiten, dann verwandeln sich die psychischen Qualitäten:
- Chronisches Leiden wird zu akutem Schmerz,
- Schmerz wird zu Trauer,
- Trauer wird zu Berührtheit und zu intensivem Sich-Fühlen,
- Lüsternheit wird zu Lust,
- Wut wird zu Kraft,
- Angst wird zu neugieriger Erregung,
- Trotz wird zu Abgrenzung,
- Verschwommenheit wird zu Kontakt,
- Auflösung wird zu Öffnung.

Ent-bunden aus den neurotischen Kompromissen offenbart sich die Lebensenergie in ihrer ursprünglichen Gestalt. Die Neurose war doch nichts anderes als ein kindlicher Versuch, mit einem unerträglichen Leben fertig zu werden. Die abgewehrten, schrecklichen Gefühle sind nur die gegen das Selbst gerichteten Abkömmlinge der ursprünglichen Lebenskraft:

- Destruktive Wut ist hilflos geäußerte Kraft, also im Grunde die Mobilisierung von Energie, um eine Invasion abzuwehren oder ein Bedürfnisziel zu erreichen.
- Chronischer Schmerz ist eingekapselte Berührtheit, also ursprünglich eine betroffene Reaktion auf existenzielles Leid, etwa auf die traumatische Erkenntnis der unüberwindlichen Begrenztheit eines Elternteils.
- Chronischer Ekel ist die erstarrte Wahrnehmung von organischer oder psychischer Unzuträglichkeit, das heißt, eigentlich soll etwas darauf geprüft werden, ob es genießbar oder ungenießbar ist.
- Neurotische Angst war ursprünglich ein Versuch, sich vor einer realen Gefahr zurückzuziehen, also ein Warnsignal, das auf eine wirkliche Bedrohung hinwies.
- Aufgelöstheit und Diffusität ist eine außer Kontrolle geratene Form von energetischer Öffnung, also eigentlich ein Versuch der emotionalen Kontaktaufnahme.

Neurotisierte Emotionen weisen auf regressive Verstrickungen mit alten Objekten hin. Sie beziehen sich auf unbewußte Phantasien mit längst untergegangenen Beziehungen, und das Ich fühlt sich dann hilflos wegen seiner Fehlorientiertheit. Transformierte Emotionen stehen in erwachsenem Kontakt mit der Welt. Libido ist ent-bunden und umbesetzt. Das Ich ist handlungsfähig, denn es bezieht sich auf reale, aktuelle und damit erreichbare Personen.

Neurotisches Leiden entstand in der Kindheit dadurch, daß akutes Leiden abgewehrt wurde, weil es damals nicht verarbeitet und bewältigt werden konnte. Psychische Störungen entstehen durch eingeklemmten Schmerz, aus der Unfähigkeit, schreckliche Gefühle durch das ganze Sein hindurchströmen zu lassen, sei es, weil die Tragfähigkeit der Persönlichkeit damals noch unentwickelt war, sei es, weil der zu ertragende Schmerz überwältigend war. Die Abwehr von vermeintlich noch immer unerträglichem Leiden hält die Neurose aktuell aufrecht. Statt das akute Leiden zu durchleben und auf natürliche Weise zu verarbeiten, richtet man sich in chronischem Leiden ein. Chronisches Leiden entsteht aus dem Versuch, akutes Leiden nicht zu fühlen. Aus dem Selbstschutz vor einer realen Bedrohung entsteht eine Kontaktstörung. Das symptomatische, neurotische Leiden wird im Kauf genommen, um dem Urtrauma zu entfliehen. Aber gerade dadurch führt das „Schicksal"

Abb. 32: „Schrecken - gefesselt"

(das heißt, der Wiederholungszwang) immer wieder in das Urtrauma hinein. Wir suchen den alten Schmerz, wo er in Symptomen und Vermeidungen eingekapselt steckt, und machen ihn virulent. Wir leiten die Klienten durch die Erfahrung, daß der alte Schmerz nun mit ihrer gereiften Persönlichkeit in Begleitung und mit dem Schutz des Therapeuten ertragen, durchlebt und verarbeitet werden kann. Kathartische Therapie ähnelt dem Prinzip einer homöopathischen Behandlung: die alten, akuten Krankheiten, die sich unter einer chronischen Störung verbergen, werden aktualisiert und nun ohne neuerliche Abwehrmanöver bewußt durchlebt. Dem chronischen Leiden wird die Abwehrgrundlage entzogen, und dadurch wird es geheilt.

Wenn das Ich des Klienten zu schwach oder die Ladung des Traumas zu hoch ist, dann kann der Therapeut mit den nicht-provokativen Methoden arbeiten, die Gerda Boyesen entwickelt hat. Durch Stethoskop-Massage oder andere Techniken ist es möglich, gestaute Energie am Bewußtsein vorbei über die „vegetative Entladung nach innen" abzubauen. Der Transformationsprozeß wird dadurch behutsamer. An die Stelle der Katharsis tritt ein sanftes Schmelzen, das die Integrationsfähigkeit des Klienten nicht überfordert.

In seinem Transformationsprozeß entdeckt der Klient, daß im psychischen Schmerz ein großes Quantum an Lust steckt, die unter hohem Druck im Körper eingesperrt war, weil sie sich weit zurückziehen mußte. Wenn Wärme sich konzentriert, entsteht Hitze. Wenn Hitze komprimiert und eingesperrt wird, entsteht Schmerz. Wenn psychischer Schmerz sich befreien kann, wird daraus zunächst ein heißes Strömen von Trauer oder Wut, und darin steckt schon die Liebe für das Betrauerte oder Attackierte und die Sehnsucht nach dem Neuen, Unbekannten. Neurotische Angst ist immer auch die Angst vor der Lust. Lust ist in unserer anti-ekstatischen Kultur das Gefährlichste und am meisten Unterdrückte, weil sie sich nur in *Freiheit* entfalten kann. Um die Lust wirklich zu befreien, muß der ganze Mensch befreit sein, und das geht an die Grundfesten dieser Gesellschaft.

Im therapeutischen Prozeß kann sich auch der Körper auf subtile oder dramatische Weise verändern. Veränderungen können an der Körperhaltung, der Hautreinheit und -farbe, dem Ausdruck des Gesichtes und der Augen, den Bewegungen, dem Körpergewicht, der Körperhaltung, dem Tonus der Muskulatur, der Struktur und der Durchblutung der Gewebe oder dem Glanz der Haare wahrnehmbar sein.

Die eingefahrenen Geleise der neurotischen Muster zu verlassen ist ein aufregendes Abenteuer, das erregt und verunsichert. Therapeutisches Wachstum bedeutet auch, daß die Erregungstoleranz wächst. Der Klient kann immer größere Mengen von Lebensenergie erfahren und realisieren, ohne vor ihnen in alte Abwehrmuster zu flüchten. Er kann immer größere äußere und innere Unsicherheiten ertragen, ohne auf alte, neurotische Mechanismen der psychischen Stabilisierung zurückgreifen zu müssen.

Wie eine Körpertherapie verläuft

In der Therapie wandelt sich die körperenergetische Dynamik des Klienten, seine Lebens- und Weltsicht und die Beziehung zum Therapeuten über mehrere Zwischenschritte grundlegend um.

Bettina Schroeter unterscheidet fünf Phasen des langfristigen biodynamischen Therapieverlaufs, die ich hier kurz referieren möchte (Schroeter 1990):

1. *Vertrauen gewinnen:*
Die therapeutische Beziehung beginnt in der Regel mit vielerlei Maskenspielen und Fassaden. Der Klient trägt Masken, die sehr fest sitzen und die er nie abnimmt, so daß er selbst nicht weiß, daß es welche sind. Er ist zu Beginn der Therapie stark verunsichert. Er versucht, die ungewohnte Situation, deren Regeln er noch nicht durchschaut, mit Hilfe seiner gewohnten Beziehungsspiele zu kontrollieren. Weil er nichts anderes zur Verfügung hat, versucht er, sein alltägliches Verhalten in die Therapiesituation hinüberzunehmen, auch seine Kopfigkeit, Überkontrolliertheit, seine kleinen Manipulationen, Verschleierungen und Giftigkeiten.

Der Klient kommt meistens in einem Stadium in die Therapie, in dem seine neurotische Balance in eine Krise geraten ist. Er erlebt sich als Opfer der Verhältnisse oder seiner Vergangenheit und die Welt als feindlich oder hoffnungslos.

Zu Beginn der Therapie geht es vor allem darum, zur inneren Welt und zum Therapeuten Kontakt und Vertrauen zu gewinnen und seine eigene Körperlichkeit kennenzulernen.

Nach einer Weile wird der Klient sich bewußt, daß hinter den Masken tiefere Gefühlsschichten sitzen, und riskiert es, sie zuzulassen und auszudrücken.

2. *Begegnung mit dem Schatten:*
Nach einigen Stunden oder nach einem Jahr, wenn das Vertrauen zum Therapeuten gewachsen ist, traut sich aus dem Schatten des Klienten ein erstes kleines Teufelchen kichernd hervor. Und wenn es nicht gleich verschreckt wird, dann kommen allmählich immer größere und bedrohlichere Brocken. Der Klient kämpft und ist zerrissen. Er vernichtet vielleicht symbolisch, was er am meisten liebt, und verliebt sich in das, was er immer am meisten gehaßt hat.

Lieb gewonnene Vorstellungen darüber, wie es als Kind mit Mama und Papa war, geraten ins Wanken. Es melden sich zurückgehaltene aggressive Impulse. Der Klient belebt sein gegen alle Einschränkungen protestierendes inneres Kind, er identifiziert sich mit dem „Rebell".

Wie aus Wasserlöchern in seinem Innern, die zuerst leer sind und in die dann allmählich aus dem Untergrund etwas hineinsickert, tauchen Abgesandte des Unbewußten auf, und die Schatten spielen zum Tanz auf. Der Klient wird verwirrt zwischen Liebe und Haß, zwischen Trauer und Bedürftigkeit, Altem und Neuem, Traum und Realität, Schmerz und Lust, Fülle und Nichts. Im Schatten ist die Orientierung nicht besonders gut. Es ist dunkel, es fehlt das Licht der Bewußtheit. Das Nicht-Wissen und die Empfindung von Desorientiertheit ist ein spezifisches Kennzeichen des Schattens.

Aber im Schatten fühlt der Klient auch gehaltene Kraft. Dort liegen verbotene Wünsche und zurückgehaltene Impulse verborgen, in denen viel Energie verscharrt ist. Die Mischung aus dem Drängen der mobilisierten Energie und der mangelnden Orientierung erzeugt die Verunsicherung einer emotionalen Krise. Der Therapeut hat in dieser Phase am ehesten die Rolle einer erlaubenden, *alle* Gefühle bestätigenden, gewährenden Instanz. Es steht meistens die positive Übertragung und eine starke emotionale Abhängigkeit zum Therapeuten im Vordergrund. Viele Klienten fühlen etwas wie: „Nur hier ist es mir erlaubt, alle meine Gefühle zu empfinden und auszudrücken!"

In dieser Phase denkt der Klient oft, alles sei möglich, und unterschätzt die Schwierigkeit, die neuen Einsichten in seinem tagtäglichen Alltag zu realisieren und zu verkörpern. Zuerst kommen eher negative Emotionen nach oben, die, wenn sie sich frei ausdrücken durften und durchgearbeitet sind, den Zugang zu tieferen Schichten freigeben, zu den eher positiven, strömenden Gefühlen.

3. Vom Kampf zum Kern:

Und dann, zuerst ganz unverhofft, ist der Klient im Laufe einer Sitzung für Momente wie befreit. Dann leuchtet in seinen Augen eine Harmonie und eine Weichheit auf, die ihn strahlen läßt. Im Kontakt mit dem Kern sieht die Welt schöner aus, und er hat die Menschen lieber. Für Augenblicke sieht das Gleiten seiner Bewegungen nach dem aus, der er schon immer war - bevor er prompt wieder in die alten Gleise zurückfällt.

Der Klient möchte in dieser Phase in den Sitzungen aktiv, gezielt und eigenverantwortlich etwas erforschen, er hat klare Impulse, woran und wie er arbeiten möchte. Er beobachtet sich im Alltag, experimentiert mit neuen Schritten und beginnt zu verstehen, wie er alltägliche Probleme und Konfrontationen mit erzeugt.

Der Prozeß konzentriert sich mehr und mehr auf *einen* Kernkonflikt, der im Zentrum der Charakterstruktur des Klienten steht. Das Urtrauma entfaltet sich. Je näher die Arbeit dem Kern kommt, umso heftiger meldet sich der Widerstand. Der Klient hat das Gefühl, in einem unentwirrbaren Knäuel zu stecken. Die Pulsation der Lebendigkeit und die Kraft des Gegenstemmens halten sich die Waage, als gälte es, die letzte Bastion der Abwehr zu verteidigen.

An diesem Punkt kann die Arbeit über weite Strecken zäh und mühsam werden, und nur noch millimeterweise voranschreiten. Der Anfangs-enthusiasmus wird durch einen Wechsel zwischen Durchbruchs- und Stockungsphasen abgelöst. Zu dem Wunsch nach Veränderung und nach tiefem Erleben kommt eine verstärkte Angst vor Auflösung. Diese Phase bedeutet eine Geduldsprobe für den Therapeuten, da die Erlösung oft so nahe und einfach erscheint und dennoch nicht errungen werden kann. Der Therapeut kann annehmend und konfrontativ zugleich sein. Kathartische und meditative Arbeit wechseln einander ab.

Die Übertragung zum Therapeuten wird offen ambivalent. Positive und negative Übertragungen sind miteinander vermischt. Mit der negativen Übertragung tauchen Impulse auf, die Therapie abzubrechen. Es gibt Phasen von Abwehr gegen Therapie überhaupt sowie Mißtrauensschübe und Ent-täuschung über die Unzulänglichkeiten des Therapeuten.

Es entfaltet sich die ödipale Dynamik. Der Klient wünscht sich Liebe und Versöhnung und möchte als inneres Kind *und* als Erwachsener sein Herz öffnen. Er gewinnt vermehrt Einsicht in die Begrenztheit seiner Eltern. Die primären Impulse wie Liebe und Lust werden direkt fühlbar.

4. Transformation:

Es folgt ein nie beendeter Übergangsprozeß von Konfliktorientiertheit zu Liebe und Freude, von der Schwere zum Lachen, ein stabilisierter Eintritt in die Welt der Herzgefühle und verstärkte Orientierung an der Intuition im Alltag. Dies geht oft mit einem Umbruch der Wert- und Glaubenssysteme einher. Therapie wird von einer anstrengenden Arbeit an sich selbst zu einem hilfreichen Geleit bei den Wandlungen des Lebens. An die Stelle der Katharsis tritt das Containment. Jetzt ist psycho-orgastische Arbeit mit Lust und sexueller Energie besonders fruchtbar.

Der Therapeut wird zum Begleiter eines selbstverantwortlichen Individuationsprozesses. Er überläßt die Initiative weitgehend dem Klienten. Regressive Arbeit an lebensgeschichtlichen Konflikten tritt in den Hintergrund. Es geht eher um Sinnfindung, um existenzielle Orientierung, um Leitsymbole des Lebens sowie um Frau-Sein und Mann-Sein und um die Gestaltung der

Beziehungen der Geschlechter in einem erwachsenen Sinn. Der Klient entdeckt neue oder alte Talente und Fähigkeiten und Möglichkeiten ihrer Realisierung. Es beschäftigt ihn, was seine Aufgabe im Leben ist. Er wendet sich vom Kreisen um seine eigenen Schwierigkeiten hin zur Welt, zu Engagement, Mitgefühl und Menschlichkeit.

Der Klient identifiziert sich mit seinem kreativen freien Willen. Er übernimmt Verantwortung für seine Entscheidungen und zieht seine Grenzen klarer. Er kann seinen Eltern verzeihen, sich mit ihnen versöhnen und sich bedanken für das, was er von ihnen bekommen hat. Er wird sich bewußter, wie er sein Leben, seine Gefühle und seine Beziehungen aktiv gestaltet.

5. Abschluß:

Wenn der Kontakt zu der primären, positiven Ebene mehr oder weniger stabil und ohne Intervention des Therapeuten erreichbar ist, nicht nur momentan, sondern als durchgängiges Existenzgefühl, dann kann die Therapie beendet werden, dann kann etwas anderes kommen.

Ein „Auspulsieren", eine organische Beendigung der Therapie ist oft besser als ein abrupter Schluß. Der Abschluß ist ein eigener Prozeß, der Wochen, Monate oder Jahre dauern und alle Probleme des Anfangs von neuem aufwerfen kann.

Die Übertragung sollte soweit durchgearbeitet und gelöst sein, daß der Klient den Therapeuten als realen Menschen sehen kann und daß sich beide ohne Beklommenheit auf der Straße begegnen können.

Die letzten Sitzungen sind einem kreativen Abschied sowie dem Rückblick und Ausblick gewidmet. Und dann sich bedanken und verabschieden!

Einen ähnlichen Verlauf wie in diesen fünf Phasen gibt es auch in jeder einzelnen Therapiestunde. Der Klient kommt herein und ist noch mehr oder weniger von sich selbst distanziert. Er berichtet etwas, was er erlebt oder gedacht hat, und ist dabei eher im Kopf. Dann beginnt er, Kontakt zum Körper und den Emotionen aufzunehmen. Er geht in den Schatten. Durch die therapeutische Arbeit wird etwas von seiner Verstricktheit durchdrungen, und es entsteht ein Kontakt zu den positiven Wünschen und Gefühlen. Ein Stein in der Mauer hat sich gelockert, eine Angst ist angeschaut, ein Strom ist angezapft, eine Illusion ist in Frage gestellt - viele sind geblieben. Am Ende der Stunde ist der Klient wieder auf der Alltagsebene angekommen, hat aber einen inneren „Draht" zu seinem Kern behalten. Er fühlt noch etwas von der Kern-Ebene und nimmt es mit nach Hause.

Dieser (idealtypische) Prozeß wiederholt sich viele Male, in jeder Stunde von neuem. Der Klient gräbt immer tiefer und kennt schließlich den Weg die Leiter hinunter und herauf von allein. Die Innenwelt ist integrierter geworden, die abgespaltenen Anteile sind aufeinander zugerückt, die Spannung zwischen dem Bewußtsein und dem Unbewußten hat abgenommen. Ausgestanzte Anteile der Persönlichkeit sind wieder eingefügt. Der Klient hat gelernt, sich mehr so zu nehmen, wie er im Wesen ist, mit der realen Welt besser fertig zu werden und sich in ihr zu freuen. Inneres und Äußeres passen besser zusammen.

Der „Kern" ist kein statisches Etwas wie der Kern einer Kirsche, sondern eine stetig fließende Quelle, aus der lebendige Bewegung kommt. Die Kern-Schicht ist kein zeitloses Paradies, das ein für allemal zurückerobert werden kann, und auch kein Standpunkt, auf den man sich per Willensakt stellen kann, sondern eine Bewegungsrichtung, die auf immer erfüllter werdendes Sein hinweist. Die Gefühle von Offenheit, Friede, Dankbarkeit und Liebe am Ende einer tiefen körpertherapeutischen Sitzung wie gegen Ende einer Therapie entstehen von innen heraus, wenn die Atmosphäre dafür geschaffen ist. Der Therapieprozeß als Ganzes strebt diesem Zustand zu, aber Leid, Schmerz und Destruktivität können nicht ganz vernichtet und nur zum Teil transformiert werden.

Ein endgültiges Ende allen Leidens, ein immer gradliniges Leben und einen dauernd wolkenlosen Himmel wird es nicht geben. Wir versprechen unseren Klienten keinen Rosengarten.

Das „Leben aus dem Kern" kann nicht erarbeitet werden wie die allgemeine Hochschulreife. Es ist der „Weg" im taoistischen Sinn: der endlose Lebensweg in die Wunder der Existenz hinein. „Leben aus der Tiefe" bedeutet ein ständiges Ringen mit sich und der Welt, aber ein *freudiges*, ein Fragen und Streben nach Wahrheit und Authentizität.

Die Freiheit zur Entscheidung

Freud hat gezeigt, daß die Reichweite unseres Willens begrenzt ist. Wir sind auf das Unbewußte geworfen. Wir werden in großem Umfang durch die Dynamik von Bereichen gelenkt, die wir nicht kennen. (Der unter Schizophrenen verbreitete Wahn, von irgendwo her mit Hilfe von Sendern oder per Telepathie gesteuert zu werden, gibt uns ein einprägsames Bild davon.) Freud entwickelte daraus einen therapeutischen Ansatz, der zur Grundlage der verstehenden Psychologie überhaupt wurde: den Versuch, Unbewußtes bewußt zu machen und dadurch die Person zu ihrer Ganzheit zu führen.

Das Primat des Willens, das die Psychologie vor Freud bestimmt hatte, führte entweder zu schlichtem Unverständnis gegenüber psychischem Leiden, zur Biologisierung oder zu einer Ideologie der schuldhaften Verursachung. Wenn der Mensch ein nur willensbestimmtes Wesen ist, dann ist er für alle Störungen und für all sein Leiden selbst verantwortlich - oder mit seinem Stoffwechsel muß etwas nicht stimmen. Das psychische Leiden wird zu einer Frage des moralischen Verhaltens oder zu einem biologischen Defekt. Psychisches Leiden wird zur medizinischen Krankheit oder zur „Moral Disorder". (Anklänge zu einer Wiederauflage dieser Anschauung sind in der wieder einmal modisch gewordenen Ideologie des „positiven Denkens" zu sehen sowie in der verkürzten Ansicht, jeder sei im Grunde für sein Leiden selbst verantwortlich.)

Die Pioniere des Unbewußten in der Nachfolge von Freud fanden bestätigt, daß der Mensch dem Unbewußten hingegeben ist, daß er nicht anders kann, als von ihm determiniert zu sein. Wenn unbewußte Ambivalenzen verstanden, durchgearbeitet und integriert sind, dann kann man sich damit anfreunden und seine Innenwelt harmonisieren. Jede willensfreie Entscheidung wird aufgrund von psychophysischen Konstellationen gefällt, die selbst nicht der Willensfreiheit unterliegen.

Den Gegenpol zu Freuds Anschauung finden wir in Sartres existenzialistischer „Philosophie der Wahl". Sartres Anschauung basiert darauf, daß der Mensch um seine existenzielle Verantwortung nicht herum kommt. Er bestimmt durch freie Entscheidungen jederzeit seinen Lebensweg. Von jedem Moment des Lebens gehen strahlenförmig unendlich viele Möglichkeiten der Lebensgestaltung aus, die in freier Entscheidung gewählt oder verworfen werden können. Selbst einer Einziehung zum Militär im Kriegsfalle, sagt Sartre, könne sich ein Mensch entziehen - wenn alle anderen Mittel versagen, dann bleibt der Selbstmord. Tut er das nicht, dann hat er gewählt, seine eigene Haut (zumindest vorübergehend) zu retten und nicht die der „Feinde", die er dann vielleicht gezwungen ist zu töten. (Sartre hat dies während des Zweiten Weltkrieges geschrieben.) Der einzelne sei niemals vollständig determiniert. Er wird ständig ein anderer, ein neuer. Er sei letztlich existenziell frei in seinen Entscheidungen. Niemand, auch der Weiseste nicht, könne mit Sicherheit sagen, was ein Mensch in zehn Minuten tun werde. Man kann immer auch anders sein, auch so, wie man noch niemals war.

Die Anschauung Sartres blickt nicht zurück, sondern nach vorne. Sie „analysiert" nicht die Determiniertheit des einzelnen durch die Vergangenheit, sie fordert seine Verantwortlichkeit für das, was er aus sich macht.

Ich muß an den alten Witz von dem pfiffigen Alkoholiker denken, der einem jungen Psychologen in einer Beratungsstelle gegenübersaß und betonte, für ihn sei alles zu spät, der Zug sei abgefahren, bei ihm gebe es nichts mehr zu retten. Als der Psychologe ihm daraufhin freundlich und einfühlsam Mut zusprechen wollte und sagte: „Wissen sie nach meiner Erfahrung ist es wirklich nie für jemanden zu spät", da antwortet der Alkoholiker: „Naja, dann hab ich ja noch Zeit." Wer zu sehr darauf pocht, daß er nicht anders sein kann, als er ist, weil er durch seine Vergangenheit geprägt ist, benutzt die „Umstände" als Legitimation, wo verantwortliche Entscheidungen gefordert wären.

Die Theorie des Unbewußten und die Philosophie der Wahl müssen nicht in einen ausschließenden Gegensatz gestellt werden. Die alten Muster stecken tief in unserem Unbewußten und unserem Körper, ob sie uns gefallen oder nicht. Trotzdem wird es mit zunehmendem Alter mehr und mehr zu einer billigen Legitimation, immer wieder bloß die Eltern, objektive Zwänge und eine schlimme Kindheit dafür verantwortlich zu machen, wie man ist. Der bloße Verweis auf die Vergangenheit führt zu einem unendlichen Regreß, der den einzelnen seiner Verantwortung enthebt. Wir haben inzwischen so viele Fähigkeiten erworben, daß wir die Verantwortung für unser Leben selbst tragen, auch wenn wir sie manchmal liebend gerne delegieren würden. Wir *sind* determiniert aus dem Unbewußten und *dennoch* frei. Die Spannung dieses Widerspruches bestimmt unser Leben. Sie ermöglicht überhaupt erst die Dialektik der therapeutischen Selbstverwandlung. Wären wir nicht auch aus dem Unbewußten bestimmt, so wäre Therapie unnötig. Wenn wir nicht auch willensfrei wären, dann würde die Entscheidung zur Therapie nicht gefällt.

Oft ist das Ringen des Klienten um Entscheidungen eine Abwehr dagegen, sich von seinen Kern-Gefühlen leiten zu lassen. Vor schier unlösbaren Entscheidungen stehen wir nämlich immer dann, wenn wir *innerlich* ambivalent sind, wenn verschiedene Identifikationen miteinander in Kampf stehen. Wir haben dann das Gefühl, durch eine Entweder-Oder-Entscheidung aus der Falle entkommen zu müssen, aber wir fühlen uns nicht in der Lage, eine Wahl zu treffen. Wenn solche inneren Konflikte durch eine vorschnelle Kopf-Entscheidung gelöst werden, dann führt das immer in einen faulen Kompromiß, weil eine Seite der Ambivalenz verdrängt werden muß. Hier kann der Therapeut den Klienten bewußt eine Weile im Spaltraum *zwischen* den Alternativen festhalten, damit er seine innere Zerrissenheit wirklich fühlt. Die faktische Entscheidung wird dann erst später und nicht aus dem Kopf gefällt, sie kommt von weiter unten.

In rigiden Regionen seines Selbst neigt der Klient dazu, Entscheidungen vorschnell wie Säbelhiebe zu fällen und fortan eisern an ihnen festzuhalten. In Bereichen von Ich-Schwäche dagegen neigt er dazu, Entscheidungen zu verweigern oder zu delegieren. Wenn frühe Anteile aktiviert sind, kann sich der Klient nicht aufraffen, seinen Lebensweg selbst zu bestimmen, selbst wenn er unter massiven äußeren Entscheidungsdruck kommt. Er verharrt in einer regressiven Haltung und beschwert sich nur hinterher über das Resultat, wenn die Wahl inzwischen von anderen getroffen worden ist. Solche Klienten kann der Therapeut ermutigen, sich festzulegen und ihre Wünsche klar zu formulieren.

Wenn wir „im Fluß" sind, haben wir gar nicht das Gefühl Entscheidungen zu fällen. *ES* geschieht einfach - fraglos - und es ist gut so. Zu Zeiten, wo wir an die Stömungen der Libido angekoppelt sind, handeln wir intuitiv und mit uns selbst identisch. Wir müssen nicht an jeder Straßenecke grübeln, ob wir rechts oder links lang gehen wollen. Wir haben die Richtung im Bauch und gehen den Weg fast von selbst.

Oft aber ist der Weg nicht so deutlich sichtbar. Wir erleben einen inneren Richtungsstreit, den wir früher oder später mit unserem freien Willen lösen, indem wir den Weg auswählen, den wir dann tatsächlich gehen. Auch Passivität und Entscheidungsunfähigkeit geht in diesem Sinne auf eine Wahl zurück, nämlich auf die, keine Entscheidung zu fällen.

Jeder einzelne ist in seine Existenz geworfen. Er ist geprägt durch Ereignisse und Beziehungen seiner Vergangenheit, die er nicht allein zu verantworten hat, und sieht sich Verhältnissen ausgesetzt, die er allein nicht ändern kann. Aber *innerhalb* dieser Verhältnisse trifft er unentwegt Entscheidungen, die seinen weiteren Lebensweg bestimmen. Er ist in einer Familienkonstellation aufgewachsen, auf die er kaum Einfluß hatte. Aber hier und jetzt kann er die Residuen der alten familiären Bindungen *verarbeiten* und darüber hinaus wachsen oder sich mit ihnen zufrieden geben und ihnen erliegen.

Der einzelne *wählt*, was er tut, zu seinem (vermeintlichen oder tatsächlichen) Vorteil. Er könnte eine unglückliche Beziehung aufgeben und neue Kontakte knüpfen - auch wenn es ihm schwerfällt. Er könnte seine Arbeit an den Nagel hängen und ein Jahr von Sozialhilfe leben, ins Ausland gehen, drei Monate mit dem Fahrrad durch Afrika fahren, anfangen zu meditieren oder Aikido zu lernen, eine neue Ausbildung anfangen, Fallschirmspringen lernen oder mit seiner Familie aufs Land ziehen.

Therapie kann Knoten lösen, die den Klienten an die Vergangenheit fesseln. Therapie ist somit anti-deterministisch, sie lockert alte Zwänge und legt Wahlmöglichkeiten frei.

Die Möglichkeiten, die eigene Existenz frei zu gestalten, sind heute vielfältiger als je zuvor. Die Bindungen an einen bestimmten Ort, einen Partner, eine Familie, einen Beruf, einen sozialen Stand oder ein soziales Umfeld sind so locker wie nie zuvor in der Geschichte. Freiheit ist möglich! Doch mit dieser sozialgeschichtlichen Individuation kommt auch ein Stück soziale

Entwurzelung, die die Suche nach sich selbst und nach dem eigenen Standort in der Welt oft überhaupt erst erforderlich macht.

„Wir sind dazu verurteilt, frei zu sein!" (J.P. Sartre)

Existenzielle Entscheidungen eines einzelnen ändern die Welt nicht, aber man kann in dieser Welt auf viele verschiedene Weisen leben. Und wenn viele einzelne sich einer überkommenen Ordnung entziehen, dann wird die soziale Ordnung mürbe und zerbröselt in etwas anderes hinein (wie es die antistalinistische Bewegung im Osten gerade vorführt). Wenn viele nach ihren wahren Bedürfnissen suchen, ist die Welt nicht mehr die gleiche. Wer solche existenziellen Entscheidungen nicht zu fällen wagt, weil er sich keinem Risiko stellen will, und daher im Alten verhaftet bleibt, der hat seine (konservative) Wahl schon getroffen.

Therapie bedeutet die Befreiung von unbewußten Zwängen. Dadurch wird der Klient in Bereichen, die vorher neurotisch determiniert waren, zur freien Wahl überhaupt erst befähigt.

Wachstum und Heilung sind *auch* ein Willensakt. Die Möglichkeit des Therapeuten zu helfen geht maximal so weit, wie der Klient seine eigene Kraft einsetzt. Wenn der Klient in der Therapie ein altes Muster erkannt hat, unter dem er leidet, in dem er sich aber noch sicher und geborgen fühlt, dann erfordert es Mut zu einem Sprung aus dem Muster heraus, um neue Wege zu erproben. Manchmal kann die Lehre von den frühen Prägungen, die aus der Psychoanalyse in das Alltagsbewußtsein gesickert ist, als Rationalisierung dafür dienen, im frustrierenden Alten stecken zu bleiben ("Ich kann einfach nicht anders, das ist eben meine Abwehr."). Hier fehlt die Orientierung an der *Finalität*, es fehlt das willentliche Ansteuern eines Zieles, der Einsatz von Willenskraft, um sich an den eigenen Schnürsenkeln aus dem Sumpf zu ziehen.

Aber die Selbstbemeisterung kann auch zwanghaft werden. Wenn sich jemand pausenlos „bemüht" und gar nicht mehr dazu kommt, zu sein, wie er ist, dann fehlt ihm Hingabe und Natürlichkeit. Wer sich *übertrieben* bemüht, anders zu werden und voranzukommen, haftet meist an normativen Rollenbildern und versucht, sein Ich-Ideal zu agieren. Die alte buddhistische These vom „Nicht-Anhaften" lehrt, daß „Begierde" die Ursache allen Leidens sei. Das Leiden hört auf, wenn das Anhaften an falsche Bilder endet. Wenn wir vom Haften an flüchtige Ziele zum Ruhen im Kern kommen, wenn wir vom „Haben" zum „Sein" gelangen, dann löst sich der Willenskrampf und wir kommen unserer a-priori-Vollständigkeit näher. (Fromm 1979)

Der Weg des selbstverantwortlichen Bemühens durch bewußtes, ziel-

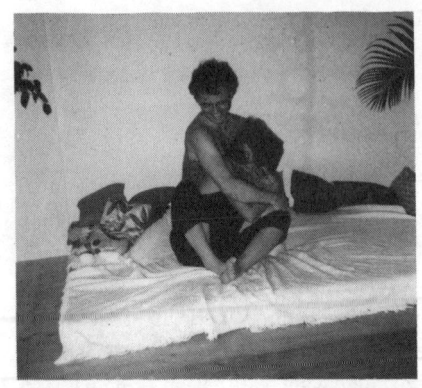

Abb. 33-35: Biodramatische Inszenierung: Befreiung aus einem „Käfig"

gerichtetes Handeln wurde im Osten vom Yoga beschritten, der aus der hinduistischen Tradition Indiens kommt. Der Yogi übt etwa Methoden der Atemkontrolle (Pranayama) oder bestimmte Körperhaltungen, die den körperlichen Energiefluß verändern (Asanas). Der Weg des „Nicht-Handelns" findet sich in der taoistischen Tradition Chinas, die später in den japanischen Zen eingegangen ist. Der Zen- Bogenschütze entspannt seinen Willen und läßt den Pfeil sich genau dann vom Bogen lösen, wenn es von selbst geschieht.

Transformation kann nicht erzwungen, aber auch nicht konsumiert werden. Der Klient muß sich mit sich selbst konfrontieren und die alten Kämpfe in seinem Innern mutig ausfechten. Viele Klienten erwarten anfangs von einer Therapie einen Veränderungsprozeß wie bei einem Zahnarzt: Der Patient setzt sich still hin, der Zahnarzt bohrt, es tut vielleicht ein bißchen weh, dann ist der Zahn wieder okay. Sie stellen sich psychisches Wachstum als von außen vorgenommene Operation vor, ohne selbst arbeiten zu müssen, am liebsten mit örtlicher Betäubung. Die Erwartung einer passiv konsumierbaren Veränderung der Seele ist jedoch nur eine biedere Illusion, die ganz unserer Shopping-Kultur entspricht.

In einer tiefenpsychologischen Therapie geschieht etwas grundlegend anderes. Es ist so erstaunlich und prinzipiell, daß der Klient lange Zeit braucht, um zu begreifen, wohin der Wind weht. Es ist nämlich keineswegs so, daß der Klient nur Vergessenes erinnern, Gefühle ausdrücken oder etwas bestimmtes in seinem Alltag anders zu machen braucht. Vielmehr wird die Therapie nur dann erfolgreich sein, wenn sich der Klient im Kern seiner Identität verwandelt. Er kann tatsächlich ein *anderer Mensch* werden.

Nur wenn und insoweit der Klient die Selbstumwandlung seiner Person *geschehen lassen* kann, *und* diese Verwandlung *aktiv* anstrebt, wird die Therapie für ihn erfolgreich sein. Ein geringerer Einsatz wird zu keinem wesentlichen Fortschritt in der Therapie führen. Die Umgestaltung der Identität wird durch den Leidensdruck des Klienten angetrieben. Sie wird vom Therapeuten geduldig begleitet, ab und zu angestoßen und nach Möglichkeit gefördert. Und sie braucht Zeit.

Der Klient muß seine Selbstverwandlung bewußt und aktiv wollen. Er muß sich aber auch mit allmählich entstehendem und wachsendem Vertrauen seinen inneren Impulsen mehr und mehr „hinzugeben" lernen. Aktivität und Passivität, Handeln und Hingabe sind kein Widerspruch, sie gehören zusammen. Der Klient muß sich auf das Pferd setzen, damit es ihn trägt. Er muß die Segel setzen, damit der Wind hineingreifen kann. Er muß den Mut haben, sich einzulassen, um zu sehen, was geschieht. Ein Widerspruch zwischen Tun und Geschehen-Lassen entsteht nur dort, wo das Bewußtsein und das Unbewußte miteinander im Streit liegen. Ohne die Bereitschaft des Klienten zu Hingabe/ Aktivität ist der Therapeut letztlich machtlos.

Die Therapie ist ein kooperativer Prozeß, der weder durch die Aktivität des Therapeuten noch durch die des Klienten allein weiterkommt. Der Klient kann den Therapieprozeß ohne Weiteres durch Totalwiderstand lahmlegen und sich selbst wie den Therapeuten damit kastrieren. Der Therapeut kann und muß daher vom Klienten verlangen, daß er seine Motivation klar und deutlich zum Ausdruck bringt und in der Therapie „für sich sorgt". Wenn der Klient heimlich erwartet, daß der Therapeut aufgrund seiner überragenden Einfühlungsfähigkeit oder seines übermächtigen Fachwissens schon wisse, wo der springende Punkt sitzt, und für dessen Lösung schon von sich aus sorgen wird, dann ist das eine regressive Illusion, eine Allmachtsphantasie, die konfrontiert werden muß. Wer vom Therapeuten Wunder erwartet, muß sich früher oder später mit der Enttäuschung über diese unrealistische Hoffnung auseinandersetzen. Die Überschätzung des Therapeuten kann Teil einer narzißtischen Übertragung sein, nämlich der stillen Hoffnung des Kleinkindes im Klienten, die „allmächtige" Mutter möge all seine Wünsche erspüren und erfüllen, ohne daß es sie zum Ausdruck bringen oder sich dafür einsetzen müßte.

Der Therapeut kann die Gedanken des Klienten *nicht* lesen, auch wenn er gelegentlich etwas kann, was dem nahe kommt. Er hat keine Röntgenaugen, auch wenn er oft viel sieht, was der Klient nicht sehen möchte. Er kann dem Klienten nicht helfen, wenn dieser ihm nicht ab und zu eine „Gebrauchsan-weisung" gibt, wie er mit ihm verfahren soll. Der wichtigste, aber auch der prekärste Teil der Eigenarbeit des Klienten ist es, dem Therapeuten zu signalisieren, wo seine wunden Punkte liegen und welche Hilfe er sich wünscht.

An bestimmten Stellen des Therapieprozesses muß der Klient aus freiem Willen die (oft ziemlich schmerzhafte) Entscheidung fällen, ob er etwas Altes loslassen und (vielleicht zum ersten Mal) etwas ganz Neues tun will - oder nicht. In dieser Entscheidung ist er letztlich *allein*. Er ist auf sich selbst geworfen, und gerade in dieser Einsamkeit kann er sich als voll verantwortlicher Erwachsener erleben. Erwachsen zu sein heißt, die volle Verantwortung für die Folgen des eigenen Handelns oder der eigenen Untätigkeit zu tragen. Die einsame Entscheidung, uralte Schwüre loszulassen, öffnet verriegelte Türen zu aufregenden, neuen Begegnungen.

Ein Teilnehmer in einer von mir geleiteten, langfristigen Gruppe wünschte sich nichts sehnlicher, als von einer der anwesenden Frauen in den Arm genommen zu werden. Es war ihm aber absolut unmöglich, das zu sagen oder zu signalisieren. Er war ständig enttäuscht, weil er nicht bekam, was er wollte, aber er konnte es dennoch nicht ausdrücken. Die Hemmung war ein Überbleibsel seiner frühen Mutterbeziehung, die er in der Therapie lange von den verschiedensten Seiten angeschaut und durchgearbeitet hatte. Es fiel ihm äußerst schwer, zu glauben, daß eine Frau anders reagieren könne als seine Mutter, die Körperkontakt weitgehend vermieden hatte. Es fehlte der entscheidende Schritt, heute zu wagen, was damals zu gefährlich gewesen war. Er mußte viele Male an diese Klippe herangehen, bis er sich endlich traute, den entscheidenden Schritt zu wagen, so daß er sehen konnte, daß da gar keine gefährliche Klippe war, sondern ein gut gangbarer Weg.

Traumatische Verstrickungen werden nicht gelöst wie eine mathematische Aufgabe. Die Lösung besteht nicht in Geistesblitz und Federstrich. Oft ist es unvermeidlich, monate- oder jahrelang im Kreis zu gehen, hundertmal in immer wieder die gleiche Falle zu tappen oder von den verschiedensten Seiten her schmerzhaft gegen immer dieselbe Mauer zu laufen. Oft muß der Klient ein altes Muster so lange ausagieren, bis es ihm so gründlich über geworden ist, daß er einfach keine Lust mehr dazu hat und aus reiner Langeweile mal etwas anderes probieren möchte. Druck und Dirigismus durch den Therapeuten wären fehl am Platze. Die Transformation bleibt nur stabil, wenn sie von innen heraus geschieht, weil sie reif ist.

Individuelle Transformation und soziale Umgestaltung

Jeder einzelne hat seine Fähigkeiten und sein Leiden aus der sozialen Umgebung, in der er aufgewachsen ist, „mit der Muttermilch" aufgesogen. Unsere Gesellschaftsstruktur ist auf ein hohes Maß an Destruktivität aufgebaut, und sie reproduziert sich durch viel Gewalttätigkeit in jedem einzelnen. Die bürgerliche Marktwirtschaft ist die Welt der Masken und Ellenbogen, in der der Härteste nach oben kommt. Ohne Neurosen könnte diese Gesellschaftsform nicht überleben. Ein finanz-industriell-militärischer Komplex, der Lebensqualität durch Raubbau an der Natur und Friede durch Androhung totaler Vernichtung erreicht, eine politische und kulturelle Ordnung, die Demokratie durch Manipulation und Genuß durch Vermarktung erzeugt, basieren auf Neurosen und machen unweigerlich neurotisch. Wer diesem Sozialfeld angepaßt ist, ist der Normalneurotiker, nicht der Gesunde.

Therapie kann nicht direkt die sozialen Verhältnisse verändern (auch wenn die Schriften von Freud, Reich, Lowen, Perls, Fromm und anderen das Bewußtsein vom Menschen in den letzten 30 Jahren stark beeinflußt haben). Wir sind sozialen Verhältnissen unterworfen, die krank machen, die aber kein einzelner ändern kann und denen sich der einzelne nicht entziehen kann. Wer aber auf die überkommene Weise lebt, wird krank wie seine Eltern. Wer lebt wie die meisten, nimmt Teil an der Krankheit der Gesellschaft. Körperliches und psychisches Wohlbefinden ist die Ausnahme, nicht die Regel. Gesund wird nur, wer gegen den Strom schwimmt.

Ein erfülltes Leben in soziopathischen Sozialstrukturen kann es nicht geben. Die Mehrheit der Bevölkerung ist krank und leidend. Wir können unsere Klienten nicht der Merheit anpassen, wenn wir sie gesund machen wollen. Wer so lebt wie die Mehrheit, wird krank. Wer so ißt wie die Mehrheit, wird krank. Wer so arbeitet, seine Kinder erzieht, wohnt, miteinander schläft, miteinander umgeht, seine Freizeit gestaltet, wer materielle und geistige Gifte konsumiert wie die meisten, der wird krank an Leib und Seele. Menschen mit einem gesunden und harmonischen Körper, einer erfüllten Beziehung, einer befriedigenden Arbeit, einem sinnhaften Lebensgefühl können als glücklicher Ausnahmefall betrachtet werden. Niemand muß sich schämen, wenn er leidet. Grundsätzlich zufrieden und fähig zu ekstatischem Glück zu sein wird nur den wenigen zuteil, die sich intensiv mit sich selbst und ihren Lebensverhältnissen auseinandergesetzt haben und die eine kreative Identität gefunden haben, die ihrer Persönlichkeit entspricht.

Ein psychisch befriedigendes und körperlich gesundes Leben gibt es nur in möglichst selbstbestimmten sozialen Strukturen, in gesellschaftlichen Freiräumen, die sich so gut es geht der Normalpathologie entzogen halten und dadurch perspektivisch zu ihrer Umgestaltung beitragen.

In den letzten Jahrzehnten ist eine Vielfalt von alternativen sozialen Strukturen entstanden. Auch emanzipatorische Psychotherapie versteht sich als Teil einer Bewegung, die ein lebenswertes und beglückendes Leben hier und jetzt realisieren will, indem sie den einzelnen befähigt, seine wahren Bedürfnisse zu spüren und zu realisieren. Wir greifen nach dem Glück, nicht in ferner Zukunft oder in einem phantasierten Jenseits, sondern hier und jetzt: *„Paradise now!"*

Wenn ein Individuum nach seiner Ganzheit greift, muß es sich daran machen, zu der Transformation der Gemeinschaft beizutragen. Es kann kein robinsonähnliches Insel-Glück geben. Wir sind zu sehr soziale Wesen, als daß wir rein individuelle Freiräume realisieren könnten. Persönliches Glück ist nur in transformierten sozialen Strukturen möglich.

„Wir brauchen die Freiheit wie die Luft zum atmen."
(Michael Gorbatschow)

Die Soziopathie, die Krankheit der Gesellschaft, geht durch die Struktur des einzelnen hindurch. Der Faschismus, die Umweltvergiftung, der Sexismus und Nationalismus, die ökonomische Ausbeutung, die Vernichtung unliebsamer Elemente und die Kriegstreiberei stecken in jedem von uns. Tschernobyl ist hier! Jeder hat seinen Jürgen Bartsch, seinen Himmler, seinen Pinochet in sich. Die „emotionale Pest" (Reich 1971) steckt in der Gemeinschaft und in jedem einzelnen ihrer Teile.

Anscheinend extreme Formen von psychischer Störung sind oft nur besonders deutliche Erscheinungsformen von massenhaft verbreitetem Elend. So aß beispielsweise eine magersüchtige Klientin von mir so lange fast nichts, bis sie unter fünfunddreißig Kilogramm Körpergewicht abmagerte, so daß ihr Zustand lebensbedrohlich wurde und sie sich schließlich selbst in eine psychosomatische Klinik einwies. Bei der Entstehung der Magersucht waren, soweit ich sehen konnte, Interaktionspathologien ihrer Familie maßgeblich, die sich von den typischen „Verstrickungen" anderer Familien im Prinzip kaum unterschieden. Auch das Schlankheitsideal und die Verweigerung, die traditionelle Frauenrolle einzunehmen, die Abspaltung „fleischlicher" Lust, die Sehnsucht nach Entkörperlichung und Vergeistigung sowie Erlebnisse von sexuellem Mißbrauch schienen bei der Entstehung der Magersucht eine Rolle zu spielen, also Faktoren, die keineswegs nur die Klientin als Vereinzelte betrafen.

Eine gesellschaftliche Umwälzung bringt keineswegs automatisch auch Befreiung für das Individuum. Um die Gefahr der „Wiederkehr des Verdrängten" in gesellschaftlichen Größenordnungen wissen wir spätestens seit dem historischen Desaster des Stalinismus, mit dem die Länder des ehemaligen Ostblocks heute ringen. Als Ergebnis eines Versuches, mit Gewalt gegen Gewalt eine „Gemeinschaft freier Individuen" zu erzwingen, entstand die Schreckensherrschaft einer Bürokratie, die den Glauben an eine bessere Welt der Zukunft tagtäglich zu wiederlegen scheint. Politische Befreiung durch unverändert gepanzerte (also unfreie) Menschen bringt nur neue „Blutsöhne" (wie Stalin, Pol-Pot, Ceaucescu oder Deng-Hsiao-Ping) an die Macht. Wer mit sich selbst nicht im reinen ist, der möchte über andere herrschen oder von Stärkeren beherrscht werden. Der aktive und passive „autoritäre Charakter" (Adorno), der Drang zur Macht und der Wunsch, sich zu unterwerfen, sitzen tief in jedem von uns. Dies wird durch die ambivalenten Erfahrungen vieler Mitglieder von Alternativprojekten bestätigt, in denen trotz aller basisdemokratischer Strukturen oft massive Selbstausbeutung herrscht und deren Mitglieder sich selbst und einander nicht selten durch Chaos und Intrigen fertigmachen.

Ziel einer emanzipatorischen Psychotherapie ist daher nicht die Anpassung an die durchschnittliche Normalität, sondern die Befähigung zur kreativen Neuschaffung von sozialen Feldern, in denen man gut leben kann.

Die wirksamste Therapie wäre die Prophylaxe, also zu verhindern, daß Neurosen überhaupt entstehen – durch sanfte Geburt, freie Erziehung und eine Organisation der Arbeit und der persönlichen, sozialen und politischen Verhältnisse im Einklang mit der Selbststeuerung des Lebendigen, den Bedürfnissen der einzelnen und einer natürlichen Ethik. Dazu sind wir aber nur so weit in der Lage, wie wir die lebensfeindlichen Introjekte in uns erkannt und transformiert haben. Wenn jemand, der von sich selbst entfremdet ist, nach seinen unmittelbaren Bedürfnissen lebt, dann entsteht nur neuer Despotismus und neue Ausbeutung. Wenn ein Neurotiker sich bloß auslebt, verletzt er sich selbst und alle, die um ihn herum sind. Individuelles Glück ist nur so weit möglich, wie das Subjekt mit sich selbst im reinen ist. Die Veränderung der einzelnen und die Veränderung des Ganzen greift ineinander, und beides kann nur gelingen, wenn es ineinander greift.

Der Therapeut sucht mit seinen Klienten den Zugang zu der Weisheit des „wahren Selbst", das in den Körpertiefen steckt. Je mehr ein Mensch fühlt, was gut für ihn ist, desto weniger läßt er sich verführen durch die überall feilgebotenen Ideale, was er angeblich alles tun und zu lassen hätte, um glücklich zu leben.

Je mehr wir uns selbst verwirklichen, umso weniger sind wir abhängig von künstlichen Ego-Aufblähungen und der kontinuierlichen Bestätigung durch andere. Wer weiß, was er will, wer dazu steht, wie er ist, der ist weniger erpreßbar durch sozialen Druck oder verführbar durch raffiniert ausstaffierte Verlockungen eines photogenen Sozialwesens. Wenn wir unsere Lebenskräfte aktiv in die Welt hineinleben, verharren wir nicht mehr passiv abwartend und defensiv gegen die „äußeren Umstände". Wenn Liebe von innen nach außen strömt, sind wir nicht mehr besessen von der Phantasie, Zufriedenheit von außen aufnehmen zu müssen wie hungrige junge Vögel mit aufgerissenen Schnäbeln. Gerda Boyesen hat das den Zustand des *unabhängigen Wohlbefindens* genannt.

Je integrierter der Kontakt mit der inneren Selbststeuerung ist, desto unabhängiger wird man von normativen Rollen, den Befehlen des Über-Ichs, von Ich-Idealen, von politischen Führern oder spirituellen Meistern. Man folgt der eigenen, inneren Stimme statt den verführenden oder befehlenden Stimmen von außen. Ohne Selbststeuerung kleben unsere Glücks-Hoffnungen dagegen an regressiven Phantasien. Wir sind wie hypnotisiert von schemenhaften Bildern, die uns das Paradies verheißen. Falls es uns gelingt, den Märchenprinzen, die Superfrau, den Traumjob, den Lottogewinn, das Wunschkind, das

Häuschen auf dem Lande oder was immer es sei, tatsächlich zu „kriegen", wird es oft nach kurzer Zeit belanglos, stressig oder enttäuschend, und ein neuer Mangel, eine neue Wunschphantasie und damit ein neues Leiden tauchen auf. Es ist wie die Suche nach dem rätselhaften heiligen Gral, die uns endlos bedürftig und in Bewegung hält, um wenigstens die Hoffnung auf einen Sinn des Lebens aufrecht erhalten zu können. Ein innerer Mangel, entstanden durch Unbewußtheit, wird nach außen projiziert. Der Mensch ist fixiert an etwas Unerreichbares. Wenn wir jahrzehntelang einer Wurst hinterhergelaufen sind, die jemand an einer Stange auf unserem Rücken vor unsere Nase gebunden hat, dann wird es Zeit, stehen zu bleiben und die alten Bindungen zu lösen. Ein Scheinziel weniger bedeutet ein Stück mehr Freiheit, und die Welt wird mehr, was sie ist.

Die Transformation der Persönlichkeit bringt unweigerlich eine allmähliche, manchmal krisenhafte Veränderung der sozialen Lebensweise mit sich. Wenn jemand fühlt, was ihm bekommt und was nicht, warum sollte er dann noch Nahrungsmittel essen, die ihm nicht gut tun? Wenn er erfahren hat, daß er unweigerlich das Leiden anderer Menschen mitfühlt, wenn er ihnen weh tut, wie kann er dann noch brutal sein? Wenn er spürt, welche Arbeit ihn erfüllt, was sollte ihn hindern, sie zu seinem Beruf zu machen?

„Wenn einer die Wahrheit erkannt hat, wie soll der aufzuhalten sein?"
(Bert Brecht)

Das Eintauchen in die Existenz findet kein Ende, solange wir leben. Therapie kann hilfreich sein, einige Knoten zu lösen, die das bewußte Ich des Klienten nicht lösen kann, weil es selbst der Knoten *ist* .

Das Ich ist in neurotisierten Bereichen verfangen in alten, neurotischen Mustern, die vor allem durch Angst aufrecht erhalten werden.

Wo die Angst ist, geht der Weg lang

Angst ist etwas anderes als Furcht. Furcht ist ein Signal, das uns vor realen Gefahren warnt. Angst ist Furcht vor etwas Irrealem. Vor einer gefährlichen Giftschlange haben wir ganz berechtigt Furcht, vor einer harmlosen weißen Maus haben manche Menschen Angst. Die Furcht vor wirklichen Gefahren ist nicht neurotisch, sondern ein wichtiges Warnsignal, das gefördert, nicht behoben werden muß. Wer sich vor wirklichen Verletzungen nicht fürchtet, dem fehlt ein Wahrnehmungsorgan, das dem Selbstschutz dient. Wer sich aber vor harmlosen Dingen ängstigt, ist eingesperrt in projizierte Gefahren.

Transformation macht immer Angst. Es ist die Angst vor der Katastrophe, mit der man uns als Kinder bedroht hat, für den Fall, daß wir nicht brav und gehorsam seien.

Früher wurde der Klient belohnt, wenn er in seiner sozialen Maske war, aber seine Seele war tot. Sauber gekämmt, mit einem Schleifchen im Haar, zuvorkommend und höflich war er seinen Eltern ein Augenschmaus. Viele seiner natürlichen kindlichen Bedürfnisse galten als schrecklich oder unschicklich. Daher erwartet der Klient noch heute Belohnung, wenn er sich zugerichtet verhält, und Strafe, wenn er sich befreit.

Wenn der Klient sich aus seinen alten Fesseln befreien will, fürchtet er die Strafe, die ihm seine Eltern für den Fall prophezeiht haben, daß er ihnen nicht gehorcht. Manchmal inszeniert er diese Strafe unbewußt, um den Druck seiner Schuldgefühle zu erleichtern.

Befreiung aus alten Mustern macht Angst. Daher hat der Klient auch Angst vor bestimmten Anteilen des Therapeuten. Der Therapeut gehört zu den Menschen, vor denen seine Eltern ihn immer gewarnt haben. Der Therapeut ist ein Verbündeter der Primärimpulse. Seine aufdeckende Aktivität zieht die neurotische Abwehr des Klienten auf sich. Er stellt Überanpassungen in Frage und fordert vom Klienten eindeutige Stellungnahmen. Davor hat der Klient Angst, denn er hat gelernt, daß seine Bedürfnisse nicht gefragt sind.

Angst heißt, zurückzuschrecken vor ungewohnter Erregung. Transformative Angst ist im Grunde die Angst vor der Lust, das immer Verbotene zu tun, die sich als Furcht vor einer realen Gefahr tarnt. Der Neurotiker ist überangepaßt. Er ist identifiziert mit seinem rigiden Über-Ich und fürchtet sich vor seinen Gefühlen.

Wenn ein Klient Gefühle, Wünsche, Impulse jahrzehntelang abgewehrt hat, dann sind sie ihm fremd geworden. Er hat gelernt (und das ist als Muster in seinen Körper eingegraben), daß es schlimme Folgen nach sich zieht, wenn er diese Emotionen äußert:

- „Wenn ich weine, werden sie über mich lachen!"
- „Wenn ich schreie, werden sie mich schlagen!"
- „Wenn ich mich öffne, werden sie mich verletzen!"
- „Wenn ich ‚nein' sage, werden sie mich hassen!"
- „Wenn ich liebe, werden sie mich verlassen!"

Wenn in der Therapie die entsprechenden Impulse auftauchen, bekommt der Klient Angst. Angst ist die Erwartung von Schmerz, sie bewirkt Rückzug aus dem Kontakt. Was tut ein Mensch ganz automatisch, wenn er Angst hat? Was hat er jahrzehntelang getan? Er läuft weg. Er läuft auch dann noch weg, wenn es vielleicht längst keinen Grund mehr gibt, wegzulaufen. Vielleicht war die Abwendung und Einkapselung früher, als der Klient noch klein und abhängig war, die einzige Rettung vor einer ganz realen, existenziellen Gefahr. Aber das, was früher so bedrohlich war, ist Vergangenheit und unbewußt geworden. Die damit verknüpften Gefühle, Wahrnehmungen und Situationen sind zu Auslösereizen geworden, auf die der Klient heute noch immer auf dieselbe Weise panisch reagiert:

- Er ist traurig und möchte weinen, aber er hat Angst, ausgelacht zu werden.
- Er ist wütend und möchte schreien, aber er hat Angst vor Schlägen.
- Er sucht Vertrauen und möchte sich öffnen, aber er hat Angst vor Verletzung.
- Etwas ist ihm zu viel, und er möchte sich abgrenzen, aber er hat Angst vor aggressiven Reaktionen.
- Er fühlt sich von einem Menschen angezogen und möchte lieben, aber er hat Angst, verlassen zu werden.

Solange er vor seinen Impulsen wegläuft, kann er nie überprüfen, ob das Weglaufen noch nötig ist. Er sitzt in einem Mauseloch und traut sich nicht heraus, obwohl die Katze vielleicht längst alt und müde geworden oder gar gestorben ist. Er muß seine Nasenspitze aus dem Loch strecken, um zu erkennen, wie die Welt heute wirklich ausschaut. Therapie heißt, die Realität daraufhin zu überprüfen, ob die alten Ängste noch real begründet sind.

Therapie ist für den Klienten manchmal eine mühsame, schmerzhafte und anstrengende Arbeit. Man schaut in den Spiegel, und es ist keineswegs nur erfreulich, was man darin sieht. Aber Therapie soll auch Spaß machen! Sie soll nicht nur aufrühren, sondern auch Kraft geben. Sie soll nicht nur „in Problemen herumwühlen", sondern auch befreiend, spielerisch und lustvoll sein. Wenn sich der Klient (ebenso wie der Therapeut) nicht im Großen und Ganzen auf die Sitzungen freut und die Therapie als befruchtend und wohltuend erlebt, dann stimmt etwas nicht mit dem therapeutischen Prozeß. Die Zeit des „Pushens" und „Knackens", des Zerredens, der Umerziehung und der weisen Ratschläge sollte vorbei sein.

Therapie bringt immer zuerst ein gewisses Maß an Destabilisierung mit sich. Die alte Persönlichkeit wird durch immer bewußteres Erleben abgespaltener Anteile aus ihrem neurotischen Gleichgewicht gebracht, so daß sie in Bewegung kommen muß. Dann erfolgt eine Phase der Umwälzung, ein Transformationsprozeß, und daraus erwächst allmählich eine neue, restabilisierte Identität, die ein Stück harmonischer ist als zuvor. Die Destabilisierung und Restabilisierung der Identität wird zu einem spiralförmigen Prozeß der Erweiterung des Bewußtseins und der Handlungsspielräume. Das ist es, was das Wesen des therapeutischen Verwandlungsprozesses ausmacht.

Destabilisierende Arbeit ist allerdings kontraindiziert für Persönlichkeitsstrukturen, die bereits sehr instabil sind und zu zerfallen drohen. Bei Menschen

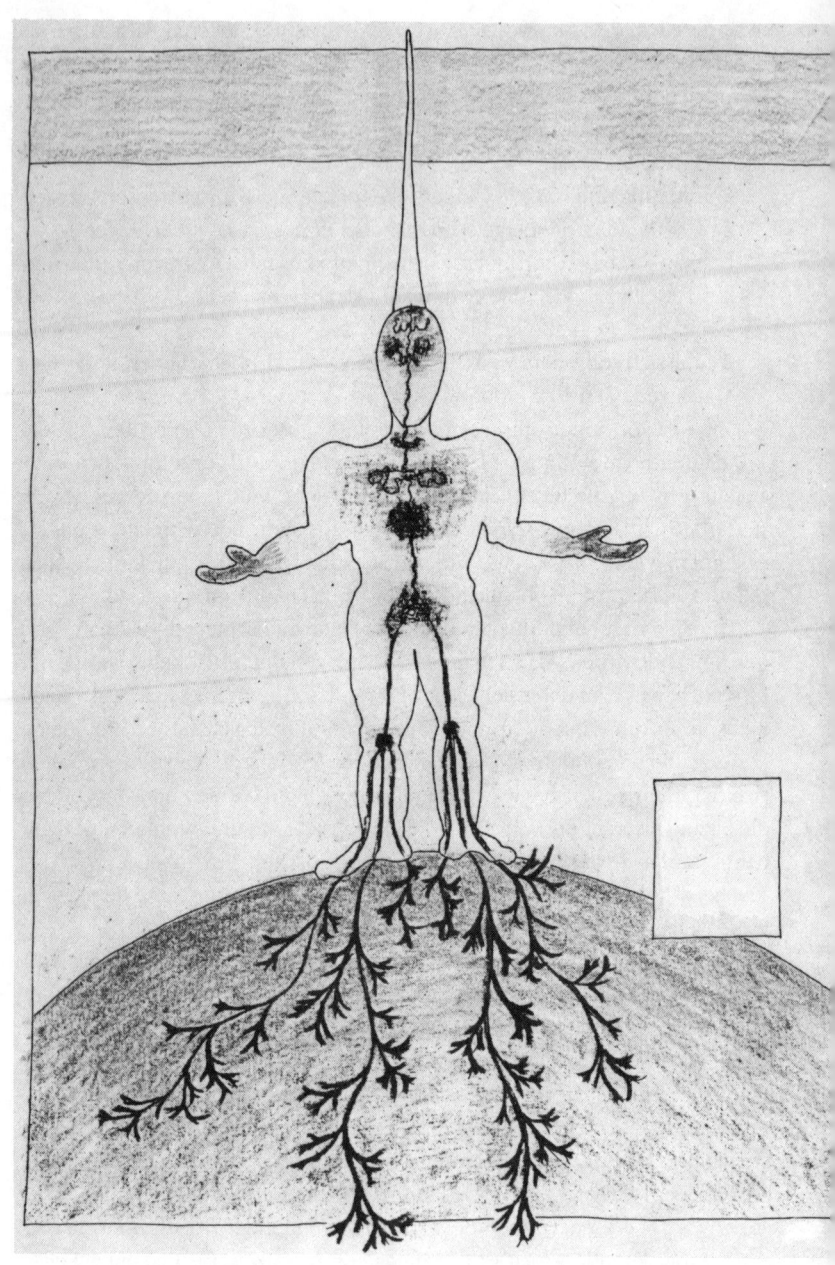

Abb. 36: „Verwurzelt in Himmel und Erde" (Zeichnung eines Klienten)

mit einer strukturellen Ich-Schwäche, also einer latent psychotischen oder einer Borderline-Struktur, bei vorherrschender Suchtproblematik oder in akuten Regressionszuständen muß die Stabilisierung des Ichs im Vordergrund stehen, da diese Menschen in der Regel bereits mit den einfachsten Notwendigkeiten der Alltagsbewältigungen überfordert sind. Hier sollte man nicht entgrenzend oder provokativ arbeiten, solange der Betreffende nicht genug in der Realität verwurzelt ist und nicht die Fähigkeit hat, nach einer kathartischen Arbeit wieder sicher auf den Boden zu kommen.

Hier ist nie wirklich Identität entstanden, was zu einem anhaltenden Zustand von Chaos und Verwirrung führt. Das Ich ist ständig am Kippeln und Schwimmen. Es muß erst einmal stabilisiert sein, bevor man ins Unbewußte gehen kann. Bei Menschen, die zu Entgrenzung neigen, kann die ganze Therapie darin bestehen, sich in adäquater Abgrenzung und Verwurzelung zu üben und nicht-kathartische Entladungsvorgänge zu fördern. In der Arbeit mit Klienten mit schweren Persönlichkeitsstörungen, die oft nicht in der Lage sind, die Grenzen unseres üblichen Settings einzuhalten, steckt die körperorientierte Therapie leider noch in den Kinderschuhen. Aber auch in diesem Bereich geht es letztlich um eine Transformation der Identität: Das schwimmende, bröckelnde, instabile Ich muß sich selbst finden, indem es sich in der Realität verfestigt, und es wird dadurch in seiner Struktur verwandelt, nämlich sicherer und geerdeter als zuvor.

Es erfordert viel Erfahrung und diagnostische Sensibilität, um eine Frühstörung zu erkennen und von neurotischer Über-Panzerung zu unterscheiden. Es ist entscheidend wichtig, *kompensatorische* Rigidität, die einen darunter liegenden Ich-Defekt überdeckt, von *genuiner* Rigidität unterscheiden zu können. Wenn die Rigidität kompensatorisch ist, kann durch entpanzernde oder energetisch mobilisierende Arbeit die grenzgebende Hülle weggeräumt werden, noch bevor das Ich genügend stabilisiert ist, um die freigelegte Energie zu integrieren. Das kann zu psychotischen Dekompensationen oder Selbstmordneigungen führen oder, um diese zu vermeiden, zu einer Verstärkung oder Verlagerung der Symptomatik, zum Therapieabbruch, zum wilden Agieren, zu körperlichen Erkrankungen oder zu „psychosomatischen Unfällen". Mit destabilisierten oder überprovozierten Klienten weiter entgrenzend zu arbeiten ist ein Kunstfehler.

Körpertherapeutische Techniken sind hochwirksame Instrumente und bedürfen genauer diagnostischer Überlegungen. Was heilen kann, kann auch schaden! Ein Fettleibiger braucht eine andere Diät als ein Unterernährter. Ein Klient mit zu schwachen Grenzen braucht eine genau entgegengesetzte Art der therapeutischen Arbeit als jemand mit einem erstarrten, überfixierten Ego.

Therapie kann spielerisch und lustvoll sein, aber sie ist kein Spiel und sie macht auch nicht immer nur Spaß. Wer zu einem Therapeuten geht, ist in der Regel in einer Phase existenzieller Verunsicherung. An solchen Knotenpunkten der persönlichen Entwicklung wird eine Metamorphose, eine persönliche Erneuerung möglich. Aufgabe des Therapeuten ist es, diese Metamorphose zu fördern. Die Therapie darf dem Klienten keinen neuen Schmerz zufügen, und das Wiedererleben alter Schmerzen ist nicht das Hauptmoment der therapeutischen Heilung. Aber der Versuch, alle Schwierigkeiten zu vermeiden und eine tiefgreifende Transformation auf dem Wege des puren Vergnügens zu erhoffen, ist ein Widerstand gegen wirkliche Veränderung und eine Fortsetzung der neurotischen Vermeidungen. Der Wunsch, das Trauma zu überspringen, ist eine Bremse im Prozeß, die die Verdrängung und damit das Leiden aufrecht erhält. Den Schrecken nicht fühlen zu wollen hält ihn im Körper eingekapselt fest.

„The hurt must hurt first."
(Ebba Boyesen)

Zuerst muß der alte Schmerz, der die Traumatisierung gemacht hat, zugelassen, angenommen und durchlitten werden. Dann erst kann die Arbeit an der Versöhnung mit den Eltern-Bildern erfolgreich sein. Zuerst muß der Klient trauern, wüten und zittern vor seinen Eltern, die ihm nicht gegeben haben, was er brauchte und die ihn bedrängt haben mit dem, was er nicht wollte. Dann erst kann er ihnen vielleicht verzeihen, ihre positiven Seiten würdigen und ein positives Elternbild beleben, mit dem er sich im Nachhinein identifizieren kann (Re-Parenting). Es ist ein therapeutischer Fehler, die Negativität zu schnell umdrehen zu wollen, die Tragik zu vertuschen und Druck in Richtung Positivität auszuüben. Wo der direkte Weg zum Wohlbefinden möglich ist, sind Therapeuten überflüssig.

W. Büntig erzählte einmal folgende Geschichte:
Mulla Nasrudin stellte sich auf einen Stuhl und fing an, den Vorbeikommenden eine Rede zu halten. Er rief: „Wollt ihr Essen ohne Arbeit, Wissen ohne Mühe, Lust ohne Leid, Fortschritt ohne Anstrengung?" Sehr bald hatte sich eine große Menge um ihn herum versammelt und schrie: „Ja, ja!". „Alles klar," sagte Mulla Nasrudin „ich wollte euch nur schon mal fragen. Ich verspreche, ich werde euch sofort davon berichten, sollte ich dergleichen je irgendwo entdecken."
(Büntig 1990)

Der Klient braucht jemanden, dem er vertrauen kann, um sich seinen Ängsten zu stellen. Er wünscht sich jemanden, der ihn beschützt, der ihn hält,

Abb. 37: „Einsamkeit" (Zeichnung eines Klienten)

der ihn ermutigt, der ihm durch die ganze Art seiner Anwesenheit das Vertrauen gibt, daß nichts wirklich Gefährliches geschehen wird. Eigentlich muß der Therapeut ihm die Sicherheit vermitteln, daß er nicht sterben wird, wenn alte Gefühle wieder auftauchen; denn die Angst, die die Neurose gemacht hat, war oft die Angst vor dem Tod. Todesangst taucht in der Therapie auf als die Angst vor Ersticken, vor Verstümmelungen, vor dem Wahnsinn, vor dem Auseinanderfallen, Zerspringen oder Versinken, als Angst vor Überschwemmung durch Gefühle, als Angst zu fallen, oder das Herz bleibe stehen.

Im Angesicht des Todes ist alles, jede Einschnürung, jedes Symptom, jedes psychische oder körperliche Leiden das kleinere Übel. Man ist zu jedem Kompromiß bereit, wenn man sich vom Tode bedroht glaubt. Allein gelassen mit solchen unerträglichen Ängsten würde der Klient sie abwehren und in seiner Falle sitzen bleiben. Einer der wichtigsten Gründe, daß Therapie so lange dauert, ist, daß der Klient sehr lange seinen Therapeuten prüfen muß, wie weit er ihm wirklich vertrauen kann, um sich seinen schrecklichsten Ängsten zu stellen. Der Prozeß des Testens („Läßt du mich auch nicht allein?"; „Wirst du mich auch nicht verletzen, wenn ich offen bin?") braucht oft Jahre.

Die Angst vor dem Tod oder vor dem Wahnsinn ist gar nicht so abwegig. Tatsächlich muß das alte, lieb gewonnene, neurotische Ich sterben beziehungsweise transformiert (also „ver-rückt") werden, damit der Klient weiter kommt. Das Ego, die falsche Identität, muß verarbeitet, ab- und umgebaut, losgelassen, verflüssigt, verdaut und ausgeschieden werden und sich in etwas aufregend Neues, Ursprünglicheres verwandeln. Auch hier ist die Delegation der Aktivität an den Therapeuten eine Abwehr, um den entscheidenden Schritt nicht selbst tun zu müssen: Es ist leichter und letztlich ungefährlicher, sich „schieben", „knacken" oder „führen" zu lassen, als sich von innen her selbstentschlossen seinen Weg zu suchen.

Der Klient spürt sehr feinfühlig, wie weit er mit seinem Therapeuten gehen kann. Die heilende Kraft des Therapeuten geht immer nur so weit, wie er selbst durch das Entsetzen der Urschmerzen gegangen ist. Der Klient wird höchstens so weit kommen, wie der Therapeut selbst gelangt ist, und nur die Räume betreten, in denen der Therapeut selbst den Tanz der Teufel in seiner Schönheit entdeckt hat. Wo der Therapeut selbst war, dorthin wird er auch seinen Klienten begleiten können. Wo er seinen eigenen Schatten nicht integriert hat, spürt er selbst Angst. Dort wird er Kontakt vermeiden und den Klienten unbewußt von der Hitze der Emotionen ablenken und ihn auf subtile oder grobe Weise an der Oberfläche halten. Wo der Therapeut abwehrt, ist der Klient allein und auf sich selbst gestellt. Dort ist ihm der Therapeut keine Hilfe.

In aller Regel ist der Klient mit seiner Neurose weitgehend identifiziert. Die neurotische Charaktermaske ist nicht etwas, das einem Menschen angeklebt ist wie ein Kaugummi an eine Tischplatte. Er ist von der Neurose auch nicht umhüllt wie von einem Regenmantel, den er einfach ablegen kann, wenn die Sonne wieder scheint. Er *ist* der Kaugummi und selbst klebrig. Er *ist* der Regenmantel, der den Regen mit sich herumträgt. Er fühlt sich im Kern seiner Person mit seinen neurotischen Mustern identisch.

Wenn daher im Laufe der Therapie die neurotischen Automatismen in Frage gestellt werden, dann entsteht Angst. Der Klient verteidigt mit Zähnen und Klauen sein neurotisches Ego. Er tut alles, um sein falsches Selbst zu schützen und zu bewahren. Er kennt sich nämlich nicht anders. Er kann sich nicht vorstellen, ein anderer zu sein als der, der er ist. Er fürchtet, sich aufzulösen und vernichtet zu werden (also zu sterben), wenn die alte Identität ins Wanken kommt. Jede Veränderung der neurotischen Identität erlebt er als existenzielle Bedrohung, als Erschütterung seiner persönlichen Integrität, als Angriff auf „ihn selbst", und das löst panische Ängste aus.

Schon eine relativ geringfügige Wiederaneignung von abgewehrten Impulsen kann zu einem regelrechten Schock führen, wenn der Klient merkt, daß er plötzlich ein anderer ist, als er gerade eben noch war oder zu sein glaubte. Er erkennt sich nicht mehr. Gerade war noch alles belanglos, er war friedlich und guter Dinge. Jetzt aber tauchen höchst unbequeme Gefühle von Ärger, Trotz, Angst oder Lust auf. Es ist nicht so, daß sich „etwas" (also ein bestimmter, begrenzter Bereich der Person) verändert. Vielmehr ist *er* es selbst, seine Identität als ganzheitliches Wesen, die gerade dabei ist, anders zu werden. Vielleicht entdeckt er sich sogar so, wie er sich noch nie vorher bewußt kannte:

- Er, die ewig gute Seele, der ewig Friedliche, hat plötzlich eine ziemliche Wut im Bauch.
- Sie, die Gutwillige, die immer alles mitmacht und nie aneckt, fühlt sich plötzlich trotzig und verstockt.
- Er, der coole Typ, an dem immer alles abprallt, hat plötzlich solche Angst, daß ihm die Knie schlottern.
- Sie, die ewig Angepaßte, Gefühlsarme, die nie etwas merkt, fühlt plötzlich einen heftigen Schrei des Protestes in ihrer Kehle aufsteigen.
- Er, der ewig Frustrierte, Enttäuschte, dem nie etwas genügt, empfindet plötzlich heiße Strömungen von Lust in seinem Becken.
- Sie, die ewig Langweilige, das Mauerblümchen, die nie von jemandem gemocht wird, entdeckt plötzlich, daß sie ziemlich attraktiv und begehrt wäre, wenn sie das nur nicht dauernd zunichte machte.

Das erzeugt eine Erschütterung, die Wellen durch das ganze Wesen schlägt.

Es folgt für den Klienten unweigerlich die Einsicht, daß er (auch) jemand anders ist, als er bisher glaubte zu sein. Aber wer ist er dann überhaupt? Sein Selbstbild bekommt Risse, seine Identität gerät ins Wanken. Und dann fühlt er Angst. Er klammert sich in Panik an seiner gewohnten, unbefriedigenden, aber sicheren Identität fest. Er zieht all seine erlernten Register der Abwehr, um den Umwandlungsprozeß zu bremsen, und versucht alles, um derjenige zu bleiben, der er ist, und sich *nicht* zu ändern, *obwohl* er sich unglücklich fühlt. Jeder, der schon einmal einen solchen Knotenpunkt in der Therapie erlebt hat, kennt dieses Sich-Winden und Wehren, wenn eine wesentliche Veränderung, ein Sprung nach vorne, ansteht.

Daß der Klient an der Emanzipation seiner Identität arbeitet, indem er sich selbst entdeckt und dadurch wächst, bringt eine stärker werdende Sicherheit der Person mit sich. Andererseits stellt es aber seine Vorstellung von einem dauerhaften, festen Ich auch in Frage. Therapie kann stark verunsichern: Wenn ich auch ein anderer sein könnte, als der, der ich gerade bin, wer und wie bin ich dann im Grunde meines Wesens? Wenn alles fließt, wer ist dann der, der fließt?

Die Erfahrung der Selbstverwandlung durch Therapie ähnelt der Erfahrung des pausenlosen Flusses der Bewußtseinsinhalte, der von östlichen Traditionen beschrieben wird. Das Zentrum unseres Bewußtseins wechselt ja wie ein hüpfender Affe von Sekunde zu Sekunde seinen Ort. Wenn ich mir als meditative Übung für einige Zeit fortgesetzt gewahr bleibe, was eigentlich der Inhalt meines Bewußtseins ist und wie ich „mich selbst" als den Kern meines Gewahrseins wahrnehme, dann mache ich die Erfahrung, daß ich keine drei Sekunden der gleiche bleibe. (Drei Sekunden ist etwa der Zeitraum des Gegenwartsfeldes, also der Bereich, den wir als „jetzt" empfinden.) Das Ich ist nicht statisch und stabil über die Zeit, sondern ein beständiger Fluß von flüchtigen Gedanken, Erinnerungen, Wahrnehmungen, Assoziationen und Empfindungen. Wenn „ich" aber jetzt schon ein anderer bin als noch vor einem Augenblick, dann ist doch offenbar die Überzeugung, ich bliebe immer derselbe, nur eine Illusion. Meine Identität als Person über die Zeit wäre in diesem Sinne nur eine ängstlich festgehaltene Ansammlung von Erinnerungen, wer ich einmal *war*, aber niemals das, was ich als Fluß von vergänglichen Sinnesempfindungen und willensfreien Handlungen tatsächlich *bin*. Es gäbe keine mit sich identisch bleibende „Seele", sondern nur eine ständige Bewußtseinsströmung von Empfindungen.

Was wir sind, ist jedenfalls keine Konstante, sondern ein Prozeß, eine ständige Wandlung. Es braucht tiefe Krisensituationen, in denen es Revolten im Innern gibt, in denen wir uns in wenigen Augenblicken in einen vorher

Unbekannten verwandeln, um die ständige und unaufhaltsame Umformung unserer Persönlichkeit und unserer Beziehungen als Tatsache anzuerkennen. Alles, was sicher scheint, alles, woran wir hängen, alles, was wir festhalten und bewahren wollen, ist vergänglich. In diesem Sinne wäre die Vorstellung eines stabiles Ichs eine Illusion weil das Ich in jedem Moment stirbt und neu geboren wird. Das Sterben beginnt mit der Geburt, und jeder Tod ist ein Neubeginn. Die körperlich fixierte Charakterstruktur ist *auch* ein Versuch, dem flüchtigen Wesen des Menschen eine überdauernde Gestalt zu verleihen und verläßliche Beziehungsmuster durch die Zeit zu transportieren.

Es ist eine faszinierende und beängstigende Folge der Freiheit, daß der Mensch trotz seiner unbewußten Fixierungen nie gezwungen ist, so zu bleiben, wie er schon immer war. Daher sind neurotische Muster immer auch ein Selbstbetrug, um sich vor der Erfahrung der Veränderung zu schützen. Das bringt einerseits eine existenzielle Verunsicherung mit sich, weil man sich selbst und auch seines liebsten Menschen niemals ganz sicher sein kann. Andererseits liegt darin die Chance jeder psychischen Heilung. Diese Chance versuchen wir in der Therapie uns selbst und unseren Klienten immer wieder neu zu geben: heute und jetzt anders zu sein als noch vor einer Woche. Die Freiheit zur Wahl, die Fähigkeit, sich immer wieder neu und anders zu entscheiden, ist eine grundlegende Voraussetzung für Wachstum und Heilung überhaupt.

Kapitel 4

Biodynamik in der Praxis: Sechs Beispiel-Sitzungen

Zur Verdeutlichung der dargestellten therapeutischen Methoden und Haltungen möchte ich nun sechs therapeutische Sitzungen darstellen, die ich im Laufe von zwei Jahren mit einer Klientin durchgeführt habe, die ich hier Johanna nennen möchte. Ich möchte zeigen, wie die beschriebenen Arbeitsweisen in der praktischen therapeutischen Arbeit ineinandergreifen und wie sich die biodynamische Haltung im Therapieprozeß auswirkt. Die Beispielsitzungen sollen zur Illustration dienen und einen anschaulichen Einblick in meine therapeutische Arbeit geben.

Ich habe Sitzungen herausgesucht, die mich aus dem einen oder anderen Grund stärker beeindruckt haben. Es handelt sich aber nicht um besonders „sensationelle" Stunden mit extremen Durchbrüchen und fundamentalen Einsichten, sondern um ganz „normale" Therapiesituationen, wie sie tagtäglich in der Praxis von Körpertherapeuten vorkommen. Es sind auch keine „typischen" Sitzungen (in der Biodynamik gibt es keine typischen Sitzungen!). Ich habe die Beispiele so ausgewählt, daß sie einen Eindruck von der Breite des Spektrums der Biodynamischen Therapie vermitteln. Die erste Sitzung fand nach einem Monat und die letzte nach zweieinviertel Jahren Therapie statt. Jede Sitzung dauerte etwa 50 Minuten. Die Frequenz der Sitzungen war zunächst zweimal wöchentlich, nach einem halben Jahr einmal wöchentlich.

Johanna war zu Therapiebeginn sechsundzwanzig Jahre alt. Sie war sehr aggressionsgehemmt, wirkte oft ängstlich und schüchtern, konnte aber auch agil, aufgeweckt, und „quicklebendig" sein. Ihr Körper wirkte untersetzt, kräftig, relativ klein und etwas mollig. Sie trainierte seit vier Jahren intensiv Karate und erschien muskulär sehr geladen, fühlte sich aber oft sehr kraftlos. Sie war häufig „im Kopf" und von sich selbst distanziert. Sie war ursprünglich Tischlerin gewesen und studierte jetzt Sozialpädagogik. Sie hatte starke Prüfungsängste und befürchtete, die Abschlußprüfung nicht zu schaffen. Sie war sich unsicher, ob das Fach und dieser Beruf das richtige für sie oder ob sie nicht lieber damit aufhören sollte.

Sie neigte zu einer gewissen Instabilität der Ich-Grenze, das heißt, sie kam gelegentlich in Zwischenschichten zwischen Phantasie und Realität, was sie sehr beunruhigte. Sie hatte dann manchmal eigentümliche Wahrnehmungen, die sie kaum ausdrücken und nicht verstehen konnte. Sie hatte zum Beispiel das Gefühl, ihr eines Bein würde länger, oder sie sah Lichtflecke, Wolken und Schatten um andere Menschen herum. Sie litt unter Alpträumen, und wenn sie nachts allein in ihrer Wohnung war, hatte sie oft starke Ängste, die mit der Phantasie verbunden waren, daß sich im Flur ihrer Wohnung eine dunkle, bedrohliche Männergestalt aufhielt. Johanna hatte häufig, aber in unregelmäßigen Abständen Asthmaanfälle, die eine allergische Komponente hatten, bei denen aber auch psychische Auslöser eine Rolle zu spielen schienen. Sie fühlte sich unfähig, sich aus überlebten Beziehungen zu lösen, vor allem aus der Beziehung zu ihrer Mutter, die nur ein paar Häuser weiter wohnte und bei der sie sich täglich für mehrere Stunden aufhielt.

Ein wichtiger Anlaß für die Therapieaufnahme war das Scheitern einer Beziehung zu einem Mann, in den Johanna sehr verliebt war. Sie hatte nur sehr wenige sexuelle Beziehungen gehabt und sich bisher nicht in der Lage gefühlt, den Kontakt länger als für eine Nacht aufrecht zu erhalten.

1. Beispiel-Sitzung:
(7. Therapiestunde, vier Wochen nach Therapiebeginn.)
Johanna kam ziemlich aufgeregt in die Sitzung. Sie strahlte eine starke Unruhe aus und schwitzte auffällig stark. Sie ging nervös im Kreis im Therapieraum herum und erzählte mir erregt und etwas atemlos, aber dennoch wie unbeteiligt, was heute in ihrer Wohngemeinschaft los gewesen war. Ich ging - um einen Halbkreis versetzt - mit im Kreis herum und hörte ihr zu, fragte nur manchmal nach. Sie hatte eine Auseinandersetzung mit einem neuen Mitbewohner gehabt, weil er ständig bei seiner Freundin war und sich seit Wochen in der WG kaum noch blicken ließ. Nach etwa zehn Minuten machte sie plötzlich eine Pause, blieb ruckartig stehen und schaute mich für einen Moment scharf, auffordernd und etwas böse an. Es kam bei diesem Blick ein Satz in meinen Kopf, den ich zunächst nicht ganz verstand: „Sie hat *Schiß*!". Ich sah zunächst keinen direkten Zusammenhang zu dem, was sie gerade erzählte. Hatte ich ein unterschwelliges Gefühl von Angst bei ihr wahrgenommen? Oder war die anale Bedeutung des Wortes „Schiß" das Entscheidende? Ich war mir darüber nicht im klaren und sprach die Worte daher nicht aus. Wir gingen weiter im Kreis, und sie fuhr fort zu erzählen.

Sie sprach über die Angst, die ihr der Streit in ihrer WG gemacht hatte und kam über einige assoziative Zwischenschritte, die mit Konflikten und Pflicht verbunden waren, zu der Erinnerung, daß sie bis zum Alter von zwölf Jahren oft nachts ins Bett gemacht hatte. Ich hörte ihr weiter zu, fragte nach und spiegelte ihr zurück, was ich glaubte, verstanden zu haben.

Zu diesem Zeitpunkt spürte ich deutlich, ich solle Johanna „lassen", sie nicht lenken oder beeinflussen und möglichst wenig intervenieren. Ich empfing von ihrem Körperausdruck hauptsächlich Signale wie: „Bitte laß mich in Frieden!"

Wir sprachen - immer weiter miteinander im Kreis herumgehend - über den Zusammenhang von Angst und „ins Bett machen" sowie über ihre Gefühle von Ärger und Scham, die damit verbunden waren. Sie wirkte betroffen und strahlte eine eigenartige Mischung aus Verlegenheit und Stolz aus.

Mir fiel auf, daß sie noch immer teilweise „über" etwas sprach, was ziemlich weit vor ihr weg war. Ich schlug ihr daher vor, sich für ein paar Minuten auf die Matratze zu legen und mit ihrer Aufmerksamkeit in ihren Körper zu gehen. Sie legte sich hin und spürte, daß sie kalte Hände und Füße hatte. Sie fühlte einen Druck auf der Brust und eine flirrende Unruhe im Unterbauch. Dann lag sie noch einige Minuten still. Damit war die Stunde zu Ende.

Kommentar:

Die Stunde lag noch ganz am Anfang des therapeutischen Prozesses. Ich wußte bereits, daß Johanna immer wieder ruhige Stunden wie diese brauchte und daß sie wollte, daß ich das respektiere. Die Sitzung war geprägt von Gewähren und Mitgehen (hier auch im wörtlichen Sinne) sowie von Respekt vor dem Selbstschutz-Bedürfnis Johannas. Ich begleitete sie, und erst am Schluß wurde ich etwas aktiver und brachte sie mehr in Kontakt mit ihrem Körper.

Aus einem psychodynamischen Blickwinkel war das Herumlaufen Johannas ein Agieren, das „Drüber-Reden" eine Flucht in den Kopf und das Signal „Laß mich in Frieden!" eine Abwehr. Wenn ich jedoch versucht hätte, ihr diese Schutzmechanismen wegzunehmen, dann wäre ich bereits in einem unfruchtbaren Kampf mit ihren Ängsten verstrickt gewesen. Ich hatte das Gefühl, daß Johanna diesen Schutz brauchte. Ich *folgte* ihr im Fluß ihrer Gedanken und Handlungen. Dadurch wurde alles, was sie tat oder nicht tat, zur Kommunikation, also zur Brücke für den Kontakt zwischen uns. Indem ich versuchte, mich in sie einzufühlen und sie zu verstehen, baute ich von meiner Seite aus an dieser Brücke. Ich schuf einen Raum, in dem sie sich ausbreiten konnte. Erst als ich ihren auffordernden Blick bemerkte, begann ich sehr vorsichtig, nach Bezügen zwischen dem, was sie erzählte, und ihrer Lebensgeschichte zu suchen.

„Weniger" war in dieser Situation „mehr". Wenn ich versucht hätte, Johanna zu „schieben" oder tiefer in sie einzudringen, dann hätte das nur Rückzug und massive Verteidigung ausgelöst. Es ging vor allem darum, daß wir uns kennenlernten. Es ging um Vertrauen, um die Etablierung der therapeutischen Beziehung, um gegenseitiges „Abtasten", das Austesten von Grenzen, um die Herstellung eines Arbeitsbündnisses und um Kontaktaufnahme mit ihren Körpergefühlen.

Das Gehen im Kreis könnte als ein spontanes „Biodrama" verstanden werden: Johanna drückte ihre innere Unruhe aus. Sie spielte mir vor, wie sich ihre Gedanken im Kreis herumdrehten. Gleichzeitig kam sie durch die körperliche Bewegung energetisch „in Gang". Es zirkulierte in ihr mehr Energie, als wenn sie still auf einem Stuhl gesessen hätte.

Bei dem scharfen Blick Johannas stieg aus meinem Unbewußten ein Satz auf. Möglicherweise hatte ich auf dem Wege der psychosomatischen Resonanz eine Dynamik Johannas „aufgeschnappt", von der sie erst später sprach, nämlich daß sie bis zum Alter von zwölf Jahren ins Bett gemacht hatte. Ich hätte den mehrdeutigen Satz „Sie hat Schiß!" auch provokativ oder als Deutung einsetzen können: „Du hast Schiß!?" oder „Hast du Schiß?" Dafür schien es mir aber noch zu früh zu sein.

Ich empfand das Ende der Sitzung als nicht ganz „rund". Normalerweise strebe ich an, daß sich der Klient am Ende in einer relativ harmonisierten Grundstimmung befindet („Happy-End-Methode"). Manchmal ist das aber nicht möglich, oder es gelingt nicht, so wie in dieser Stunde. Johanna war in einem Zustand von partieller Kontaktlosigkeit und energetischem Rückzug geblieben(kalte Hände und Füße, Druck auf der Brust, Flirren im Bauch). Es handelte sich möglicherweise um Symptome von Trennungsangst. Johanna zog sich energetisch zurück, um den Schmerz der Trennung von mir als Repräsentant ihrer Mutter am Schluß der Sitzung nicht fühlen zu müssen. Diese Dynamik wurde in den nächsten Wochen und Monaten der Therapie noch häufig zum Thema.

Der Ärger auf den Mitbewohner, der oft weg war, war möglicherweise eine Projektion. Die Klientin hatte ja selbst die Tendenz, oft aus der Wohngemeinschaft zu verschwinden und bei ihrer Mutter herumzusitzen. Diese starke Bindung an ihre Mutter war etwas, was die Klientin an sich gar nicht mochte. Wie später deutlich wurde, spielte bei dem Konflikt mit dem Mitbewohner auch Eifersucht auf dessen Freundin eine Rolle, weil er sie Johanna vorzog.

2. Beispiel-Sitzung:

(20. Therapiestunde, zweieinhalb Monate nach Therapiebeginn.)

Johanna saß mir zusammengekrümmt wie zusammengefallen gegenüber und sprach lange davon, wie einsam sie sich fühlte. Sie sagte, sie fühle sich oft auch von mir verlassen, wenn die Stunde zu Ende sei, obwohl sie rational wußte, daß das eine der Grenzen der Therapiesituation ist. Während sie davon sprach, fühlte ich, wie in *mir* ein Gefühl von Traurigkeit aufstieg.

Sie erzählte von ihrer Zeit im Kindergarten und wie allein sie sich fühlte, wenn sie sich dort mittags schlafen legen mußte. Ich schlug ihr vor, sich auf die Matratze zu legen und sich vorzustellen, sie läge in einem Bettchen im Kindergarten, es sei die Zeit der Mittagsruhe, und sie müsse jetzt schlafen. Sie zögerte zunächst und sagte, mein Vorschlag mache ihr Angst, weil sie befürchtete, daß die alten Gefühle wiederkommen und sie überschwemmen könnten. Ich schwieg und wartete ihre Entscheidung ab. Schließlich meinte sie, sie könne es ja einmal versuchen.

Sie sah sehr verängstigt aus, wie sie so in ihrem Bettchen lag, und um sich zu beruhigen, sang sie sich selbst mit einer zittrigen Kinderstimme ein Schlaflied: „Schneeglöckchen, weiß Röckchen, wann kommst du geschneit ...". Das berührte mich so sehr, daß mir die Tränen über die Wangen liefen. Die Klientin hatte die Augen geschlossen und weinte ebenfalls. Nach einiger Zeit sang ich ihr ein Schlaflied und hielt ihre Hand dabei, während sie schweigend zuhörte und weinte. Wir sangen eine Weile auch zusammen. Zwischendurch erzählte sie, wie sie sich einmal als Kind aus Angst in der Ecke einer eiskalten Waschküche verkrochen hatte, bis ein Nachbar sie dort fand.

Hinterher sagte ich ihr, wie sehr es mich berührt hatte, als sie gesungen hatte, und daß ich geweint hatte. Die Stimmung, die dadurch entstand, ist schwer in Worte zu fassen. Ich fühlte in diesem Moment deutlich, daß Johanna mir *als Person* etwas bedeutete. Ich sah in ihr nicht nur das hilflose Kind, sondern auch sie als erwachsene Frau, die darum kämpfte, im Leben zurechtzukommen, und ich sagte ihr das auch. Ihre Augen waren plötzlich wieder voller Tränen, aber auch strahlend. Am Ende der Sitzung drückten wir uns herzlich und lächelten einander eine Weile an.

Kommentar:

Ich wußte am Anfang der Sitzung nicht, was geschehen würde, ebensowenig wie Johanna. Die Sitzung begann „formlos": Johanna erzählte mir, was ihr gerade einfiel. Dann machte ich einen strukturierenden Vorschlag, um in die Körperarbeit einzusteigen. Johanna mußte entscheiden, ob sie meinem Vorschlag folgen wollte oder nicht. Sie konnte wählen, zu verharren, sich auf meinen Vorschlag einzulassen, weiter zu reden oder von sich aus eine andere Richtung anzusteuern. Ich hatte sie an eine Weggabelung geführt und ihr dann die Wahl des Weges überlassen. Sie bekam Angst und zögerte, dann fällte sie eine Entscheidung. Ich konnte ihre Angst sehen und hätte jede andere Wahl ebenso akzeptiert.

Aus Formlosigkeit wurde Form: Es entstand eine Katharsis von alter Angst und Traurigkeit. Johanna durchlebte eine traumatische Situation aus ihrer Kindheit noch einmal, aber nun mit einem anderen, positiven Ende. Ich gab ihr das, was ihr damals gefehlt hatte: Ich spürte ihre Einsamkeit, ich blieb bei ihr, sang sie in den Schlaf und hielt ihre Hand dabei. Erst dadurch konnte ihre Trauer und Angst wirklich emporkommen.

Ich war in dieser Sitzung relativ stark mit meinen eigenen Gefühlen präsent, die ich am Ende auch mitteilte. Ich war von der Hilflosigkeit und Einsamkeit Johannas angerührt. Sie sprach offenbar meine eigenen Erfahrungen von Verlassenheit an. Johanna hatte eine alte Wunde in mir berührt. Ich hatte meine Gefühle von Alleinsein jedoch schon oft in meiner eigenen Therapie bearbeitet, so daß ich in der Stunde die Freiheit hatte, sie zuzulassen und zu zeigen, ohne allzu sehr darin verwickelt zu werden.

Das Gefühl Johannas, am Ende der Therapiestunden von mir verlassen zu werden, hatte mit Übertragung zu tun. Ich war für sie die Mutter, die sie verließ. Meine Gefühle von Trauer und Einsamkeit waren teilweise eine Gegen-übertragung und eine Identifizierung mit dem inneren Kind in der Klientin. Es war also eine Wechselwirkung alter Muster zwischen uns aktiviert, die ich in der Woche nach der Sitzung in meiner Supervison zum Thema machte.

Aber *unter* der Übertragungsdynamik war eine viel wesentlichere Ebene berührt: die *Begegnung zweier Menschen*. Ich empfand nicht nur Mitgefühl für das Kind in Johanna. In meinem „mütterlichen" Behütungs-Instinkt ihr als Kind gegenüber wäre ich an ihr als erwachsene Frau teilweise vorbeigegangen. Ich fühlte Johanna vor allem als *Person* und machte auch mich als Person in gewissem Umfang sichtbar. Hätte ich mich künstlich „kalt gestellt", dann hätte ich mich selbst verleugnet, und das wäre nicht heilsam gewesen. Ich durfte mich aber auch nicht zu früh und nicht zu weit einbringen, um Johanna nicht mit meinem eigenen alten Schmerz zu überschwemmen.

Ich war stark berührt, wahrte aber dennoch eine gewisse Distanz: Der Prozeß war *ihr* Prozeß, in meiner ganz individuellen Seele reflektiert. Meine Resonanz war kein plattes Spiegelbild, keine identische Reproduktion der Gefühle Johannas, sie war auch von meiner eigenen Geschichte und meinen emotionalen Erfahrungen geprägt. Johanna hatte etwas Altes und Aktuelles in mir berührt, und ich zeigte es ihr. Es war ein kontrollierter Dialog zwischen ihrem Unbewußten und dem meinen, vor allem aber ein direkter emotionaler Kontakt zwischen zwei Menschen, die einander wertschätzten.

3. Beispiel-Sitzung:
(31. Therapiestunde, fünf Monate nach Therapiebeginn.)
Als Johanna hereinkam, wirkte sie erschöpft, flatterig, aufgequollen, etwas bleich und ziemlich „bodenlos". Sie sagte, daß sie morgen ihre erste mündliche Diplomprüfung habe und deswegen sehr aufgeregt sei. Sie bat mich, ihr eine Massage zu geben, damit sie sich ein wenig entspannen könne. Ich fand das sinnvoll und bat sie, sich auf den Massagetisch zu legen. Ich dachte zunächst daran, ihren Kopf eine zeitlang zu „halten" ("Holding") und ihr dann eine ausleitende Gewebemassage zu geben. Als ich begann, sie zu massieren, und

dabei mit dem Stethoskop ihre peristaltischen Geräusche verfolgte, bemerkte ich, daß das Stethoskop besonders stark reagierte, wenn ich auf der Ebene der Muskelhaut (also in der äußersten Schicht der Muskeln) massierte. Ich folgte den Darmtönen im Stethoskop und massierte ihre oberen Muskelschichten vor allem auf dem Rücken mit einer Bewegung von innen nach außen und von oben nach unten. Bei den Rückenstreckern auf der Höhe des Zwerchfells und an der Achillessehne kamen besonders kräftige, wässrige Geräusche.

Am Ende der Massage wirkte Johanna sehr viel ruhiger. Sie atmete tief und entspannt und sah rosig und gelöst aus. Ich hielt noch eine Weile ihren Kopf, damit sie ihn ein wenig loslassen konnte, und zum Schluß noch ihre Füße, um ihr ein Gefühl von Erdung zu geben.

Kommentar:
Die Sitzung diente nicht der analytischen Bearbeitung unbewußten Materials. Sie hatte überwiegend den Charakter von „erster Hilfe" in einer aktuellen Streßsituation. Einen Tag vor der Diplomprüfung sollte man nicht neues unbewußtes Material aufrühren. Es war besser, Johanna zu helfen, sich zu entspannen, loszulassen und etwas stabiler zu werden. Johanna war offenbar energetisch stark überladen und brauchte eine Akutbehandlung zur Befreiung von psycho-somatischem Streß, eine Förderung ihrer vegetativen Verdauung und ihrer Selbstregulation.

Ich massierte sie in dieser Phase der Therapie für etwa drei Monate jede zweite oder dritte Sitzung, und zwar immer dann, wenn sie es sich wünschte. Sie hatte schon genug Sicherheit, um zu fühlen, was sie brauchte, und Vertrauen genug, ihre Wünsche mir gegenüber zu äußern.

In der Zeit davor waren in Johanna während den Sitzungen oft heftige Gefühle aufgestiegen. Der energetische Stau zu Beginn dieser Stunde war wahrscheinlich nicht nur durch die Prüfung bedingt, sondern auch durch den dynamischen Auftrieb der vorangegangenen aufdeckenden Körperarbeit.

Es ist ein Grundprinzip der biodynamischen Arbeit, nicht mehr Energie zu mobilisieren, als integriert, verdaut und im Alltag umgesetzt werden kann. Die neurotisierten Emotionen sollen verarbeitet werden, so daß die darunter liegende primäre Energie für den Alltag verfügbar wird. Neben der kathartischen Arbeit mit der Befreiung aufsteigender Emotionen (dem sympathischen Prozeß) förderte ich daher im Prozeß mit Johanna immer wieder das Abfließen, das Loslassen und die Harmonisierung (den parasympathischen Prozeß). Auf diese Weise konnten stärkere energetische Überladungen vermieden werden, die die Konfliktspannung Johannas verstärkt hätten, statt sie zu vermindern.

Johanna war zu beginn der Sitzung in einem vegetativen Zustand der Hypertonie des Sympathikus. Es war viel Energie mobilisiert, die keine an-

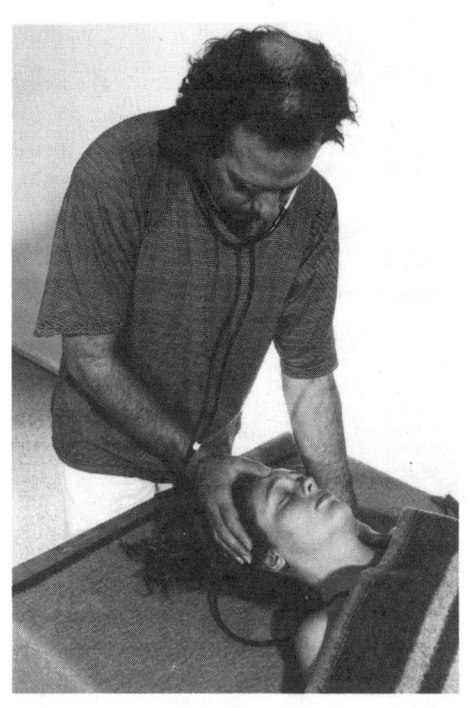

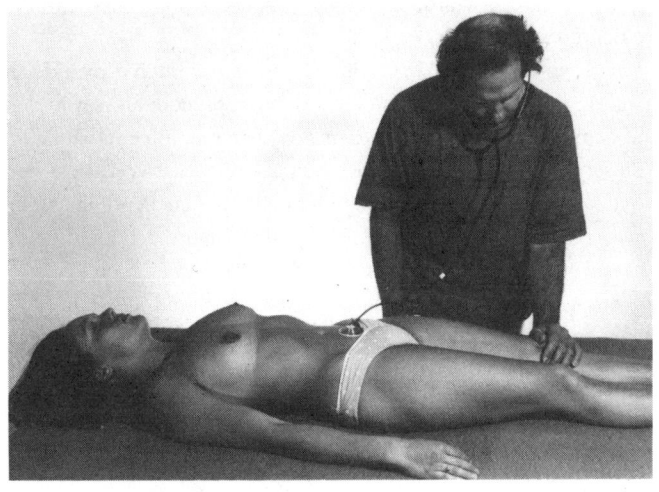

Abb. 38+39: Stethoskopmassage

gemessenen Ausgänge fand. Die Massage sollte unmittelbar die Überladung abbauen helfen und Johanna eine bessere Erdung geben. Sie half längerfristig aber auch, eine positive Beziehung zu Johanna zu etablieren, indem sie sich „in guten Händen" fühlte. Johanna konnte sich einer fürsorglichen Berührung hingeben und dadurch etwas von ihren eingekörperten Streßmustern loslassen.

Langfristig diente die Massage auch als Eingang in die therapeutische Regression, als Zugang in die frühkindliche Erlebniswelt. Die passiv-behütete Situation der Massage „erinnerte" den Körper Johannas an die Zeit, als sie von ihrer Mutter versorgt und behütet wurde, so daß die Gefühle und Beziehungsmuster aus der präverbalen Zeit leichter zugänglich wurden.

4. Beipiel-Sitzung:

(64. Therapiestunde, eineinviertel Jahre nach Therapiebeginn.)

Johanna brachte einen Stapel Bilder mit und sagte, sie wolle mit ihnen arbeiten. Sie hatte unter anderem einen Traum gemalt, den sie in verschiedenen Variationen in der letzten Woche mehrmals geträumt hatte. Eines der Bilder hatte es ihr besonders angetan. Es stellte ein Ungeheuer dar, das ihr im Traum begegnet war, das aber, wie ich fand, eher wie ein süßer brauner Teddybär aussah. Ich schlug ihr vor, für fünf Minuten dieses Ungeheuer zu spielen. Sie sollte sich damit identifizieren, das heißt, sich *als* das Ungeheuer bewegen und sprechen. (Ich schaute dabei auf die Uhr und achtete genau darauf, daß die fünf Minuten nicht überschritten wurden. Das gab Johanna mehr Sicherheit und eine bessere Begrenzung.)

Über eine Reihe von szenisch dargestellten Zwischenschritten verwandelte sich die Phantasie des Ungeheuers in einen Mann mit einem Messer in der Hand, der auf dem erleuchteten Flur vor dem Schlafzimmer Johannas auf und ab ging. An dieser Stelle hatte Johanna einen heftigen Ausbruch von Angst, der in einen Asthmaanfall überging. Sie atmete schnell und keuchend, ihr Atem begann zu rasseln und zu pfeifen, wobei sie spürbar zitterte. Ich hielt sie im Stehen schützend in meinen Armen und strich dabei sanft über ihren Rücken.

Nachdem ihr Asthmaanfall etwas abgeklungen war und sie sich nach langem Schweigen ein wenig beruhigt hatte, sagte sie: „Ich glaube, der Mann ist mein Vater!" Bei diesen Worten ging wiederum eine Welle von Angst durch ihren Körper, die ich in der Nähe, in der wir uns befanden, in meinem Körper deutlich mitfühlen konnte: Ich fühlte etwas wie einen heißen, bedrohlichen Schauer, der aus meinem Bauch aufsteigen wollte. Gleichzeitig war es, als wollten meine Beine zittern, und ich spürte einen Druck auf meiner Brust. Diese Gefühle fühlten sich aber irgendwie „indirekt" an, wie ein Echo auf die Empfindungen Johannas. Sie hatte ihren Schatten auf mich geworfen, ich nahm an ihrem Schrecken teil. Ich spürte in diesem Moment, das es sich um eine Angst handelte, etwas zu entdecken, was lieber nicht berührt werden wollte. Gemeinsam mit Johanna versuchte ich zu verstehen, was das Bild mit dem Messer bedeutete und was es mit ihrem Vater zu tun hatte. Die Verbindung zwischen dem Bild mit dem Messer und ihrem Vater schien zunächst einmal nur eine phantasierte Assoziation zu sein, ohne daß damit konkrete Erinnerungen einhergingen. Offenbar steckte hinter diesem Bild jedoch eine sehr starke Ladung.

Allmählich wurde Johanna ruhiger. Wir setzten uns auf den Boden und kamen zurück zu den Bildern, die sie mitgebracht hatte. Wir sprachen noch eine Weile auf einer alltäglicheren Ebene über die Ambivalenz, die in dem Bild von dem Ungeheuer bzw. Teddybär steckte und über eine ähnliche Ambivalenz in ihrer Vaterbeziehung und ihrer Beziehung zu Männern. Sie sagte, sie habe Angst vor dem Mann bzw. dem Vater, vor allem als sexuelles Wesen, sie fühle gleichzeitig aber auch Zärtlichkeit und Zuneigung ihm gegenüber. Dann war die Stunde um.

Kommentar:

Die Sitzung zeigt eine Möglichkeit von Traumarbeit mit dem Körper durch biodramatisches Inszenieren. Diese Methode ist der Gestalt-Traumarbeit verwandt, betont jedoch stärker den körperlichen Ausdruck und die körperlich-energetische Interaktion.

Die Arbeit mit Zeitbegrenzungen ist vor allem dann nützlich, wenn ein Klient Angst hat, in ein Gefühl „hineinzufallen" oder davon überwältigt zu werden. Das Bewußtsein, daß der Therapeut nach kurzer Zeit das Experiment beendet, erleichtert dem Klienten, sich auf solche bedrohlichen Anteile einzulassen. Der Therapeut übernimmt vorübergehend eine Ich-Funktion, die Fürsorge für eine Grenze des Klienten.

Ich hatte schon vorher einige spontane Asthmaanfälle Johannas miterlebt und rechnete bereits damit, daß irgendwann ein Anfall durch eine therapeutische Arbeit ausgelöst würde. Da die Anfälle Johannas nie bedrohlich wurden und immer nach einiger Zeit von selbst wieder abklangen, fühlte ich mich sicher genug, mit ihr durch den Anfall hindurch gehen zu können.

In dieser Phase der Therapie sickerte der Prozeß immer tiefer in die Lebensgeschichte Johannas ein und berührte alte, hoch geladene Beziehungsdramen mit ihren Eltern. Die Klientin war so weit, daß sie sich von sich aus mit ihrem Schatten konfrontieren wollte. Zu diesem Zweck hatte sie die selbstgemalten Bilder mitgebracht.

Der autonome dynamische Auftrieb aus dem Unbewußten war sehr stark und wurde in dieser Sitzung teilweise durch das frühe organismische Muster einer Somatisierung (Asthma) abgewehrt. Der Angstaffekt konnte noch nicht vollständig gefühlt werden und führte daher zu einer Kontraktion der Bronchiolen, die das Atemvolumen einengte und damit die Energieproduktion beschränkte. Das Asthma war unter diesem Gesichtspunkt ein Mechanismus, um sich vor unerträglichen, wahrscheinlich sehr frühen Ängsten zu schützen. Um sich diesem Anteil überhaupt stellen zu können, brauchte Johanna meinen Schutz und meine körperlich fühlbare Präsenz. Dieser Schutz hatte ihr in der Ursituation wahrscheinlich gefehlt.

Die Sitzung durchlief eine Phase der Konfrontation mit inneren Bildern (Rollenspiel zu Beginn), eine Integrationsphase (analytisches Verstehen in der Mitte) und eine Harmonisierungsphase (Halten und alltagsnaher Kontakt am Schluß), also tendenziell einen vegetativen Zyklus mit einem sympathischen und einem parasympathischen Anteil. Wäre die Therapie noch am Anfang gewesen, dann wäre ich mit dieser Klientin nicht so weit in ihre beängstigenden Gefühle gegangen. Aber jetzt war die Zeit reif für die Begegnung mit dem Schatten. Ich kannte sie gut genug, um zu wissen, daß sie sich jetzt in gewissem Umfang ihren beängstigenden inneren Bildern stellen konnte.

Als ich sie schützend in meinen Armen hielt, war ich Johanna körperlich sehr nah, so daß eine starke psychosomatische *Resonanz* zwischen uns entstand, eine energetisch-emotionale Wechselwirkung, ein körperlich-psychisches Mitschwingen auf der Tiefenebene. Ich fühlte etwas von ihren Gefühlen in meinem Körper mit. Ich empfand die Angst zwar auf meine Weise und in meinem Körper, aber sie waren offenbar durch die Dynamik Johannas angeregt. Durch die Resonanz konnte ich auf einer organischen Ebene „mitgehen" und auch Aspekte wahrnehmen, die mir durch rationales Verstehen nicht zugänglich gewesen wären und die Johanna zu diesem Zeitpunkt selbst teilweise nicht bewußt waren.

Die auftauchende Angst hatte etwas mit der Enttabuisierung bestimmter Aspekte der Vaterbeziehung zu tun. Angstbesetzte Erinnerungen an den Vater kristallisierten sich in den folgenden Sitzungen immer wieder heraus. Erst später wurde klar, daß sich Johanna als kleines Mädchen oft von ihrem Vater bedroht gefühlt hatte, wenn er abends nackend durch die Wohnung lief. Es handelte sich wahrscheinlich um einen „atmosphärischen" sexuellen Mißbrauch auf der Ebene von Wünschen, Gedanken, Impulsen und Phantasien. Erinnerungen an tatsächliche Mißbrauchshandlungen tauchten im Laufe der Therapie nicht auf.

Ich gehe davon aus, daß sexueller Mißbrauch auch auf einer „energetischen" Ebene ohne konkrete Handlungen traumatisch sein kann. „Atmosphärischer" Mißbrauch von Kindern beiderlei Geschlechts ist sehr häufig und kann in

Situationen geschehen, die äußerlich völlig harmlos aussehen. Das Kind hat später keine konkreten Erinnerungen an etwas tatsächlich Geschehenes, aber es hat etwas Fremdes, Widerliches, Bedrohliches gespürt, das ihm Ekel und Abscheu einflößte. Der Klient hat dann später Gefühle wie: „Ich glaube, irgendwas ist mir mir geschehen, aber ich weiß nicht, was." Es hat erwachsene sexuelle Gefühle und Impulse, zum Beispiel eines Elternteils auf sich gerichtet gespürt, und körperlich darauf reagiert, selbst wenn äußerlich betrachtet gar nichts geschehen ist. Sexuelle Phantasien mit den Eltern aus der Kindheit dürfen nicht vorschnell als pure Projektionen ödipaler Wünsche des Kindes abgetan werden, sie sind oft auch reale Wahrnehmungen von Beziehungs-konstellationen oder unterschwelligen Wünschen der Eltern.

Wie sich später herausstellte, waren die Asthmaanfälle auch mit noch früheren Situationen der Einengung und Todesangst verknüpft, bis zurück zur Geburt und in die Zeit im Mutterleib.

5. Beispiel-Sitzung:

(94. Therapiestunde, zwei Jahre nach Therapiebeginn.)

Johanna sagte schon beim Hereinkommen mit einer etwas kindlich-schmollig wirkenden Stimme, sie sei heute „total geladen". Sie sei wütend auf mich, auf sich und auf die ganze Welt, sie würde am liebsten „alles kaputtschlagen". Als ich sie fragte, was geschehen war, erzählte sie, daß ihre Nachbarin die halbe Nacht über unerträglich laute Musik gemacht habe, aber sie habe sich nicht getraut, zu ihr hinüber zu gehen und mit ihr zu reden. Als sie sich vor einiger Zeit schon einmal über Krach beschwerte, habe die Nachbarin zwei Tage danach ihr Fahrrad mit Teer beschmiert. Nachdem sie das erzählt hatte, machte sie sich am ganzen Körper steif und rührte sich nicht mehr.

Ich schlug ihr vor, sich auf die Matratze zu legen, darauf zu achten, ob kleine Bewegungsimpulse auftauchten, und ihnen zu folgen. Während sie begann, leicht ihre Fußzehen zu bewegen, griff ich mit meinen Händen unter ihren Rücken und massierte kräftig die Muskulatur des unteren Rückens. Es entstand ein „Temper Tantrum", ein Wutanfall: Johanna trommelte mit den Fäusten und den Beinen gegen die Matratze und schrie dabei laut: „Du verdammtes Arschloch!", „Hör auf!", „Ruhe!", „Nein!"

Nach kurzer Zeit brach sie plötzlich ab und fragte mich, ob die Nachbarn des Therapieraumes sie hören könnten. Ich verneinte, und daraufhin kam eine noch stärkere Entladung, die schließlich in ein tiefes Weinen mündete. Johanna erzählte unter vielen Tränen von ihren beiden älteren Brüdern, die sie oft gehänselt und geärgert hätten und denen gegenüber sie sich sehr wehrlos gefühlt habe. Sie hätte ihnen damals gerne gesagt: „Laßt mich doch verdammt noch mal in Ruhe, ich tue euch doch gar nichts!" Sie sagte das zunächst ziemlich weinerlich und resignativ. Ich schlug ihr vor, diesen Satz nochmal zu sagen, zuerst zu ihren Brüdern und dann zu ihrer Nachbarin, und ihn dabei langsam umzuformen, bis er klar auszudrückte, was sie wollte. Es entstand schließlich der Satz zur Nachbarin: „Ich möchte, daß du ab zehn Uhr abends die Musik auf Zimmerlautstärke stellst." Sie wirkte dabei ziemlich klar und definitiv, und es sprach Kraft und Präsenz aus ihrem Körperausdruck.

Kommentar:

Diese Sitzung ist ein Beispiel für die Arbeit mit emotionaler Entladung durch Vegetotherapie und für den Transfer verfügbar gewordener Energie in den Alltag. Johanna war mit ihrer Energie so weit in Berührung, daß ein Impuls genügte, damit es zu der befreienden Entladung kam. Der energetische Ausdruck allein wäre ein bloßes „Dampf ablassen" geblieben, wenn darauf nicht der Transfer ihres primären Bedürfnisses nach Ruhe und Abgrenzung in die Alltagssituation gefolgt wäre.

Wahrscheinlich war die Wut Johannas anfangs auch deswegen blockiert, weil ein Teil davon sich gegen mich richtete. Johanna war in diesem Moment wie ein Kind, dem etwas mißlingt und das deshalb wütend auf seine Mutter ist. Bis zu einem gewissen Alter geht ein Kind nämlich selbstverständlich davon aus, daß die Mutter seine Umwelt vollständig kontrolliert, so daß sie für jedes Mißgeschick und jedes Unglück automatisch verantwortlich ist. Der Ärger gegen mich als omnipotente Mutter war vorher bereits einige Male aufgetaucht. Ich hätte auch auf dieser Ebene der Übertragung arbeiten können, aber ich hatte das Gefühl, daß sich ihre Wut hauptsächlich gegen die Nachbarin richtete und daß die Wut gegen mich eher ein regressives Ausweichen vor einer ganz realen Konfrontation war. Ihre Kraft brauchte ein reales Ziel. Während der emotionalen Entladungsarbeit blieb ich mit dem kontrollierten Ich-Kern, dem *inneren Beobachter*, Johannas in verbalem Kontakt. Ich fragte sie, was sie erlebte, wen sie im Geist vor sich sah und auf wen sich ihre Wut gerade richtete. Sie war in ihren Gefühlen aber gleichzeitig wach und aufmerksam und konnte bewußt wahrnehmen und berichten, was geschah. Die befreiende Entladung war kontrolliert. Der regressive Anteil der Wut richtete sich gegen die Matratze und wurde kathartisch entladen. Die Wut wurde dadurch von regressiven Anteilen gereinigt, so daß sie fühlen konnte, worauf es ihr im Konflikt mit der Nachbarin eigentlich ankam. Es blieb ein erwachsenes Bedürfnis nach Respekt und nach Abgrenzung zurück, das klar, realistisch und realisierbar war, zusammen mit der energetischen Potenz, es auch durchzusetzen.

Johanna hatte in ihrer Kindheit nicht gelernt, ihre Kraft zu benutzen, um sich vor Invasionen zu schützen. Bei dem Versuch wurde sie oft „klein gemacht".

Daher hatte sich bei ihr ein chronischer Aggressionsstau entwickelt. Sie mußte in der Sitzung erst einmal zurück zu der *alten* Wut (hier gegen ihre Brüder) gehen, damit sie mit ihrem energetischen Reservoir von Kraft in Kontakt kam, und dann konnte sie ihre aggressive Energie in ihrem heutigen Alltag fühlen und realisieren. Sie mußte das alte Drama energetisch austragen und dann lernen, im erwachsenen Alltag für ihre Interessen einzutreten.

Zwei Wochen später in einem langen Gespräch mit ihrer Nachbarin und deren Freund, stellte sich das Problem plötzlich als lösbar heraus. Die Selbstbehauptungskraft Johannas war von regressiven Verstrickungen und Hemmungen gereinigt worden. Primäre Energie war umbesetzt worden, sie stand nun für eine reale Aufgabe zur Verfügung. Weder die bloße energetische Katharsis, noch ein übendes Rollenspiel allein hätten diesen Effekt gehabt.

6. Beispiel-Sitzung:

(105. Therapiestunde, zweieinhalb Jahre nach Therapiebeginn.)
Ich betrat den Therapieraum nach Johanna. Sie hatte sich schon auf den Fußboden gelegt und ihre Augen waren geschlossen. Ich setzte mich neben sie und tat nichts. Nach etwa fünf Minuten stellte sie ihre Knie hoch und begann, ihre Beine leicht und wiegend zu bewegen, wie Gras oder Schilf im Wind. Sie atmete dabei sehr flach, praktisch unsichtbar. Ich intervenierte nicht und war nur aufmerksam anwesend.

Nach einigen Minuten entstand ein leichtes Zucken aus ihrem Becken heraus, das sich allmählich in ihren ganzen Körper hinein ausbreitete. Johanna wirkte in sich gekehrt, als würde sie sich innerlich ganz vorsichtig an etwas herantasten. Aus der Art ihrer Bewegung und ihrer Mimik sah man, daß sexuelle Energie in Bewegung war. Sie wirkte, als ob sich ihr Becken immer lustvoller autonom bewegte, während sie Schultern und Nacken festhielt und die Kiefer zusammenbiß und ihr Kopf verwundert und etwas peinlich berührt zusah.

Ich fühlte mich auf eine subtile Weise leicht erotisiert. Vor allem aber fühlte ich mich behutsam und liebevoll. Ich freute mich und nahm Anteil an dem, was Johanna ohne mein Zutun gerade entdeckte. Ich sagte und tat nichts.

Nach einer Weile streckte sie ihre Beine wieder aus, und es liefen noch immer kleine Wellen von zuckenden Bewegungen durch ihren Bauch. Dann lag sie etwa zehn Minuten still. Es war eine Ruhe, die sich für mich „vollkommen" und wohlig anfühlte.

Dann erzählte Johanna, daß sie während der zuckenden Bewegungen viel Angst und Kälte, aber gleichzeitig auch etwas Weiches und „Energie" in ihrem Becken empfunden hätte. Letzteres sei ihr ziemlich peinlich, vor allem, weil ich ein Mann sei. Ich drückte mein Verständnis aus und signalisierte ihr durch „ja" oder „mhm", daß ich ihr zuhörte.

Am Ende der Sitzung lag sie wieder einige Minuten schweigend. Ich legte ihr vorsichtig eine Decke über die Beine und verabschiedete mich; sie blieb noch etwa fünfzehn Minuten allein im Therapieraum liegen.

Kommentar:

In dieser Sitzung wurde eine sehr sensible Zone berührt. Johanna fing an, sich für ihre Sexualität zu öffnen. Es ging um Gefühle von Lust, mit denen sie durch die zarten Bewegungen ihrer Knie Kontakt aufnahm. Es war für sie schön, aber auch heikel, Lustgefühle in meinem Beisein zu empfinden. Auf einer eher formellen Ebene war ich ihr Therapeut, der Distanz zu ihr hielt, auf einer persönlichen Ebene ein Mann, den sie, wie sie in einer vorangegangenen Sitzung gesagt hatte, ziemlich attraktiv fand. Auf der Übertragungsebene war ich ihr Vater, und sexuelle Gefühle in seinem Beisein oder gar ihm gegenüber galten als strengstes Tabu. Später wurden diese Gefühle bekannter, und Johanna konnte sie besser zeigen und aktiver zu ihnen stehen.

Es war für sie auch dann schwer, sexuelle Lust zuzulassen, wenn sie mit ihrem Freund zu Hause im Bett lag. Auch hier spielten ziemlich massive Übertragungsprozesse eine Rolle.

Die Stimmung in der Sitzung war so sensitiv, daß sie durch eine kleine Irritation hätte zerstört werden können. Ich hielt mich daher mit meinen Äußerungen sehr zurück, um sie nicht zu stören.

Die Sitzung ist ein Beispiel für den Wert der Arbeit mit der einfachen Präsenz und der *kreativen Leere.* Ich war überwiegend in einem passiv-rezeptiven Zustand, der einer stillen Meditation ähnelte. Ich intervenierte nicht, ich war gewährend anwesend, während die Klientin selbständig „arbeitete". Sie war mit ihren inneren Impulsen in Kontakt, und es entstand etwas von selbst aus ihrem Unbewußten heraus. Ich brauchte ihr nur Raum zu geben, mehr war nicht nötig.

Die Hemmung der Lustgefühle durch Vaterübertragungen auf mich und auch auf ihren Freund war in dieser Phase der Therapie das zentrale Thema. Indem Johanna in den folgenden Monaten erkannte, daß sie auf Männer lustfeindliche Aspekte ihrer frühen Elternbeziehungen projizierte, und indem sie diese Anteile in der Übertragung mit mir bewußt austragen konnte, wurde erstmals eine tiefere und stabile Beziehung mit einem Mann möglich. Die Übertragung hatte einen Ort, wo sie erlebt und angeschaut werden konnte, sie brauchte daher nicht mehr im Alltag agiert zu werden.

Das Zucken aus dem Becken heraus war eine Andeutung des von Reich so genannten „Orgasmusreflexes", einer Ausdrucksform sexueller Energie im

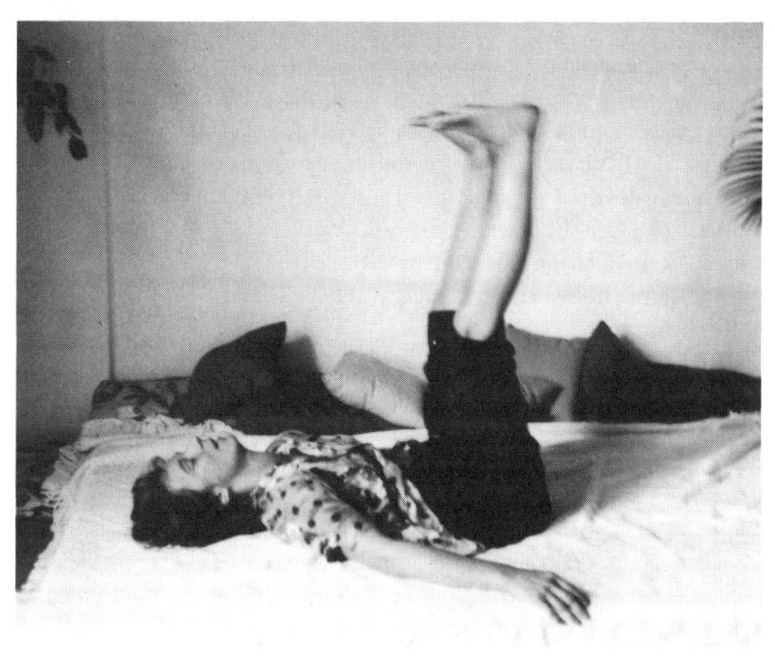

Abb. 40: Orgasmusreflex-Übung

Körper. In den Sitzungen vorher hatte es schon öfter Ansätze von spontanen Beckenbewegungen bei Johanna gegeben, die ich behutsam gefördert hatte. Nun experimentierte sie selbständig damit. Sie kam in Kontakt mit der „orgonomischen" Ebene der im Körper strömenden Libido.

Durch das Festhalten im Nacken und im Kiefer und durch die energetische Abtrennung des Kopfes vom Körper wurden die orgonomischen Strömungen teilweise blockiert. Es brauchte viel Zeit, um diese Blockierungen etwas zu lockern, so daß Johanna manchmal die orgonomischen Wellen durch ihren ganzen Körper fließen lassen konnte, was mit intensiven Gefühlen von Lust und Durchströmtsein verbunden war.

Nach 156 Sitzungen (etwa drei Jahren) schloß Johanna ihre Therapie ab. Ihre Asthmaanfälle waren deutlich zurückgegangen, oft war sie für Monate anfallfrei (wozu wahrscheinlich eine parallele homöopathische Behandlung das Ihre beigetragen hatte). Sie hatte mehrere längere Beziehungen gehabt, die letzte hielt schon seit über einem Jahr. Sie sah ihre Mutter nur noch etwa einmal alle vierzehn Tage. Die Über-Offenheit ihrer Ich-Grenze trat gelegentlich noch auf, aber sie hatte die positive Seite dieser Zustände entdeckt und wollte sie gar nicht mehr missen. Sie empfand sie als eine Öffnung für trans-rationale Erfahrungsbereiche. Mit neu gewonnenen Freunden konnte sie darüber sprechen, wie sie „Energie" wahrnahm, und empfand ihre Über-Offenheit jetzt eher als Fähigkeit, denn als Schwäche. Die nächtlichen Phantasien von dem bedrohlichen Mann waren verschwunden. Sie hatte ihr Studium abgeschlossen und arbeitete in einem Frauenprojekt.

Die Sitzungen zeigen nur einen Ausschnitt aus dem Therapieprozeß der Klientin und aus der Vielfalt unserer Arbeit. Das Spektrum der Biodynamischen Therapie ist viel breiter als hier angedeutet. Es fehlt in den Beispielsitzungen etwa die Beziehungsarbeit im direkten Kontakt und auf der Übertragungsebene, die konfrontative Arbeit, ebenso die Ich-stabilisierende Arbeit auf der Ebene der Frühstörung, die Arbeit mit dem Containment, mit dem Atem, der Körperhaltung und -struktur ebenso wie spezifische Massageformen, um nur einige zu nennen.

Es sollte aber deutlich geworden sein, daß die Zen-Haltung in der Therapie für mich nicht bedeutet, mit dem Klienten Meditationsübungen oder spirituelle Rituale durchzuführen, sondern daß sie vor allem eine implizite Einstellung ist, die tendenziell alles durchdringt, was ich in der Therapie tue.

Kapitel 5

Die Philosophie der Begegnung: Auf dem Weg zu einem humanistischen Menschenbild

Wir haben unsere Väter entmachtet.
(Wo bist du, Vater?)
Wir haben unsere politischen Leitfiguren entmachtet.
(Wo gehen wir hin?)
Wir haben die alten Ideen entmachtet.
(... aber kannst du mir sagen, wer ich eigentlich bin?)

Die Unendlichkeit der inneren Räume, die Unerschöpflichkeit des Unbewußten macht die Faszination des unendlichen Wachstums aus, zu dem wir fähig sind. Wir kommen niemals an ein Ziel, es geht immer weiter, tiefer. Die innere Welt ist unendlich wie die äußere.

Nach einem uralten Märchen aus Indien ruht die Welt auf dem Rücken einer riesigen Schildkröte, damit sie im Weltraum nicht einfach herunterfällt. Auf die neugierige Frage, worauf denn diese Schildkröte eigentlich stünde, antwortete ein Gelehrter des Altertums: „Nun, da ist wieder so eine Schildkröte ...." So führt auch der Weg nach innen in immer tiefere, höhere, weitere Räume, wir kommen niemals endgültig irgendwo an.

Wenn dem aber so ist, wie kann man dann überhaupt etwas über das Innere gesichert wissen? Wie können wir in der Psychotherapie begründete Methoden haben, wenn alles fließt und endlos immer weiter reicht?

Um dieser Frage nachzugehen, möchte ich zum Abschluß versuchen, den Leser in den philosophischen Standort der humanistischen Körpertherapien einzuführen, so wie ich ihn sehe. Ich stelle die Körpertherapie als Kunst dar. Psychotherapie als eine Methode der heilenden Begegnung ist den herkömmlichen Heilungswissenschaften einerseits und einer uralten Philosophie des Herzens andererseits verbunden. Sie ist dennoch weder Teil des traditionellen Wissenschaftsbetriebes, noch ein spirituelles Glaubenssystem.

Zwischen Materialismus und Spiritualität

Wir sind noch nicht allzu weit fortgeschritten auf dem Weg zu einer humanistischen Erkenntnistheorie. Konzepte und Begriffe über das Psychische sind gleichzeitig Orientierung und Ablenkung. Sie sind hilfreich und schädlich, sie ermöglichen Wachstum und behindern es. Es gibt Orte, wo wir gesichertes Wissen und einen klaren Standpunkt brauchen. Es gibt aber auch Bereiche, wo gerade der Glaube zu wissen, bedeutet, nicht zu wissen. Wir gehen von der bloßen Unwissenheit zum klugen Begreifen und Verstehen, durch das Erleben hindurch und kehren zurück zu einem neuen, nicht-wissenden Staunen.

In jeder der in den letzten zwanzig Jahren aufgeblühten neuen Therapie-formen steckt eine implizite Weltanschauung, die in die klaffende Lücke zwischen Wissenschaft und Mystik springt. Es ist klar, daß die alten Modelle der Wissenschaft, die wir alle noch in der Schule gelernt haben, so nicht mehr stimmen. Relativitätstheorie und paradoxe Intervention, Akupunktur und Ökologie, Neutronensterne und Microchips, Psi-Forschung und Homöopathie weisen über die schulmäßige Logik hinaus. Der plumpe, reduktionistische Materialismus, die lineare Kausalität und das Ja-Nein-Denken sind zum Kinderspiel geworden - für den Alltag noch zu gebrauchen, aber in differenzierteren Feldern schon längst überholt. An der vordersten Front der Wissenschaften ist klar geworden, daß die Zuordnung aller Prozesse der Welt zu den einfachsten mathematischen Figuren (so die Grundidee der klassischen Wissenschaftlichkeit) nicht mehr funktioniert. Die Realität ist nicht logisch. Logik ist eine reduzierende Abstraktion von der Vielfältigkeit der Welt.

In diesem Dilemma ist es wieder einmal modisch geworden, Weltan-schauungen aus fernen Kulturen zu importieren, die, weil sie aus großer Entfernung betrachtet werden, weniger mit Dogmatismus überfrachtet scheinen als unsere eigenen. In östlichen Philosophien suchen viele (mich eingeschlossen) Befreiung aus den Kästchen im Kopf. Dort finden sich faszinierende Provo-kationen und alternatives Denken für Menschen mit großen Köpfen. Nicht-Lehren wie das japanische Zen sind durch und durch irrational und gerade dadurch in Bereichen zutreffend, in denen nichts anderes mehr zutrifft. Zen funktioniert, indem alles Funktionieren aufhört. Ohne Worte, ohne Schweigen spricht Zen von dem Unnennbaren.

- *„Meister, was ist der Sinn des Lebens ?"*
- *„Nimm eine Tasse Tee."*

Wie bitte?! Zen gibt verrückte Antworten auf wichtige, aber mit Worten nicht zu klärende Fragen. Wie würde der Leser zum Beispiel antworten, wenn ihn jemand fragt, was es heißt, einen Menschen zu *„verstehen"*? Er möge einmal versuchen, dafür eine Erklärung zu geben. Es scheint so einfach: Jeder weiß, was „Verstehen" bedeutet, und doch ist es nicht zu definieren. Jede Antwort stellte nur wieder zehn neue Fragen. Es gibt auf diese Frage keine sagbare

Antwort. Entweder man hat Verstehen erlebt - dann weiß man, was es ist (kann dieses Wissen aber dennoch nicht in Worte fassen). Oder man hat es nicht erlebt, dann ist es beim besten Willen nicht zu erklären. Die Frage, was „Verstehen" eigentlich ist, trifft uns. Sie ist wichtig und keineswegs banal oder unsinnig. Sie *verlangt* nach einer Antwort, aber die Antwort kann nicht gegeben werden.

Eine stimmige Entgegnung wäre keine zwei Male gleich. Es müßte etwas *getan* werden. Man müßte sehen und sich sichtbar machen, sich existenziell miteinander konfrontieren. Nur Worte zu machen wäre nicht die Lösung. Eine Antwort wäre keine Antwort. Die Wahrheit liegt nicht in der Welt der Worte, Bilder, Begriffe und Ideen. Man kann kaum sinnvoll darüber sprechen, was Verstehen ist. Jede Form von Übermittlung, von „Darüber-Reden" geht gerade am Wesen der Sache vorbei - außer der einen, in der Verstehen wirklich *erlebt* wird. Solange wir in der Dualität von Kopf-Konstrukten bleiben (wir „reden über" etwas, aber wir sind nicht *darin*), leben wir in einer Phantasiewelt. Die Wahrheit der Begriffe ist nicht die wirkliche Wahrheit. Die einzig mögliche Antwort wäre - zu verstehen. Das ist die Grundidee des Zen: das Prinzip der Nicht-Zwei-Heit, die Aufhebung der Phantasiewelten und der inneren Gespaltenheit der Person durch reales Erleben der Gegenwart dessen, was ist. An die Stelle des dualistischen „ich / es" tritt die Nicht-Dualität, das „So-Sein". Aber auch Zen bietet uns, ebenso wie andere östliche Systeme, letztlich keine vollständige Möglichkeit der Identifikation.

Östliche Weltanschauungen und Rituale sträuben sich gegen ihre Transplantation in den Westen. Sie passen nicht so ohne weiteres in eine andere Kultur und eine andere Zeit. Sie entpuppen sich gelegentlich als überaus konservativ. Man merkt ihnen die sozialgeschichtliche Umgebung an, in der sie entstanden sind. Immerhin war das Ego-aufhebende Zen die ideologische Stütze der Feudalherren im mittelalterlichen Japan und die Legitimation der nihilistischen Kamikaze-Disziplin des japanischen Faschismus. Das Meistertum des Zen ist überaus patriarchalisch, die Rituale der Zen-Sekten sind oft steif und förmlich, also eigentlich ganz un-Zen-mäßig.

Östliche Systeme schleppen über die einfache Erfahrung hinaus, die sie ursprünglich transportieren wollten, meistens einen fetten Überbau aus verhärteten klerikalen, ideologischen und rituellen Strukturen mit sich herum. Wenn die lebendige Erfahrung zur Tradition wird, wird sie unweigerlich in feste Formen eingefangen. Es entstehen „Lehren" und „Schulen" und Achtung gebietende Trägerpersonen geheimnisvoller Weisheit, in denen transzendentes Wissen mit sozialer Macht verknüpft ist. Bald ist die schlichte Erfahrung, das innigliche Erlebnis, verschwunden und eine Religion ist entstanden. An die

Stelle der erlebten Innerlichkeit ist die erstarrte Äußerlichkeit getreten. Der Ursprung ist verraten, der Fluß ist ins Stocken gekommen. Der Weg, der beschreibbar ist und vorgeschrieben werden kann, ist nicht der wahre Weg.

Im Westen hat eine neue Religiosität, die zwischen Phantasie und Weltanschauung angesiedelt ist, die Naturgeister und Dämonen zurückgeholt. Optimistisch wird der handliche Energiebegriff strapaziert zur Wiederbelebung eines mittelalterlichen, animistischen Weltbildes. Die Feen und Hexen, die magischen Runen, die rituellen Kulte und Beschwörungen, die Geister der Verstorbenen sind wieder da, sogar der Satan aus dem Mittelalter ist wieder aufgetaucht. Es ist ein philosophisch-okkultistisches Grenzgebiet entstanden, in dem sich tiefes, altes und neues Wissen und Fragen mit dümmlichem Aberglauben und raffgierigen, platten Versprechungen vermischt.

Aber auch die rationale Wissenschaft hat Probleme, sobald sie den Bereich des Subjektiven berührt. Die Psychologie an den Universitäten ist in dem Versuch, mit ihrer Wissenschaftslogik die überkommene mechanische Physik und die empirische Soziologie nachzuäffen, ziemlich versteinert. Es wird wahrscheinlich noch einige Jahrzehnte dauern, bis die psychologische Wissenschaft mit ihrem hoch entwickelten Forschungsapparat begriffen hat, daß sie mit ihren Fragebögen, Tests und Verhaltensprogrammen dem Menschen als Person nicht gerecht werden kann. Der Irrweg der empirisch-statistischen Psychotechnik ist ein deutlicher Ausdruck des konservativen, lebensfernen und hinterwäldlerischen Charakters der Hochschulen.

Vielleicht ist die Heisenbergsche Unschärferelation aus der subatomaren Physik auch in den Bereich der Psychotherapie übertragbar. Hier wie da erscheint die Möglichkeit exakten Wissens prinzipiell begrenzt, weil der Vorgang des Forschens und Messens das Gemessene so weit verändert, daß es nicht mehr das Gleiche ist. So, wie man nach Heisenberg im subatomaren Bereich nicht gleichzeitig Ort und Impuls eines Teilchens bestimmen kann, weil jede Art der Messung entweder das eine oder das andere verändern würde, so verschwindet das Subjektive, wenn es getestet, gemessen oder geplant werden soll. Es ist, als würde das persönliche Erleben sich fürchten und hinwegschrumpfen vor kalten Elektroden, stumpfsinnigen Fragebögen oder zwanghaften Therapieplänen. Diese schrecklichen Untersuchungen über die Korrelation von Druck und Bewegungsgeschwindigkeit eines Fingers mit der Intensität der Aufrichtung der Haarpapillen bei einer Berührung sind eher Ausdruck eines kranken Verhältnisses zum Körper als wissenschaftliche Forschung. Der Schauer, der bei einer sanften Berührung entsteht, ist vor allem etwas zwischen Ich-Körper und Du-Körper, das ohne frostige Entfremdung nicht physikalisiert und mathematisiert werden kann.

Es gibt Erfahrungen, die, will man sich nicht im Wesen selbst betrügen, weder in die Raster der klassischen Wissenschaft noch in die der Religion hineinpassen. Sie bewegen sich in inneren Räumen, in denen man sich findet, wenn man sich einigen Risiken mutig gestellt hat die man manchmal betritt, ohne zu wissen, wie man hingekommen ist. Dazu gehören solche wundersamen Einfältigkeiten, wie einfach nur unverleugnet sich selbst in seiner Ich-heit zu erleben, das heißt „da zu sein" in einem tieferen, einfachen Sinn. Sowohl ein plumper Materialismus als auch eine abgehobene Spiritualität gaukeln uns Antworten und Lösungen vor, wo die Wahrheit im Subjektiven zu suchen ist. Sie betrügen uns mit einem Mythos der Macht.

Der simple Materialismus will uns glauben machen, daß unser Verstand über die Natur herrschen könnte. Das Instrument der Macht ist der Apparat, der den Traum der Planbarkeit der Welt zu erfüllen scheint. Selbst mit radioaktivem Cäsium in den Knochen, Ozonlöchern am Himmel und globalen Klimaveränderungen haben wir noch nicht realisiert, daß wir in eine Empirie-Sackgasse geraten sind. Es funktioniert - aber es ist nicht gut! Die mechanische Wissenschaft mit ihrem Vereinzelungstrieb will nicht begreifen, daß wir Teil eines lebenden Ganzen sind und daß man die Welt nicht wie ein mißlungenes Experiment hinterher einfach in den Mülleimer schmeißen kann. Die simplen „Wenn-Danns" der klassischen Wissenschaftlichkeit sind nur reduzierende Ausschnitte aus der ökologischen Ganzheit der Welt mit der Fähigkeit, die Erde rasend schnell in einen wüsten, toten Stein zurückzuverwandeln.

Abgehobene Spiritualität dagegen lockt mit der Macht des Ego über die Psyche. Das Instrument ist der Flaschengeist, der magische Kräfte schenken soll. Im Grenzgebiet zwischen transzendenter Erfahrung und Aberglauben ist viel Naivität angesiedelt, die störrisch am kindlich-magischen Denken festhält. Wenn bestimmte körperliche oder meditative Rituale zu überraschenden Erlebnissen führen, dann scheint damit auch die ganze, dem Ritual zugrunde liegende Ideologie bewiesen. Wenn die Rationalität an einer Stelle an ihre Grenzen kommt, dann scheint damit auch gleich der Sinn des kritischen Verstandes insgesamt ausgehebelt. Die Wirksamkeit von Ritualen wird zum Kriterium für die Realität von Dogmen und Wunschphantasien, quasi als verspätete Anleihe an den Pragmatismus: „Wahr ist, was funktioniert!" Beide Male handelt es sich um den Wunsch zu beherrschen und die Gebanntheit vom Effekt, die das Blickfeld einschränken.

Traditionell haben Männer eher eine Tendenz zum Instrumentellen, Frauen dagegen eher zum Atmosphärischen. Mann und Frau, West und Ost, Yang und Yin liegen im Widerstreit und kommen doch in eine Konvergenz, seit die Männer ihre Anima, die Frauen ihren Animus entdecken, seit die Technik in den Osten und die Meditation in den Westen gelangt ist.

Auch im Bereich der neuen Therapieformen gibt es diese Auseinandersetzung zwischen Werkstatt-Materialismus und phantastischer Spiritualität: Therapie als mechanisch kurierende Sozialtechnik und Therapie als magischer Beschwörungsritus. Hier erscheint der Mensch wesenslos ohne Subjektivität als Maschine, bei der man Hebel umlegen und Knöpfe drücken kann. Dort erscheint er seines Bodens beraubt, ätherisch, als bloßer Widerschein schemenhafter, höherer Welten.

Die unterschwellige Philosophie, die einer Therapieform zugrunde liegt, korrespondiert mit der psychischen Struktur ihrer Begründer, ihrer Schüler und Anhänger sowie ihrer Klienten. Jede Therapieschule zieht bestimmte Charaktere an und stößt andere ab. Es scheint einen Zusammenhang zwischen der kognitiven und der emotionalen Struktur eines Menschen zu geben, zwischen dem, was jemand für wahr hält, und dem, wie er gefühlsmäßig und körperlich ist, - zwischen Weltanschauung und Charakterstruktur.

Wer emotional und muskulär gepanzert ist, so daß sein Vertrauen in die Emotionen gering ist, der ist „im Kopf", dem macht Irrationalität Angst. Er braucht eindeutige Begründungen und Folgerungen, an die er sich klammern kann. Der mechanische Materialismus ist die Ideologie der rigiden Struktur, der Über-Begrenztheit. Starre, gepanzerte Muskeln erzeugen zwanghaftes Denken. Das Ich verfängt sich im Gestänge der Rationalität. Es entsteht eine aufgeräumte Schein-Klarheit, in der alles seinen ordentlichen Platz hat. Ein Körper im Gefängnis eines muskulären Panzers hat einen Geist im Gefängnis rigider Ideologien. Es kann nicht sein, was nicht sein darf: „Was ich nicht sehe, glaube ich nicht!".

Wenn dagegen die psychischen Grenzen instabil sind, wenn jemand nicht genügend in seinem Körper als seiner materiellen Existenz verwurzelt ist, dann verliert er die Kriterien für Realität. Er weiß nicht mehr zwischen der Wirklichkeit und seinen projizierten Bildern zu unterscheiden. Abgehobene Spiritualität ist die Ideologie der diffusen Struktur, der Schwäche der Grenzen. Mangelnde körperliche Verwurzelung und mangelnder realer Umweltkontakt machen alles möglich. Es fehlt das kritische Ich als Filter zwischen innen und außen, zwischen dem Bewußtsein und dem Unbewußten. Es entsteht eine unbeständige, verschwimmende Zwischenwelt zwischen Es und Realität. Eine aufgelöste Körperstruktur macht aufgelöste Gedanken. Aus einer Andeutung wird schnell ein Faktum, aus einer Möglichkeit schnell eine Überzeugung: „Wahr ist, was ich fühle!"

Wilhelm Reich hat versucht, die Brücke zwischen politisch-ökonomischem Materialismus und lebensenergetischer Mystik zu schlagen. Er begann als

Psychoanalytiker und sexualpolitischer Aufklärer, er begründete die Körpertherapie und endete bei der kosmischen Orgon-Energie. Er hat in der Rätselwelt eine Menge Claims abgesteckt, ist dann aber so tragisch früh seiner selbstgerechten Isolation und einem sozialpolitischen Kesseltreiben zum Opfer gefallen (Boadella 1988). Auch Jung und Dürckheim und Grof und Watts und viele andere haben versucht, Begriffe, Konzepte und Orientierungen zu entwickeln, die die Innenwelten auf eine Weise abbilden, die unserem westlichen Geist eingängig sind. Aber eine Wanderkarte ins Unbewußte steht uns bislang nicht zur Verfügung.

Wenn wir in der Therapie ins Unbewußte gehen, dann können wir nicht anders, als auch in Konzepten zu denken. Mehr oder weniger bewußt und konsequent liegt jeder Therapieform eine immanente Philosophie, Erkenntnistheorie und Ethik zugrunde. Die implizite Philosophie der neuen Therapieformen schwankt zwischen Materialismus und Spiritualität, zwischen Objektivität und Transzendenz oder, in körperenergetischen Termini: zwischen „Grounding" und „Opening". Der Therapeut ist immer etwas zwischen einem professionellen Techniker und einem idealisierten Guru.

Psychotherapie, die nicht Reparatur-Technik und nicht Religionsersatz sein will, muß mit ihrer philosophischen Grundlage ihrer selbstgestellten Aufgabe gerecht werden. Wir haben es in der Therapie mit dem Klienten als *Person* zu tun, mit Körper und Psyche, mit einem Wesen-wie-ich, einem lachenden und weinenden, ganzen Menschen mit einem empfindsamen Herzen, mit seiner Geschichte und seiner inneren Dramatik – in seinem Leuchten und seinen Abgründen. Es war das Verdienst von C.Rogers, uns den tiefen Respekt vor dem Klienten als einer freien, sich selbst bewußten und in sich selbst zu akzeptierenden Person gelehrt zu haben (Rogers 1972). Er hat uns gezeigt, daß wir beim besten Willen nicht wissen können, was für den Klienten gut ist. Wenn wir als Therapeuten wirklich da sind, wach und mit aller Wärme, als Körper und Seele und mit der ganzen Vielschichtigkeit unserer Gefühle, dann erübrigen sich harte Manipulationen und kluge Ratschläge. Der Therapeut muß präsent sein in ganzer, personaler Gegenwärtigkeit. Er muß aber auch wissen, was er tut. Er darf sich nicht hinter der Nebelwand eines therapeutischen Charismas verbergen. Er muß „klar" sein, so gut er kann.

Irgendwo in der Mitte zwischen den fixierbaren Methoden einer lehrbaren Psychotechnik und dem Unnennbaren einer zauberhaften Ausstrahlung etabliert sich *Therapie als Kunst*, als personales, gelebtes Können durch Da-Sein. Der Therapeut, sinnlich präsent in konzentriertem Gewahrsein, arbeitet mit der Modulation seiner Präsenz, so klar und so intuitiv er kann.

Wenn man von den beiden Extremen - der Mensch als Maschine und der

Mensch als Geistwesen - ausgeht, dann hat im Bereich der Psychotherapie wie auch auf anderen Gebieten in den letzten Jahrzehnten eine beachtliche Konvergenz stattgefunden. Aus dem Osten erfuhren philosophische Systeme im Westen Verbreitung, die unserem Denken zunächst zutiefst fremd waren. Diese Systeme sehen zwar von weitem wie Religionen aus, in ihrem ursprünglichen Kern sind sie aber teilweise genau das Gegenteil dessen, was wir in Europa bisher unter Religion verstanden haben. Es sind a-logische Beschreibungen der Innenwelt in der Sprache und mit den Symbolen eines fremden Kulturkreises.

Einer Phänomenologie des Subjektiven kommen der frühe Buddhismus und die Nicht-Lehre des Zen vielleicht am nächsten. Sie waren ursprünglich Religionen ohne Gott, ohne ein Jenseits und ohne die Vorstellung einer unsterblichen Seele. Der Buddhismus war anfangs eher eine phänomenologische Psychologie des Leidens und seiner individuell-geistigen Überwindung als eine Religion im heutigen westlichen Sinne. Zen war ein alles Starre und alle dualistischen Konstruktionen negierender, atheistischer Mystizismus des reinen Erlebens, ein Ritual subjektiver Veränderung durch Selbst-Erfahrung in Richtung auf volles, einfaches So-Sein, ohne auf ewig an der Plazenta eines allmächtigen, personalen Geistwesens kleben zu bleiben.

Im Westen entstanden schon vor dem 2. Weltkrieg Forschungsrichtungen, die sich - in den Grenzen des empirischen Herangehens - an wissenschaftliche Grenzbereiche heranwagten, in denen sie die herkömmliche Rationalität überwachsen haben. Der Übergang der Physik in den kosmischen und den subatomaren Bereich forderte die Denkschemata der Wissenschaft heraus. Man stieß auf die Relativität von Raum und Zeit, auf die Einheit von Materie und Energie. Auf der Suche nach der Weltformel verdünnte sich im Kleinsten die scheinbar so feste Materie zu einem Muster von energetischen Feldern. Im Größten krümmte sich der Raum, und der Zeitfluß erschien veränderlich, je nach der relativen Geschwindigkeit. Plötzlich schien es Wirkungen ohne erkennbare Ursachen, rückwärts laufende Zeit und Wahrscheinlichkeitswelten ohne gesicherte Realität zu geben. Die mathematische Exaktheit, konsequent auf die Spitze getrieben, schlug in Irrationalität um. Daraufhin rief Capra ein neues Paradigma der Wissenschaft aus, die prinzipiell ihren linearen und reduktionistischen Ansatz aufgeben und die Bereiche des Systemischen und des Meditativen einbeziehen müsse (Capra 1983).

Die 68-er ideologische Revolution hat eine Generation großer Frager hinterlassen, die die Dialektik der Subjektivität und die Frage nach dem Verhältnis von individueller Befriedigung und gesellschaftlicher Befreiung wiederentdeckt haben. In der Nachfolge der Studentenrevolutionäre und der

Hippie-Kultur stellte sich für die Psychotherapie gänzlich neu die Frage nach dem Glück. Bloße therapeutische Reparatur, um wieder ins Räderwerk des Konsumterrors zurückzukehren, schien nicht mehr erstrebenswert, seit man mit W.Reich die Pathologie der Normalität entdeckt hatte: Wenn die Mehrheit krank, tödlich krank ist, wer möchte dann noch sein wie diese?

Was heute in den humanistischen Therapien als „Raum geben", „gewähren" oder „zulassen" bezeichnet wird, sind Freiräume, die aus den Debatten über ein antiautoritäres Leben übrig geblieben sind. „Glücklich sein heißt frei sein!" Das anarchische Hippie-Ideal ist der Ursprung der „Anti-Soll-Orientierung" der Körpertherapien. Statt sich weiter mit Kursen und Kuren zur Behebung von lästigen Symptomen abzuplagen, griff man nach dem Ganzen: nach dem Glück in diesem Leben.

Für die Psychotherapie heißt das unter anderem: eine neue Erkenntnistheorie muß her! Weder können wir die Seele im Computer-Tomogramm entdecken, noch durch einfaches Spekulieren und Behaupten der Frage nach der Wahrheit das Wort verbieten. Was ist der Mensch in seinem Wesen? Wie kann ich einen Menschen verstehen? Wie komme ich mit ihm in Kontakt? Welche Wege zu Glück und Zufriedenheit sind gangbar? Wie kann ich meinen Klienten begleiten und anleiten in seinem Abenteuer der Selbstentdeckung? Wie kann ich dem Klienten helfen, ins Unbewußte hinabzusteigen, ohne ihm eine neue Deutungsideologie überzustülpen? Wie kann unser therapeutisches Ziel, das Leben zu befreien, von vornherein Grundlage unserer therapeutischen Methode sein?

Eine humanistische Körpertherapie erfordert Begriffe und Methoden, die von Anfang an der *Emanzipation der Lebendigkeit* dienen und die uralte, pathogene Dualität von Körper und Seele überwinden. Eine humanistische Philosophie muß wissenschaftlich in einem neuen Sinne sein. Wir brauchen, wo immer es möglich ist, gesichertes und begründetes Wissen. Schwammige Wurstelei nach Versuch und Irrtum, haltloses Phantasieren und therapeutisch verbrämte theologische Bekehrungsversuche schaden dem Klienten und ruinieren unseren Ruf. Aber dennoch wollen wir jenseits der Papierkopfigkeit des herkömmlichen Wissenschaftsbetriebes bleiben.

Der humanistische Therapeut ist kein objektiver Wissenschaftler, der dem Klienten gegenübersteht wie ein Biologe einem Insekt unter seiner Lupe. Eine Wissenschaft der Subjektivität erfordert einen philosophischen Standort, der das *gefühlte Erleben* und die *personale* Interaktion von Therapeut und Klient in den Mittelpunkt rückt.

Wissen und Erleben

Was die Orientierungen dem Menschen, dem psychischen Leiden und den Wachstumswünschen des Klienten gegenüber betrifft, können wir zwei große psychologische Richtungen unterscheiden.

Da gibt es zuerst einmal die *empirische* Orientierung. „Empirisch" heißt eine Einstellung, die nur das gelten läßt, was man objektiv nachweisen, messen, statistisch beschreiben und experimentell überprüfen kann. Die empirisch-psychologische Forschung unterscheidet nicht grundsätzlich zwischen der Seele des Menschen und den Erscheinungen in der Natur. Sie geht an den Menschen im Prinzip genau so heran wie an einen Gegenstand der Naturwissenschaften. Ihr liegt ein naturwissenschaftliches Verständnis vom Menschen zu Grunde. Die therapeutischen Methoden, die aus dieser Grundeinstellung hervorgegangen sind, streben an, möglichst ökonomisch, im voraus planbar, jederzeit wiederholbar, objektiv beschreibbar und in ihrer Wirkung durch Messung überprüfbar zu sein.

Der Mensch erscheint dem empirischen Herangehen als ein Konglomerat von Verhaltensweisen, von denen man annimmt, daß sie untereinander in einem systematischen Zusammenhang stehen. Er wird zum *Objekt* wissenschaftlicher Forschung und Behandlung und lernt, sich selbst zum Objekt von Psychotechniken zu machen. Das psychologische Wissen wird zu einem Durchleuchtungs- und Manipulationsapparat, der sich „Diagnostik und Therapie" nennt, der von einem psychologischen Handwerker bedient wird und auf den Klienten gerichtet ist. Das Wunder des Bewußtseins, die Willensfreiheit und das subjektive Erleben des Menschen werden bewußt ausgeklammert. Daß es eine unbewußte Ebene des Psychischen und eine Übertragungsdynamik in der Therapie gibt, wird bestritten. Die Heilung psychischen Leidens geschieht durch genau geplante und überprüfbare, am Symptom orientierte Programme. Diese Haltung wird am prägnantesten von der klassischen Verhaltenstherapie eingenommen, aber sie wird auch von weiten Teilen der akademischen psychologischen Wissenschaft an den Hochschulen vertreten. Die zweite Variante ist die *Erlebens*orientierung. Hier ist all das interessant, was durch direktes Erfahren dem Bewußtsein zugänglich wird. Man geht davon aus, daß die innere Welt prinzipiell anderen Gesetzmäßigkeiten folgt als die äußere und daß es daher müßig sei, nach einem objektiven Beweis für subjektives Erleben zu suchen. Man kümmert sich nicht um die objektive Messung und Überprüfung von Grundkonzepten und Therapieergebnissen, denn man bestreitet den Wert empirisch-statistischer Verfahren im Bereich der Seele. Es geht vielmehr darum, die Vielfalt der inneren Räume selbst zu erleben, ihren Tiefgang und

ihre Ausdehnung zu erweitern. Man möchte integrieren, beschreiben, ausdrücken, mitteilen und austauschen, was man erlebt. Man versucht, sich aus
dem Kern der Unterwelt leiten zu lassen. Vor allem will man die *unbewußten*
Bereiche der Seele kennenlernen und in das Bewußtsein integrieren. Die
Beziehung zum Therapeuten dient vor allem dazu, die Innenwelt tiefer erleben
und das Erlebte besser ausdrücken zu können. Heilung geschieht durch
Selbsterfahrung des Unbewußten, durch gefühlte Aneignung von Vermiede-
nem und durch psychisches Wachstum. Diese Einstellung wird am deutlich-
sten von der Humanistischen Psychologie vertreten.

Die meisten Körpertherapeuten würden eine empirische Orientierung als
grundsätzlichen Widerspruch zu der humanistischen Grundhaltung ihrer
Therapieform verstehen. Ein genau vorausgeplantes, symptomorientiertes
Vorgehen auf der Verhaltensebene gilt in der Körpertherapie als mechanisch,
lebensfern und zwanghaft. Es wird zwar anerkannt, daß es im Prinzip möglich
wäre, einen therapeutischen Prozeß so zu gestalten, daß er tendenziell den
empirisch-statistischen Kriterien der Objektivierbarkeit entspricht (etwa mit
Hilfe von Einschätzungs-Skalen, Vor- und Nachtests, genau kontrollierten
Therapieprogrammen). Eine solche Herangehensweise erreicht jedoch nicht
das intime Innere der Person, also die Welt des subjektiven Erlebens. Sie
bewirkt vielleicht etwas, aber sie *berührt* nicht. Natürlich kann man den
Menschen wägen und messen, und das kann seinen Sinn haben. Man kann
auch sein Verhalten mit oder ohne sein Einverständnis mehr oder weniger
effektiv manipulieren. Aber an ihn als Subjekt, als sich selbst bewußtes,
personal freies Wesen, kommt man damit nicht heran. Wenn der Mensch zum
Objekt von Untersuchung oder Behandlung gemacht wird, verschwindet er als
Subjekt. Die objektivierende Betrachtung verkennt ihn in seinem Wesen.
Psychotechnik beruht auf einer Verachtung des menschlichen Wesens.

Es ist zum Beispiel durchaus möglich, eine sexuelle Begegnung mit
empirischen Mitteln zu erforschen und zu beschreiben. Man kann die Veränderungen des Blutdrucks oder die Anzahl der orgasmischen Kontraktionen
messen und einiges, was dabei geschieht, objektiv benennen (wie das Masters
und Johnson in den siebziger Jahren getan haben) (Masters u.a. 1984). Man
muß sich nur darüber im klaren sein, auf welcher Ebene man sich dem
Menschen auf diese Weise eigentlich nähert. Sexualität wird nur in ihrer
mechanischen Äußerlichkeit betrachtet. Was sich innerlich zwischen zwei
Menschen abspielt, während sie sich lieben, davon bleibt man mit Meßgeräten
und Fragebögen unendlich weit entfernt. Ebenso ist es möglich, durch bestimmte äußere Eingriffe das sexuelle Verhalten eines Menschen zu verändern.
Man kann durch Verhaltenstraining, Suggestion oder paradoxe Interventionen

seine Fähigkeit stärken, sich dem anderen Geschlecht anzunähern oder die Häufigkeit des Geschlechtsverkehrs erhöhen. Es ist jedoch überhaupt nicht gesagt, ob der Mensch dadurch am Ende glücklicher wird. Glück oder Unglück ist innerlicher. Es stellt sich nicht auf der Verhaltensebene her. Der Mensch wird vielleicht äußerlich angepaßter sein oder auch seinen eigenen Normen besser entsprechen, aber die Ebene seines sexuellen *Erlebens*, die gefühlte Lust, seine Fähigkeit, sich hinzugeben und zu vereinigen, ist noch gar nicht berührt.

Durch Therapie auf der Verhaltensebene bleibt der Mensch ein Objekt und macht sich selbst zum Objekt. Damit ist nicht nur die Verhaltenstherapie angesprochen. Jede Therapieform und jeder therapeutische Stil, der den vordergründigen Klientenauftrag annimmt und das Symptom zum Feind erklärt, der besiegt werden muß, verliert die Ganzheit des Klienten aus den Augen. Das Symptom ist nur das letzte Resultat einer früh erworbenen, existenziellen Fehlhaltung der ganzen Person. Erlebnisorientierte Therapie konzentriert sich daher von vornherein auf das Subjekt als Ganzheit. Nicht das, was ein Mensch *tut*, ist das Interessante, sondern alles, was er *ist* und wie er sich und seine Welt erlebt. Der Mensch ist in seinem Wesen kein Ding, sondern ein für sich selbst fühlendes Bewußtsein in der Begegnung mit anderen Personen.

Mit objektiven Methoden wird der Mensch immer nur insoweit sichtbar, als er Objekt ist. Wenn man den Menschen mit objektiven Methoden untersucht, dann kommt hinterher ein Modell vom Menschen heraus, das ungefähr wie eine ziemlich komplizierte Maschine aussieht. Der Mensch wird zum Biocomputer, die Seele wird zum Kästchen-Diagramm.

Wer dagegen das subjektive Erleben, also die ganz persönliche, intime Innenwelt eines Menschen verstehen will, der muß sich auf etwas ganz anders einlassen. Wenn der Fokus der Aufmerksamkeit auf dem Menschen in seinem Wesen liegt, dann erscheint er als „Du", als personales Gegenüber, als „Seele", als geheimnisvoll-urbekanntes, mir-gleiches Wesen.

- *„Nur ein einfaches, offenes **Dasein**, jenseits der nötigen Kompetenz, öffnet dem Menschen den Sinn seines Lebens, Leidens und Todes. Dieser Sinn kann nur angesprochen, aber nie ausgesprochen werden."*
- *„Insoweit ein Mensch **nur als Problem** betrachtet wird, ist er als Mensch schon verletzt und dadurch eingeladen zu einer unbewußten Anpassung an diese Verdinglichung, zur Aufgabe seiner tieferen Selbstheilungskraft."*
- *„Leib-seelische **Krisen** bedeuten, wenn sie akzeptiert werden, inneres Offensein und sind eine der wichtigsten natürlichen Gelegenheiten, in Einheitlichkeit hineinzuwachsen: sie fordern und ermöglichen Wandlung."*
(Ken Speyer)

Wenn ich einen anderen zum Ding mache, werde ich selbst zum Ding, und mir dadurch selber fremd. Die versachlichende, dualistische Haltung hat uns in Konflikt mit der Natur gebracht. Der Geltungsbereich einer objektivistischen Betrachtung ist begrenzt, auch im Bezug auf die Natur, auf Dinge, Tiere, Pflanzen, Bäume, Seen, Häuser, Straßen, ebenso wie auf den Menschen und seine Anteile. Man kann den Magen eines Menschen als Objekt betrachten und ihn untersuchen, als sei er ein Teil einer „Biomaschinerie". Man kann seinen peristaltischen Bewegungen zuhören und sie auf Tonband aufnehmen, seinen Säuregehalt messen, ihn durchleuchten und von innen fotografieren, und man wird dadurch einiges über ihn herausbekommen. Unter einem objektivistischen Blickwinkel ist der Magen ein Ding, und er folgt bestimmten physikalischen und biochemischen Gesetzmäßigkeiten. Wenn man sich aber nicht gewahr ist, daß dies der Magen eines lebenden, fühlenden, bewußtseinsbegabten Menschen ist, daß der Mensch in jedem Moment in jedem Aspekt des Magens „darin" ist, dann wird man noch nicht einmal seine einfachsten Funktionen wirklich verstehen. Die Bewegungen des Magens, sein Säuregehalt, seine Form und all seine funktionellen Störungen hängen davon ab, was die Person gerade erlebt und tut. Der Magen hängt nicht einfach in der Luft oder in einer Laborapparatur. Er ist Teil einer personalen Ganzheit. Der Magen und der Mensch sind nicht-zwei. Wenn man das nicht sieht, dann verschließt man schon auf einer medizinischen Ebene die Augen gerade vor dem Wesentlichen. Die Person steckt nicht im Körper wie ein Finger in einem Fingerhut. Der Körper *ist* die materielle Wirklichkeit der Person. Der Mensch fühlt sich selbst in Lust und Leid als Körper und im Körper.

Auch der modernen systemischen Betrachtungsweise entgeht noch, daß der Mensch in seinem Wesen personale Identität ist. Die systemische Therapie verbleibt letztlich auf der Verhaltensebene. Der Mensch wird betrachtet, als ob er aus vielen einzelnen „Elementen" bestünde, die miteinander „vernetzt" sind, so daß eine Veränderung eines dieser Elemente Veränderungen aller anderen Elemente nach sich zieht, die wiederum auf das erste zurückwirken (Rückkoppelung). Ebenso sei jeder einzelne Mensch ein Element in einem vernetzten Beziehungssystem, das den Gesetzen des Ganzen folgt, und nicht außerhalb des Beziehungsnetzes verstehbar (Watzlawick 1985). In der systemischen Betrachtungsweise - so produktiv sie ist - fehlt gerade das Wesentliche. Der Mensch ist in seinem Wesen weder ein Ding, noch ein System von Dingen. Die Person ist etwas prinzipiell anderes, darüber hinaus weisendes, niemals sachlich begreifbar und beschreibbar. Der Magen ist wie jeder andere Aspekt des Menschen in seinem Wesen kein vernetzter Gegenstand, sondern die Verkörperung einer Person. Der Mensch in seiner Willensfreiheit und Selbstbewußtheit fällt aus allen Systemen heraus. Er ist letztlich „unnennbar",

„unberechenbar" und „unbeschreiblich": ein Wesen, das in seiner unverlierbaren inneren Freiheit ruht.

Der Zugang zum ganzen Menschen

In der *Begegnung* mit einem anderen Menschen erleben wir Seinsfühlung. Wir machen die existenzielle Erfahrung, daß wir erst dann in der Realität wirklich verwurzelt sind, wenn wir fähig sind, einen anderen Menschen in seinem Wesen zu sehen, und genau an dieser Stelle treten wir auch an die Schwelle zur Transzendenz. Die Verbundenheit mit dem eigenen Körper und der Tiefenkontakt zu anderen Menschen bringt die Füße auf den Boden und öffnet gleichzeitig den Geist und das Herz.

Es gibt offenbar einen ganz eigenen Erlebnisbereich, der weder mit Objekten, noch innerhalb der Subjektivität allein zu erfahren ist. Begegnung kann nur stattfinden, wenn Menschen sich treffen und sich füreinander öffnen. Der Zugang zum anderen Menschen geschieht durch *Präsenz*, durch gefühltes Da-Sein. Verstehen und Begegnung entstehen, wenn beide zusammen als Körper und Seele in dem leben, was ist.

Wenn ein Mensch einen anderen anschaut oder behandelt, als ob er ein Ding wäre, dann sprechen wir von „*Versachlichung*". (Beispiel: „Heut` Nacht habe ich mit der Tussi von hinterm Tresen eine tolle Nummer durchgezogen!") Wenn ein Mensch einem anderen dagegen etwas überstülpt, das in Wirklichkeit ein abgewehrter Anteil aus den unbewußten Tiefen seines eigenen Selbst ist, dann sprechen wir von „*Projektion*". (Beispiel: Ein Klient verspürt den unbewußten Wunsch, den Therapeuten zu entmachten und ihn „vom Sockel zu stoßen", hat dann aber stattdessen umgekehrt das Gefühl, der Therapeut wolle *ihn* unterwerfen und klein machen.) Wird dagegen, statt einem anderen Menschen zu begegnen, abgehoben theoretisiert und phrasenhaft über etwas hinweggeredet, also unbeteiligt auf der Ebene der Symbolwelt kommuniziert, dann sprechen wir von „*Intellektualisieren*". (Beispiel: Zwei Männer in einer gemischten Therapiegruppe verstricken sich in eine halbstündige Diskussion über „das Patriarchat und die Beziehungen zwischen Mann und Frau, insbesondere die Neigung des Mannes zur Machtausübung durch Intellektualisieren ...")

Versachlichung, Projektion und Intellektualisieren sind drei häufig benutzte Erscheinungsformen von Beziehungspathologie, die eine direkte Begegnung behindern. Vermeidung und Verdrehung des Kontaktes zwischen Personen steht in engem Zusammenhang mit intrapsychischen Abwehrmechanismen. Solche Verstrickungen aufzudecken und durchzuarbeiten ist eine wichtige Aufgabe von Psychotherapie auf der Beziehungsebene.

Ein Mensch erfordert eine ganz spezifische Haltung, um mit ihm in Kontakt zu kommen. Wer würde die Wange eines Menschen als Eiweiß, Fett und Wasser betrachten? Wenn ich die Wange eines Menschen wirklich berühre, dann ist dort nicht Haut und Fleisch, sondern ich berühre *ihn* als Person. Wenn es um die Beziehung zu Dingen geht, steht ein erkennendes und handelndes Subjekt einem Objekt gegenüber, das es betrachtet, erforscht, benutzt, mit dem es etwas macht. Subjekt und Objekt stehen einander polar gegenüber. Die Begegnung zwischen Menschen ist *gleich* auf der Ebene des Wesens. Wenn ich einen Menschen anblicke, sehe ich ein Respekt verdienendes und Liebe lockendes Spiegelbild meiner eigenen Seele.

Das Kriterium dafür, ob jemand in der Sachwelt „richtig" mit etwas umgegangen ist oder ob er etwas falsch gemacht hat, ist die „Praxis". Wer eine Theorie oder einen Plan entwickelt hat, wie eine Sache funktioniert, und diese Theorie ausprobiert, der stellt früher oder später fest, ob es „stimmt" oder nicht. Wenn ein Haus statisch verkehrt berechnet ist, dann werden in einiger Zeit vielleicht Risse in den Wänden entstehen, oder es wird gar irgendwann zusammenfallen, wie vor einiger Zeit die Berliner Kongreßhalle. Daneben! Es hat eben nicht gestimmt.

Wenn wir jedoch versuchen, die Praxis (das geplante, vorausberechnete Handeln und die überprüfbare Erfahrung, ob etwas Erfolg hat) als Kriterium der Wahrheit auf das subjektiv Erlebte anzuwenden, dann kommen wir in ganz erhebliche Schwierigkeiten. Das Subjektive ist eine völlig andere Sphäre als die Welt der Sachen, es erfordert eine andere Erkenntnistheorie.

Subjektive Vorgänge sind intimste Wirklichkeit. In dieser Sphäre ist keine objektive Überprüfung möglich. Wie könnte ich das Erleben eines Menschen überprüfen, exakt messen, planen oder gar widerlegen? Was wir subjektiv erleben, ist für uns in diesem Moment unwiderlegbar und unzweifelhaft Realität. Das Kriterium des Subjektiven ist das Erleben selbst.

Wenn wir uns auf das Gebiet der intersubjektiven Kommunikation begeben, müssen wir uns von der Vorstellung einer einzigen und objektiven Realität verabschieden. Jedes Subjekt erlebt die Welt anders. Wenn zwei Leute denselben Sonnenuntergang sehen und der eine ihn als „wundervolles Naturschauspiel" erlebt, der andere als „süßlichen Romantik-Quatsch", wer von beiden hat dann „recht"? Wenn zwei Leute auf dem Ku'damm spazieren gehen und der eine bewundert das Schillern und die Farbigkeit, das „prickelnde Leben", der andere schimpft über den Lärm, die Hektik und die Autoabgase, wer von beiden sieht dann die Realität so, wie sie ist?

In der subtilen und flüchtigen Welt der emotionalen Kommunikation ist nicht ohne weiteres davon auszugehen, daß eine Wahrnehmung nachprüfbar ist. Wenn jemand das sichere Gefühl hat, daß es am Abend regnen wird, dann läßt sich das leicht überprüfen, indem er abends die Hand aus dem Fenster hält. Die Vermutung wird durch die Praxis verifiziert, also bestätigt oder widerlegt. Wenn aber eine Frau das Gefühl hat, daß ihr Mann unterschwellig aggressiv ihr gegenüber ist, dann ist diese Wahrnehmung prinzipiell keiner äußeren Überprüfung zugänglich. Die Frau kann ja nicht ohne weiteres davon ausgehen, daß ihr Mann die Wahrheit sagt, wenn sie ihn fragt. Vielleicht will er nur nicht darüber reden, oder er macht ihr etwas vor. Vielleicht will er sie abwimmeln, um eine Auseinandersetzung zu vermeiden. Vielleicht ist er gar nicht auf sie wütend, sondern auf die Kinder, den Nachbarn oder seinen Chef. Vielleicht merkt er selbst nicht, daß er „geladen" ist. Möglicherweise wird es auch nicht helfen, dritte Personen nach ihrem Eindruck zu fragen, denn vielleicht verhält sich der Mann in ihrem Beisein ganz anders. Oder die anderen merken einfach nichts, weil sie ihn nicht gut genug kennen. Vielleicht hat die Frau in Wirklichkeit selbst eine unterschwellige Wut auf den Mann, so daß sie „die Fliege an der Wand verrückt macht". Vielleicht ist die Frau selbst ärgerlich, will das aber nicht wahrhaben, und deswegen ist ihre Warnehmung verzerrt, und sie erlebt ihren inneren Ärger nach außen auf den Mann projiziert.

Die Frau ist also möglicherweise mit ihrer Wahrnehmung ganz allein. Es ist weder für sie, noch für einen Außenstehenden ohne weiteres erkennbar, ob sie „recht hat", oder nicht. Dies kann nur überprüft werden, indem die persönliche Realität der beiden miteinander konfrontiert wird, also durch Begegnung.

Man kann sich im Bereich der emotionalen Kommunikation nicht einfach auf seine unmittelbare Wahrnehmung verlassen. Die Wahrnehmung selbst ist von den Gefühlen eines Menschen, seinem bio-energetischen Zustand und seiner unbewußten Dynamik beeinflußt. Im Bereich der sozialen Kommunikation muß die Subjektivität des Beobachters von vorn herein mitgedacht werden. Das schließt die Möglichkeit einer objektiven Überprüfung im Sinne der klassischen Empirie erkenntnistheoretisch prinzipiell aus. Der Beobachter ist immer schon in die Beziehung eingebaut und von ihr bewegt. Er ist Teil eines Beziehungsgeflechtes und damit niemals objektiv. Selbst das Erkennen-Wollen und die Klärungsabsicht selbst sind Teil des Interaktionsfeldes, das erkannt oder geklärt werden soll, und somit in das zu Erkennende hineingewoben. Der Beobachter ist ein Teil dessen, was er beobachten möchte. Er ist Bestandteil der Relativität der Beziehung und ihrer Dynamik unterworfen.

Wenn es um die innere Welt geht, dann ist die Subjektivität nicht nur bloß als *ein* Wirkungsfaktor von vielen mit einzubeziehen, sondern sie ist selbst sowohl Gegenstand als auch Akteur der Untersuchung. Das Bewußtsein schaut in den Spiegel und erblickt sich selbst. Wenn es um Begegnung geht,

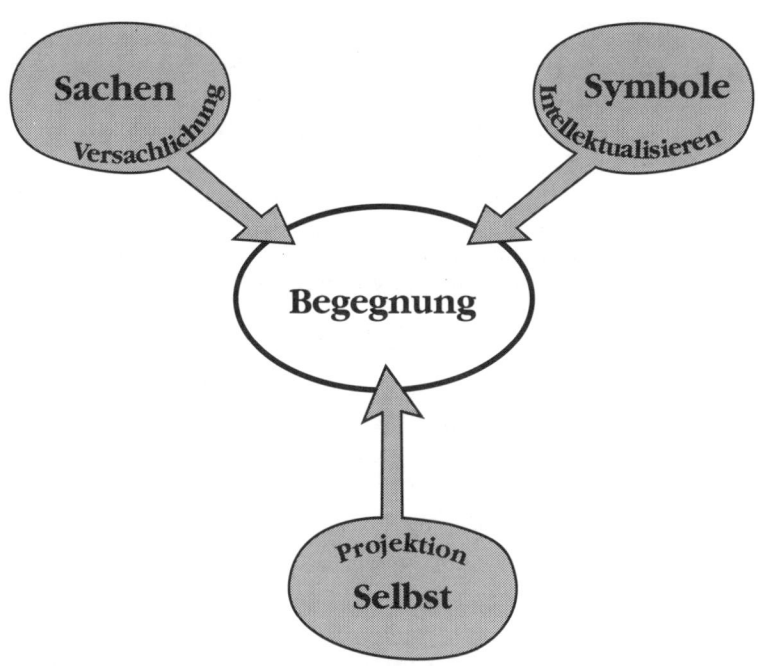

Abb. 41: Die Vermischung der Welten

dann herrscht gar eine doppelte Subjektivität, weil zwei Personen einander erleben und voneinander erlebt werden. Zwei lebende Wesen spiegeln sich und einander im Lichte ihres Bewußtseins. Die interpersonale Welt erfordert daher eine intersubjektive, damit un-objektive, eine humanistische Erkenntnismethode.

Jeder Gegenstand menschlichen Gewahrseins braucht eine ganz besondere Methode, um ihm gerecht zu werden. Man kann die elektronische Struktur eines Mikrochips nicht durch eine chemische Analyse enträtseln. Man kann die Temperatur der Luft nicht mit einem Barometer messen.

Dem, was in einem anderen Menschen vorgeht, bzw. was zwischen ihm und uns geschieht, können wir uns nur annähern, wenn wir uns auf die Ebene dessen begeben, womit wir Kontakt aufnehmen wollen: Wir müssen uns auf eine *Beziehung* einlassen. Aber dann sind wir keine Außenstehenden mehr. Wir sind als Subjekt in die Beziehung hineingewoben. Wenn wir eine Person wirklich in ihrem Wesen treffen wollen, dann müssen wir ihr begegnen und ihr in der Begegnung personales Gegenüber sein. Einen anderen Weg gibt es nicht. Wir müssen ihr zu einem persönlichen Du werden. Wir werden nur dann verstehen, wie diese Person sich selbst und ihre Beziehungen zu anderen Personen erlebt, wenn wir uns auf einen echten und ehrlichen Kontakt zu ihr einlassen. Dann sind wir beide in einer Sphäre der Unmittelbarkeit dessen, was wir verstehen wollen, und wir beide *spüren* , wovon wir sprechen. Wir sind zusammen darin. Wir begegnen uns als Personen auf der Ebene unseres Wesens. Ein „objektiver", empirischer Forscher oder Therapeut wird zu dieser Ebene niemals vordringen. Er bleibt draußen. Es ist mit seinen Skalen, Bögen und Programmen beschäftigt, aber an dem Menschen in seinem Wesen geht er vorbei.

Die Arbeit mit der psychosomatischen Resonanz, der Einfühlung und Begegnung, der Tiefenresonanz von Kern zu Kern ist gleichzeitig unsere Therapie- und unsere Erkenntnismethode. Wir suchen die Wahrheit in der Therapie in einem intersubjektiven Prozeß. Wir erfahren den Klienten durch Begegnung auf der Tiefenebene. Verschränkte Subjektivität hat ihre eigene Wahrheit.

Die Begegnung „von Herz zu Herz" setzt akzeptierende Liebe voraus und bringt sie hervor. Wenn Therapeut und Klient einander „erkennen", dann erwächst daraus von selbst liebevolles Annehmen und respektvolle Begleitung. Dies schließt wechselseitige Gefühle von Haß, Angst und Schmerz keineswegs aus. Auch die schattenhaften Gefühle, die dunklen Seiten des Selbst, gehen in eine reale Beziehung ein und sollen nicht verleugnet werden. Dennoch ist die therapeutische Begegnung etwas anderes als eine Beziehung zwischen zwei Menschen im Alltag. Therapeut und Klient stehen sich in verschiedenen Positionen gegenüber, sie sind in zwei unterschiedliche Rollen polarisiert. Der Fokus der therapeutischen Beziehung ist die emotionale Dynamik des *Klienten*. Die Therapie soll dem Wachstum des Klienten nutzen, dafür erhält der Therapeut sein Honorar. Der Therapeut hält seine eigenen privaten Bedürfnisse und Probleme dem Klienten gegenüber zurück. Er begleitet den Klienten als Förderer, Partner, Ermutiger, Herausforderer, Spiegel, Echo, Projektionsfläche, Wunschobjekt und in einer Vielzahl weiterer Funktionen und Rollen. Er repräsentiert Mutter und Vater sowie abgewehrte Anteile des Klienten selbst. Er wird zur „Welt" schlechthin, zu Gott, Teufel und Engel, zum Monster, zur Jungfrau, zur Hexe, zum Magier, zum Verfolger, zur Erde, zum guten Geist, zum Käfig, zur Nahrung, zur haltenden Hand, zum Befreier und zur Blumenwiese. Er „schwingt sich ein" auf die Wellenlänge des Klienten, er geht mit ihm mit und resoniert mit ihm, persönlich präsent und doch in einer heilsamen Distanz. Fachwissen und technisches Können, die therapeutische Rollenteilung und Distanzierung sind sekundär gegenüber der realen Begegnung, aber dennoch sehr relevant für die Beziehung zwischen Therapeut und Klient.

Unsere Begriffe sind immer nur so klar wie die Person, die sie gebraucht. Unsere Methoden sind nur so wirkungsvoll, wie derjenige, der sie benutzt, mit seinem Tiefenselbst identisch ist. Nicht die Begriffe, Methoden und Beschreibungen sind „wahr", sondern der Mensch, der sie gebraucht, ist in ihnen mehr oder weniger geklärt. Der Therapeut muß seine Arbeit verkörpern. Er kann den Klienten nur insoweit verstehen und begleiten, als er fähig ist, in seine eigene Seele zu schauen. Soweit der Therapeut selbst integriert ist, kann er durch seine persönliche Wirkung ein Wachstumsfeld erzeugen, in dem der Klient in sein Unbewußtes gehen kann. In diesem Erlebens-, Gewahrseins- und Experimentierfeld befinden sich dann beide als Partner bei einer gemeinsamen Arbeit, in einem gemeinsamen Spiel. Psychisches Wachstum bedeutet, kreative Entwicklung aufeinander zu, in sich hinein und aus sich heraus.

Humanistische Therapien stellen die Würdigung der Freiheit des Menschen als Subjekt und den Respekt vor seinen innewohnenden Entwicklungspotenzen in den Mittelpunkt ihrer Arbeit. Und in diesem Sinne versteht sich auch die Biodynamik als humanistische Körpertherapie.

Bibliographie

Boadella, David: *Wilhelm Reich, Leben und Werk.* Frankfurt/Main,1988

ders.: *Biosynthese-Therapie. Grundlagen einer neuen Körpertherapie.* Oldenburg, 1989

Bono, Edward de: *Das laterale Denken.* Düsseldorf, 1989

Boyesen, Gerda: *Über den Körper die Seele heilen. Biodynamische Psychologie und Psychotherapie.* München, 1987

Boyesen, Gerda und Boyesen, Mona Lisa: *Biodynamik des Lebens. Die Gerda-Boyesen-Methode.* Essen, 1987

Boyesen-Center for Biodynamic, Psychology (Hrsg.): Journal of Biodynamik Psychology, Nr. 1,2,3. London, 1982

Büntig, Wolf: *Lust und Leid.* ZIST-Programm, 1990

Capra, Fritjof: *Wendezeit.* München,1983

Dialog - *Zeitschrift für Biodynamische Psychologie.* Deutsche Gesellschaft für Biodynamische Psychologie (Hrsg.). Oldenburg

Dürckheim, Karlfried Graf: *Alltag als Übung.* Stuttgart, 1987

ders.: *Erlebnis und Wandlung.* München, 1978

Ende, Michael: *Die unendliche Geschichte.* Stuttgart, 1985

ders.: *Momo.* Stuttgart, 1986

Fromm, Erich: *Haben oder Sein.* München, 1979

ders.: *Die Kunst des Liebens.* Berlin, 1980

Gorbatschow, Michail: *Perestroika.* München, 1987

Janov, Arthur: *Der Urschrei.* Frankfurt/Main, 1988

Johnson, Stephen: *Charakter- Transformation: Erkennen, Verändern, Heilen.* Oldenburg, 1990

Klein, Melanie: *Das Seelenleben des Kleinkindes und andere Beiträge zur Psychoanalyse.* Stuttgart, 1983

Kurtz, Ron: *Körperzentrierte Psychotherapie.* Essen, 1985

Lowen, Alexander und Lowen, Leslie: *Bioenergetik für jeden. Das vollständige Übungshandbuch.* München, 1985

Lowen, Alexander: *Der Verrat am Körper.* Reinbeck, 1982

ders.: *Bioenergetik.* Reinbeck, 1988a

ders.: *Körperausdruck und Persönlichkeit.* München, 1988b

Maslow, Abraham: *Psychologie des Seins.* Frankfurt/Main, 1985

Masson, Jeffrey M.: *Was hat man Dir, du armes Kind, getan? Sigmund Freuds Unterdrückung der Verführungstheorie.* Reinbek, 1986

Masters, William und Johnson, Virginia: *Die sexuelle Reaktion.* Reinbek, 1984

Moser, Tilmann: *Körpertherapeutische Phantasien.* Frankfurt/Main, 1989

Perls, Fritz: *Gestalt-Wahrnehmung.* Frankfurt/Main, 1981

ders.: *Der Psychoanalytiker als sprechende Attrappe.* Frankfurt/Main, 1987

Perls, Fritz, Hefferline, R. und Goodman, P.: *Gestalt-Therapie. Lebensfreude und Persönlichkeitsentfaltung.* Stuttgart, 1988

dies.: *Gestalt-Therapie. Wiederbelebung des Selbst.* Stuttgart, 1987

Pierrakos, John: *Core-Energetik.* Essen, 1986

Pilgrim, Volker E.: *Der Vampir-Mann. Über Schlaf, Depression und Weiblichkeit. Eine Forschungsnovelle.* Düsseldorf, 1989

Reich, Wilhelm: *Die Massenpsychologie des Faschismus.* Köln, Kiepenheuer und Witsch, 1971

ders.: *Frühe Schriften 1. Aus den Jahren 1920-1925.* Frankfurt/Main, 1983

ders.: *Die Entdeckung des Orgons. Bd. 1. Die Funktion des Orgasmus.* Köln, 1983

ders.: *Die Entdeckung des Orgons. Bd. 2. Der Krebs.* Köln, 1984, ders.: Charakteranalyse. Köln, 1988

Rogers, Carl: *Die nicht-direktive Beratung.* München, 1972

Rousselle, Erwin: *Lau-dsis Weg. Frankfurt/Main, 1973*

Saint-Exupéry, Antoine de: *Der kleine Prinz.* Düsseldorf, 1988

Sartre, Jean Paul: Das Sein und das Nichts. Reinbek, 1988

Schroeter, Bettina: *Zur Dynamik langfristiger körperorientierter therapeutischer Prozesse.* Unveröffentlichtes Manuskript, 1990

Speyer, Ken: In: *Ausbildungsprogramm des Göttinger Zentrums für Integrative Biodynamik.* Göttingen, 1990

Watzlawick, Paul: *Wie wirklich ist die Wirklichkeit?* München, 1978

ders.: *Menschliche Kommunikation.* Stuttgart, 1985

Winniecott, Donald W.: *Von der Kinderheilkunde zur Psychoanalyse.* Frankfurt/Main, 1983

Bildnachweis: Archiv für Kunst und Geschichte, Berlin: 1

Abb. Nr.   E. Bötel: 9

U. Geuter: 8

Junfermann Verlag: 5

Nexus Verlag: 2

T. Wieland: 13, 14, 21, 23, 24, 38-39

alle anderen vom Autor

Weitere Titel im Transform-Verlag

Jack Lee Rosenberg: Körper, Selbst & Seele
Ein Weg zur Integration

Jack Rosenberg, bekannt durch das Buch „Orgasmus", beschreibt in seinem neuen Buch eine faszinierende neue Körperpsychotherapie, die sowohl kognitive als auch somatische und spirituelle Wege zu einer umfassenden Gesundheit aufzeigt. Ein begrüßenswerter Beitrag zur Erweiterung des Denkansatzes in der aktuellen Psychologie!

„Dr. Jack Rosenberg ist bekannt als einer der kenntnisreichsten körperorientierten Therapeuten. Sein kreativer Ansatz, Körperspannungen zu lösen, lange zurückgehaltene Gefühle zu befreien und hiermit geistig-seelische und physische Gesundheit zu erzielen, repräsentiert eine ganz besondere Integration zahlreicher therapeutischer Disziplinen."

Ken Dychtwald, Autor von „Körperbewußtsein"

416 Seiten, 37 Abbildungen, DM 39,80

Fritz Frederick Smith: Innere Brücken
Handbuch der Lebensenergie und Körperstruktur

„Innere Brücken" versteht sich als Synthese zwischen östlichen und westlichen Gesundheitssystemen. Diese Verbindung basiert auf dem Konzept, daß Energie als eine fundamentale Kraft in der Natur existiert. Dr. F. Smith beschreibt die alte geheime Lehre der „energetischen Anatomie", welche von den Chinesen und Hindus gelehrt wird. Und er zeigt, daß die traditionellen östlichen Heilmethoden durch die neuesten Erkenntnisse der westlichen Medizin bestätigt werden.

Dr. Smith, der das Energiekonzept mit unserer persönlichen Erfahrung verknüpft, erklärt, wie Menschen, die praktisch im Gesundheitsbereich arbeiten, durch ihre Hände Zugang zu dieser Energie haben, ihr Vorhandensein spüren und die Reaktion eines Menschen auf ihre Bewegung sehen können. Die Vorstellungen von Dr. Smith veranschaulichen die Verbindungen zwischen der physischen Welt und der Welt der Energie. Somit stellt er Brücken dar zu vielfältigen Alternativen für Gesundheit und Heilung, Brücken für ein tieferes Verständnis unseres inneren Wesens.

200 Seiten, zahlr. Abb., DM 28,-

David Boadella: Biosynthese-Therapie
Grundlagen einer neuen Körperpsychotherapie
Nachdem David Boadella seit mehreren Jahren im deutschsprachigen Raum
Therapieausbildungen durchführt, liegt nun hiermit endlich ein Buch vor,
welches seine Methode, die ihn zu einem sehr effektiven und bedeutenden
Körpertherapeuten macht, darstellt. Es schildert den historischen Hintergrund
sowie die Entwicklung der Biosynthese-Therapie und beschreibt ihre Grundlagen und Konzepte. Ferner informiert es über Ausbildungsmöglichkeiten und
wichtige Adressen.
64 Seiten, 8 Abbildungen, DM 12,80

DIALOG - Biodynamische Psychologie
Zeitschrift für Biodynamische und Transformationale Psychologie
und Psychotherapie
Mit der Herausgabe von „DIALOG", der Zeitschrift für Biodynamische und
Transformationale Psychologie begegnen die Herausgeber einem wachsen-
den Interesse an körperorientierter Therapie, insbesondere der Biodynamischen
Psychologie in Deutschland.
„DIALOG" ist ein Diskussionsforum und berichtet sowohl über aktuelle An-
wendungsgebiete der Biodynamischen Psychologie als auch über Weiter-
entwicklung und neue Forschung. Hier kommt die Begründerin der Biodyna-
mik (Gerda Boyesen) ebenso zu Wort wie ihre wichtigsten Vertreter (Paul,
Ebba & Mona Lisa Boyesen), welche die Biodynamik weiterentwickelt haben.
DIALOG lädt ein zum Dialog zwischen Menschen, die sich für Körpertherapie
und Biodynamik Interessieren.
Die Zeitschrift wendet sich an Therapeuten, Psychologen und andere Menschen aus sozialen und helfenden Berufen.
Jeder Band ca. 80 – 120 Seiten, DM 15,- /Erscheint 1 - 2x jährlich

Hugo Kükelhaus: Mit den Sinnen Leben
Mit den Sinnen leben ist eine Aufforderung, sein Leben selbst in die Hand zu
nehmen und seine Sinne zu gebrauchen. Hugo Kükelhaus, Autor zahlreicher
Bücher und bekannt durch seine erfolgreichen Ausstellungen und Vorträge,
geht es um die Entfaltung der Sinne, so daß Tasten, Fühlen, Sehen, Hören,
Riechen und Schmecken zum Erlebnis werden.
Das Tun, die eigene Erfahrung, stand für ihn immer im Vordergrund. So gibt er
in diesem Buch Anregung zur Eigenaktivität und lädt ein zum Ausprobieren.
Ein anregend gestaltetes Buch, in dem sich der handgeschriebene Text mit den
Zeichnungen des Verfassers übergangslos verbindet.
38 Seiten, DM 12,80

John Rowan und Windy Dryden
Neue Entwicklungen der Psychotherapie
Die Herausgeber haben in diesem Buch die gängigsten neuen Therapie-
verfahren zusammengestellt. Das Spannende an diesem Buch ist, daß alle
Methoden mit dem gleichen Grundraster beschrieben werden, wie z.B.:
Historische Entwicklung, das Menschenbild, die Person des Therapeuten, die
Entstehung von Störungen, die therapeutische Technik, Fallbeispiel usw..
Dadurch ist es möglich, Ähnlichkeiten, Unterschiede und Verbindungen der
einzelnen Verfahren direkt festzustellen. Es bietet auf eine interessante und
anschauliche Art eine Fülle von Informationen. Wer sich für eine Therapie
entscheiden will oder eine Therapeutenausbildung machen möchte, dem fällt
es leichter, anhand dieses Buches eine Auswahl zu treffen.
316 Seiten, zahlr. Abb., DM 38,-

Stephen Johnson: Charakter - Transformation:
Erkennen - Verändern - Heilen
Was steckt wirklich in uns? Was können wir wirklich sein? Was ist uns
wirklich möglich? In Anlehnung an die Charaktertypen von Wilhelm Reich
verbindet Stephen M. Johnson die Sichtweisen von Charakteranalyse, Ich-
Psychologie und Objekt-Beziehungs-Theorie. Er beschreibt ausführlich
Entstehungsgeschichte, Affekte, Verhalten, Wahrnehmung, energetischen
Ausdruck, therapeutische Ziele und therapeutische Techniken. Da jeder
Mensch Anteile von allen Charaktertypen hat, einzelne Merkmale jedoch
mehr oder weniger ausgeprägt sind, ist es wichtig, über ihre Grundzüge
Bescheid zu wissen. Nur so können wir den Hilfesuchenden helfen. Wir
stehen am Beginn einer Ära der Synthese. Stephen M. Johnsons Buch ist das
erste einer Reihe, in der er verschiedene Theorien zur Entwicklung und
Behandlung von psychischem Leiden integriert.
„Ein unentbehrliches Handbuch für den Therapeuten, eine spannende Lektüre
für den Laien: Das zur Zeit beste seiner Art."   *David Boadella*
288 Seiten, DM 36,-

A.H.Almaas: Die Leere – Eine psychodynamische Untersuchung der
Beziehung zwischen Geist und Raum.
„Almaas hat reichianische therapeutische Praxis, das Wissen der Objekt-
Beziehungs-Theorie und spirituelle Weisheit des Sufismus zu einem einzigar-
tigen System verschmolzen, in dem spiritueller Weg und individueller therapeutischer Prozeß eins werden. Die Freisetzung der verschiedenen Qualitäten
unserer Essenz wird im Zusammenhang gesehen mit ihrer Blockierung in den
verschiedenen Phasen der Ich-Entwicklung."   *Martin Siems*